在刺刀和藩篱下
日本 731 部队的秘密

［日］西里扶甬子————著

王铁军 于振冲 刘兵 王俏人————译
王铁军————校译

沈阳出版发行集团 ⓜ 沈阳出版社

图书在版编目（CIP）数据

在刺刀和藩篱下：日本731部队的秘密／（日）西里扶甬子著；王铁军等译．—沈阳：沈阳出版社，2016.10（2025.6重印）

ISBN 978-7-5441-7874-7

Ⅰ．①在 ... Ⅱ．①西 ... ②王 ... Ⅲ．①日本关东军 – 侵华事件 – 史料 Ⅳ．① K265.606

中国版本图书馆 CIP 数据核字（2016）第 254326 号

出版发行：沈阳出版发行集团 | 沈阳出版社
　　　　　（地址：沈阳市沈河区南翰林路 10 号　邮编：110011）
网　　址：http://www.sycbs.com
印　　刷：河北鹏润印刷有限公司
幅面尺寸：118mm × 185mm
印　　张：15.25
字　　数：250 千字
出版时间：2017 年 8 月第 1 版
印刷时间：2025 年 6 月第 3 次印刷
出版统筹：张　闯　闫志宏
责任编辑：闫志宏　李　赫　姚德军　张晓薇
特约编辑：王　伟　刘沿赓
装帧设计：彭伟哲　李　赫
责任审读：滕建民　吕灵宏
责任校对：杨　静　张　晶　潘楚吟
责任监印：杨　旭
书　　号：ISBN 978-7-5441-7874-7
定　　价：68.00 元
联系电话：024-24112447
E - m a i l：sy24112447@163.com
本书若有印装质量问题，影响阅读，请与出版社联系调换。

维护世界和平　反对战争暴行

谨以此书纪念中国人民艰苦卓绝的十四年抗战

西里扶甬子

西里扶甬子，日本北海道大学英美文学科毕业后，入职北海道放送局报道部，后转职于澳大利亚广播局，负责在墨尔本的对日广播工作。其后又赴英国，归国后，担任海外媒体在日采访的联络人、采访人、制片人等。2001年，受聘担任德国电视协会（ZDF）东京支局制片人，一直追踪报道2011年东北大地震以来日本东京电力公司福岛核电站事故同放射能事故的关系等问题。现为自由职业记者。

社会任职有：外国特派员协会会员、NPO法人731部队细菌战资料中心理事、抚顺奇迹继承会会员、15年战争与日本医学医疗研究会会员、日本战俘研究会会员等。

主要著作有：《生物战部队731》《731部队——生物武器与美国》（译著）等。

2016年7月29日，作者（左）在沈阳二战盟军战俘营史实陈列馆，向出版方代表介绍并出示本书相关史料复印件。桌上展开的是日本关东军向盟军战俘营派遣731细菌部队人员的命令书等档案复印件

译者的话

本书的作者西里扶甬子为日本北海道札幌人。西里先生在北海道大学英美文学科毕业后，考取了北海道放送局，担任该局的播音员。其后，担任澳大利亚广播局对日广播的播音员。1977年归国后担任英国BBC、美国NBC以及德国ARD等电视台的制片人等职务。

西里先生在长期从事新闻媒体工作的同时，一直关注731部队的相关情况。为此，西里先生利用新闻媒体采访的便利条件，通过资料查阅、访问当事人和现场调查，于2002年撰写出版了《生物战部队731》一书。该书在发行之后受到广大读者的好评。本书则是在该书的基础上，添加了新资料和新文献扩充而成的。

通过西里先生的细致研究，本书在以下几个方面特点突出：

第一，自森村诚一出版了《恶魔的饱食》系列，揭露731部队在中国东北所犯下的罪行后，有关731部队的研究成为中日两国学者一直关心的议题。但是，由于731部队在日本投降后，有计划地销毁了相关档案资料，故此，731部队的相关研究大多局限在资料发掘和一些简单事例的分析上。相对于这些研究上的不足，本书则比较注重通过访问731部队原队员、美国原档资料和中国受害者以及受害者家属等来进行探讨和叙述，增加了历史叙述的真实性和可靠性。尤其是在本书

中，作者利用新发现的关东军派遣731部队赴奉天盟军战俘营的命令书，进行了系统分析，从而增加了本书的权威性。

第二，相对于以往严谨的学术研究，本书比较注重对细菌战受害者及其家属的访问资料的运用，故此，在语言风格上比较通俗易懂，系统叙述性比较强。

第三，本书旨在反映战后日本731部队通过和美国的交易，交出731部队的各种人体试验和细菌试验数据换来了免除战犯追责的内幕，以及通过对中国细菌战受害者、受害者家属等的访问，揭露731部队在侵华战争中所犯下的种种反人类战争罪行，实际上也是一部不可多得的日本人反省战争的"自省录"。

第四，本书通过关东军派遣731部队赴奉天盟军战俘营的命令书，原关押在奉天盟军战俘营的英美盟军战俘老兵的采访、口述历史、日记，以及原奉天盟军战俘营日军军医等的日记等，勾勒出了原英美盟军战俘在奉天盟军战俘营关押期间，被731部队以"治疗"为名进行了各种人体试验和解剖，从而从侧面回答了截至目前学术界关于731部队是否在奉天盟军战俘营对原英美盟军战俘进行人体试验的议题。从这一角度上看，本书在某种程度上也填补了奉天盟军战俘营研究的一个空白点。

当然，本书还留有一些遗憾。其一就是由于作者注重从访问资料中叙述历史脉络，从而在本书结构上还有些凌乱。其二就是在对于某一些议题叙述的把握上，尚有些不成熟的地方。其三就是注重对口述历史的引用，而比较忽视对其历

史事件的时间、地点等进行考证或认证。

在翻译过程中，我们与作者多次沟通，核实订正书中引用的史料及相关用语表达，以求体现作者原意。

从总体上看，对于中外读者而言，作者运用的资料比较新，角度新，是一部了解奉天盟军战俘营和731部队历史的不可多得的新书。

王铁军（辽宁大学日本研究所）

前言

　　森村诚一与下里正树的通力之作《恶魔的饱食》三部曲，在距离战后将近40年的20世纪80年代初，成为最受国民欢迎的作品。这对于进入经济高速增长时期，忘却饥饿，沉湎于醉生梦死之中的全体日本人来说，是一种使其震撼、令其觉醒的冲击。

　　此时，在恐怖的细菌战中发挥核心作用的骨干队员，以向美国提供"细菌战数据"为交易，换得"战犯免责"，并且在获得地位与名誉之后引退，享受安稳富裕的老年生活。制造了危险的细菌和鼠疫跳蚤，并被命令对被称作"马鲁他"的"人类试验品"实行杀戮的下级队员中的大部分也都子孙绕膝，想着就这样静静地老去。731部队部队长石井四郎死后二十几年，他们才从不得就任公职，至死也要保守秘密，禁止相互之间联络的咒缚中逐渐解放出来。

　　我对"日军的细菌战"的追查也正是因为这本书的出版。随着作为证人的前队员、战后日美战犯免责交易的真相、细菌武器的研制及人体、活体解剖等新的被隐藏的信息及证言陆续暴露在光天化日之下；随着追查的深入，更多新的证言及闻所未闻的事实出现。总之，我深感这些无疑是生活在当下的我们应该思考的问题。

　　本书的目的在于运用当下视角看待残虐的战争犯罪。日本医学界、科学界的精英们聚集起来做了些什么，为何他们

没有同其他多达1000人的甲乙丙级战犯一同被处刑，而是在我们的城市和乡村以被"尊敬"的市民身份生活着。为何他们能在医疗、行政、教育等中枢部门中保持支配性地位。他们非但没有清洗沾满鲜血的双手，反而带着佯装不知的表情尽享天年。丝毫没有反省过的他们，在本应因战败而革新的医学界、教育界、医疗及药事行政界，表面自不必说，内在依旧维持旧制。我们的当下就建立在此种延续之上。

在本书中，我以这30年间亲自采访、调查的证言、证人为中心，对细菌战的开发、实验、实战的实况，以及战后战犯免罪的交易相关材料进行了汇总整理。而且，为了满足想要知道迄今为止什么被阐明、什么没被阐明的读者，围绕着这十余年细菌战的事态进行了展开，对新曝光的事实加以整理。

如今，作为几近消逝的战中一代的子女，同时作为出生成长在和平年代的"不知道战争的孩子"的父母，我对将战争实况以记录的形式保存下来这一事业有着强烈的使命感。但是70年的时间要称为历史还过于短暂。一想到我们是战场上作战那代人的子孙，不由得就会产生这样的阴暗心理：经过一代人两代人，人类的本质就会改变吗？

这种阴暗的预感应验了。在这70年间，人类毫无悔改之心，地球的某些地方，战火仍在继续。尽管如此，体味过前所未有破灭感的日本，至少在我生活期间没有卷入任何一场战争，这感觉像是以毫无根据的乐观论为前提来思考战争。因此，战后世界之中深深潜行的敌意的连锁、对立的结构，在达到临界点之后终于爆发性地显现出来。2001年9月11日前

后，我的思想充满了矛盾。尽管如此，我依然想让这本饱含了日积月累"反战"思想的书问世。

作为恐怖行为产生的无差别杀戮的代价，必然是同样由暴力行为产生的"报复"，并不能制止"用战争解决问题"这一压倒性舆论的产生。本书也只能尽可能准确地将过去战争的残酷、丑恶的实况告知读者。对于普通人以及被迫背负着上一代过错重负的孩子们来说，将此以记录的形式保存下来是大众媒体的使命。想到这一点时，本欲将原稿化为乌有的我心中好像重新燃起了希望。但是，这个过程需要近一个月的时间。我一成不变地过日子，但内心却产生了不知道怎么才好的动摇。

作为生活在电视世界中的人，我持续用影像和原声来保存记录，然而，由于种种原因，这些记录在编辑过程中没有被采用。我深切体会到，将没有问世而被雪藏的大量素材变成铅字出版可能是命运给予我的事业。而且，在正式采访前的事前调查阶段，也存在只跟独自采访的我讲述悲惨记忆的人。正因如此，我必须完成传达战争记忆的使命。

在此我想请求我的读者，不要局限于未曾见过战场、未曾见过杀戮场面的自身经历，也不要囿于感性，而是尽可能用毫无杂念的心来对待这些问题。随着文章的深入，无情的证言会陆续出现。虽然的的确确，这些证言令在日本平凡生活的我们难以置信，但是现如今即使平凡的我们也应该抱有真情实感。

我邻居的女婿，随着世界贸易中心大厦的崩塌而音信全

无；曾经仅是731部队罪恶行为一部分的生化武器——炭疽菌，如今已经震撼全美。本应封存了的邪恶与悲惨，极其简单地冲破封印冲了出来。曾为独占以731部队人体试验为基础的研究数据竟将重要战犯免罪的美国，如今也在"生化恐怖主义"危机中战栗。对于面对是否接受美国支援而选择了接受这一选项的日本，说不定某一天也会迎来炭疽菌的恐怖袭击。作为曾经的细菌武器王国，日本国内炭疽菌疫苗和治疗药物都是不足的。充满讽刺的历史进程，对推倒杀戮的多米诺骨牌的人类来说，无疑是来自上天的警告。

在不得不直面战争的今天，我想将此书献给有可能经历战火的年轻人。另外，对于被布什总统"支持报复战争"还是成为"恐怖主义的同伴"的二选一概念单纯欺骗的，明确支持战争的日本国民而言，本书也可以对思考战争有一点帮助。

希望大家不要忘记无数个不满20岁就死于战争的年轻人。现如今，更希望大家不要忘记不满5岁就死去的阿富汗的孩子们。战争，这一最恶劣的暴力，只能产生最恶劣的悲剧，将这一事实深深地印刻在脑海里，难道不是必须的吗？

目录

序章 731部队及其现实性

Introductory Chapter
Japanese Army Unit 731 and Its
Contemporary Relevance

（一）东京新宿发现的人骨

战争结束44年后的1989年7月，不顾邻居早稻田大学文学部师生及当地居民的强烈反对，国立预防卫生研究所（简称"预研所"，现国立传染病研究所）在细菌战部队大本营、新宿区户山前日本军队陆军军医学校所在地强行开建。

"预研所"是在WHO（世界卫生组织，译者注）基准下设立的P3（实验室安全基准3级。2015，在东京武藏村山新建设施为4级）设施，针对鼠疫、恙虫病、斑疹伤寒、出血热等由危险病原体引起的感染症进行基础性研究，原本不应建在闹市区。1989年3月，128名新宿区居民因担心可能带来的"生物危害"而向东京地方法院提起诉讼，要求终止"预研所"的传染性试验并进行搬迁。11年后的2000年7月，此案结束审理，2001年3月27日，法院作出驳回上诉的判决（注1），认定该研究设施不存在向周边地区泄漏危险性病原体的危险。原告居民对此判决不服，继续向高一级法院申诉。

人们在东京新宿区户山建筑工地开挖地面的现场发现了100具以上的人骨。为调查这一事件，以神奈川大学的常石敬一教授为代表成立了"军医学校原址所发现人骨问题研究会"（以下简称"人骨问题研究会"，译者注）。常石敬一教授自20世纪70年代以来就一直致力于调查、发掘731部队的真相，并不断地将调研结果发表。这次发现

人骨的地方位于陆军军医学校内，又与作为细菌战研究网络控制中心的原防疫研究室所在地相邻，距离石井四郎的若松町住宅非常近。对于知道这些的人来说，自然怀疑这次发现的人骨是当时被731部队用来进行活体实验的中国人的遗骨。

为使遗骨返回故土并查明真相，中国方面与日方签订了共同调查协议。通过协议，日方与活体实验牺牲者的家属展开会面，在平房区开展小规模731部队展，还兴起了主张开展全国规模的731部队展览的市民运动。正是这些进展带来了继畅销书《恶魔的饱食》热潮之后改变战后世代日本人认识的划时代的机会。

在这期间，围绕人骨的保存与调查，厚生省和新宿区进行了多次交锋。1993年3月，新宿居民发起了"要求停止火化和埋葬人骨的新宿居民诉讼"。但是，与要求保全人骨、查明真相的市民运动相反，东京地方法院连同高等法院驳回了居民的正义诉讼。1996年2月，居民上诉至最高法院；2000年12月，最高法院下达了维持原判、居民败诉的判决，居民的诉讼再次被驳回。虽然败诉了，但遗骨的火化问题并没有判决，事实上因居民提起诉讼，这12年间停止了遗骨的火化进程，这成为居民诉讼带来的实质性意义。

其间，作为人骨出土地管辖方的新宿区要求土地管理者厚生省对人骨进行鉴定并确认人骨身份，厚生省以"与犯罪无关、不属于出土文化遗产、无认领人要求"为由予以拒绝，并要求新宿区立即火化和埋葬。发现人骨之

初已站在对立面立场的新宿区决定独自组织专家进行人骨鉴定，并于两年九个月之后发表了鉴定结果（即佐仓鉴定）。鉴定结果明确了如下事实：

（1）人骨埋藏年数为十年至百年间；

（2）单是前头骨就有62个，人骨总数有100具以上；

（3）四分之一为女性，包括未成年人；

（4）遗骨中混杂着蒙古等多个民族人种，不是普通日本人的随机性标本；

（5）多个人骨上留有用钻头穿孔、切除、锯断、外力导致的破损等人工加工的痕迹；

（6）有开颅、砸裂、破损、刺伤、切割的痕迹。

这些人骨到底是不是细菌战研发中活体实验的牺牲者已经不是最重要的问题。这些人骨应该成为揭露日本帝国部队反人道的残暴行为的直接证据，这一点最为重要。正如数位挺身而出的军医的证言那样，为了给没有战场应急处置和外科手术经验的军医进行实战训练，将俘获的中国士兵和在农田中耕作的农民绑上手术台用作训练的"教材"，这种行为在当时的中国曾十分常见。

上述背景下，细菌战部队在关东军建立的傀儡国——"满洲国"内开始进行细菌战。他们将被称为"马鲁他"的人体实验者关押在充斥着用"马鲁他"做实验的病毒、毒瓦斯的实验场所里。专家判断，那些头骨上钻开的孔、被锯过的痕迹等都是当时还未成立的脑外科手术练习留下

的痕迹。

　　曾于1938年起在陆军军医学校防疫研究室工作了4年的伊东荣三证实，防疫研究室的屋顶上曾摆放着10个装有福尔马林的陶瓷水缸和金属大圆桶，陶瓷水缸里装有人头，金属桶里浸泡着身体和四肢。据说能有五六十具，都是被处决的伪满洲国土匪的尸体，但其中也有女人和孩子。

日本陆军军医学校石井开发的装有滤水器的供水车

关于此问题的近况研究表明，与1989年人骨发现地军医学校旧址相邻的即为石井四郎军医中将的细菌战大本营中枢机构防疫研究室。"人骨问题研究会"和之后的调查结果显示，这个旧址的一角很有可能掩埋着在战败时保存在防疫研究室中大量的人体标本。因为东京为建设户山公园箱根山地区多功能体育场正在积极推动对该地区的装备，"人骨问题研究会"赶在这之前继续将防疫研究室标本资料的发掘调查结果向东京和新宿区进行说明。在证言中多次提及的死于鼠疫的黑色尸体标本、死于霍乱和伤寒的尸体标本，可以成为细菌战部队研究实情的确凿证据。

东京关于是否构成文化遗产的判断标准为：江户时代的遗迹可被认定为文化遗产，而明治之后的时代产物则不予认定。这是否意味着，即使是江户时代杀人留下的遗骨也是文化遗产，而在这之后（因已过起诉时效而不能起诉）的发现就应该执行"与犯罪无关，进行火化掩埋"的命令？这是在漠视想要确认遗骨身份是否为自己亲人的人们的诉求。

战争结束几十年后的今天，外务省仍花费国家预算，向亚洲各地和南海诸岛派遣遗骨收集团，收集散落在各地的日本人遗骨；在军国主义日军铁蹄踏过的亚洲各地建立慰灵碑，建造战死者墓地，将出身不明者就地安葬。各国政府也都在征得市民理解的基础上进行这一工作。千鸟渊战死者公墓园早已人满为患。对于能查到一点身份线索的遗骨，由外务省进行调查的同时负责进行保管。这种希望至亲魂归故里

的思念之情对世界各国人民而言恐怕都一样。

医学的进步使得DNA鉴定技术成为可能。无人保证这些人骨中没有一个日本人，更有证人证实因从事危险作业而被细菌感染的部队工作人员也被用作活体实验材料。这样看来，被审判的"战争罪犯"与事实上免罪的"战争罪犯"本质上都是相同的。但凡是在战场上战死的士兵，不论是被冠以"玉碎"之名自杀还是死于饥饿和疾病，均被后世奉为"英灵"，但世人却忘掉了所谓"英灵"生前虐杀的生命。战后的日本就在这种既自相矛盾又符合时宜的"健忘症"中走到了今天。

2001年6月，日本厚生省终于公布了在新宿市户山防疫研究室旧址发掘出的人骨相关的调查认定报告。这份由厚生省对原陆军军医学校相关的368人进行调查后得出的报告称，"没有足够的证据证明这些遗骨与731部队的活动有关"，人骨属于"昭和二十年八月前，原陆军军医学校的标本以及为进行医用教学而搜集的尸体的一部分"，提出"由国家进行保管和安葬"。在保管方面，"要在充分尊重死者的基础上建设保管设施""要怀着哀悼之情进行建设"。基于此，政府在国立传染病研究所内部建立了"纳骨堂"，用以保管和存放这些人骨。

但是，国立传染病研究所在战后由盟军最高司令部领导，是从东京大学传染病研究所分出的厚生省下属学校外部组织，其前身预防卫生研究所曾为细菌战部队输送了多名细菌学者，初期的历代所长均是细菌战部队相关

人员。若遗骨中有曾被当作细菌战实验品的中国牺牲者遗骨，日本政府以满不在乎的态度处理，结合遗骨发现的经历，可以说是历史的报应。

（二）目前仍然使用的毒气武器

1991年初的海湾战争，笔者从电视上看到伊拉克路边躺着死于毒瓦斯的老人和孩子的尸体画面以及头戴防毒面具的以色列小孩的画面时，才震惊地得知现在地球上依然在制造和使用毒瓦斯武器这一事实。随着对日军在中国遗留的毒瓦斯武器的调查不断深入，时至今日日军毒瓦斯武器依然威胁着中国人民的生命财产安全这一事实逐渐明朗。曾作为日军制毒工厂的广岛县大久野岛工厂和寒川町相模海军工厂的工人们，如今饱受后遗症的折磨，这逐渐引发了社会关注。

战争结束50年后的1995年，在北海道屈斜路湖底发现了废弃的毒气弹。时年88岁的民间人士证实这是当时战败后基于军部提出要消灭证据的要求而被强制胡乱丢弃的。与这位勇于站出来做证的老人相反，当时指挥丢弃的、时年75岁的前陆军下士则以"不想引起骚乱"为由拒绝公开姓名和住址，甚至对《北海道新闻》称："（把毒气弹）拉上来存在泄漏的危险，而我们肯定希望采取一种最安全的处理方式。（留在湖里的话）假使毒气泄漏了，对那么大湖的影响也是微乎其微的。不如让这些东西就这么沉睡下去更安全。"（《北海道新闻》，1995年9月21日）

1996年10月，陆军自卫队特殊潜艇部队打捞出26个毒气弹，但这与当地居民已知情况并不同。通过民间组织"知床历史说明会"（代表，森亮一）的调查发现，还存在其他丢弃毒气弹的史实，日本战败投降前海军航空队厂美幌分厂的补给班曾动用8辆4吨卡车向屈斜路湖中丢弃毒气弹。

日军配备使用被明令禁止使用的化学武器并用于大规模杀戮的非人道主义行为，公然违背1907年《陆战法规和惯例公约》和1925年《日内瓦议定书》的相关规定。

化学战的相关研究始于大正末期（20世纪20年代）。1933年8月，广岛县大久野岛陆军兵工厂火工厂忠海兵器制造所的成立标志着毒瓦斯武器生产体制的整备。同一时期在千叶县成立了以培养化学战官兵为目的的陆军习志野学校。该所学校在二战期间为化学战专门培养了约10000名将佐和下士官，还有约10000名士兵。这期间，日军在1938年的武汉战役中进行了大规模毒气战。1939年，随着中日战争规模的扩大，日军将齐齐哈尔的关东军技术部化学兵器班独立分出，成立了关东军化学部（即516部队）。化学战的研发与细菌战的扩充同步，516部队和731部队在使用中国人进行人体实验方面进行着紧密的联系和合作。

1983年，在神田的旧书店发现的图书《关东军防疫给水部研究报告》里《因黄弹射击伤害皮肤及一般临床症状观察》一文中，负责人处用毛笔签有池田少佐的名字，此人即731部队军医少佐池田苗夫。"黄弹"是一种气体，因呈淡黄色而得名，又因散发出芥末的臭味而被称为芥子气。皮肤

染毒后如火烧般糜烂、坏死，吸入肺中可致全身中毒而死。

在这份报告书中，还记录有1940年9月7日至10日进行的黄弹人体投射试验和黄弹及路易斯毒气水溶液人体饮用试验等五种人体试验结果（注2）。实弹试验中使用的"被实验"的"马鲁他"共计16人，经配置衣着、脸部装备（是否蒙面）、场所等不同条件后暴露于毒气中，观察经历4小时、12小时、24小时、两天、3天和5天后，出现的包含神经损伤在内的一般症状以及皮肤、眼睛、呼吸系统和消化系统症状，以明确试验效果的差异性。这种将被试验者捆在木桩上进行实弹人体试验的标准"配置"，被后来的证人证言证实（注3）。

被实验者被剥夺了姓名，全部用3位数的数字所代替。731部队还将含有毒气溶液的饮用试验称为"原水攻击效力试验"；对束手无力的被实验者强行灌入含有毒气溶液的试验，却被称为"攻击试验"，用这样的词语来描述，即使是当年目击这些试验的人们，在60年后回忆这些事情时仍然心有余悸。

1942年4月，731细菌战部队和516毒气战部队在海拉尔进行了合作演习，在近3天的所谓演习中就使用了近100名"马鲁他"。他们设置了三角形的碉堡，并在其中设定了测试脉搏的装置，之后将被实验者即"马鲁他"，每两三个人推入其中，然后投入装有窒息性毒气溶液的圆形弹筒，直到被实验者死亡后，他们将遗体搬入附近的帐篷中，进行解剖并记录各脏器的变化。此外，被实验者的血

在吉林省敦化市哈尔巴岭搜集被侵华日军遗弃的瓦斯弹

液将运回到实验室进行分析和记录。

　　在该次所谓演习中，调任大连支部途中被拉来参加此次演习的目黑正彦，目睹了731部队的病理学者冈本耕造在像野战医院一样的帐篷中熟练地进行解剖的情形。目黑回忆道："冈本一直嚷道，大家动作都快点，这样的话每天可以解剖100具。"从这段回忆中我们可以看到，在此次毒气试验中，731部队派出了解剖领域的精英冈本医生和技师等，并进行了积极的配合。

　　日军为进行细菌武器、毒气武器的研发，在中国东北和中国其他地方反复进行人体试验、开发和实战，以至于在日本战败投降时日军在中国各地留下了许多毒气武器。这些毒气武器中除有窒息性毒气溶液外，还有装在铁桶中的糜烂剂、喷嚏剂、催泪剂等。战后日方推测遗留在中国各地的这种毒气武器约有70万发，而中方则认为日本遗留下来的这些毒气武器包括炮弹200万发、毒气溶剂100万吨。

　　战后50年的岁月中，因日军遗留下来的毒气武器就使得2000余名中国人受害。这些在建筑工地现场、河底、农家庭院等处发现的毒气武器，被中国政府先后运到了吉林省敦化市一座远离人烟的山里。这些毒气弹就是当年日军所遗留下来的毒气武器，直到战后50年，这些原日军士兵还像没有发生什么似的。

　　据中国新华社电，2001年3月上旬，河南省淮阳县的建筑工地现场，发现了原日军遗留下来的毒气弹72发以及普通炮弹130发。在工地现场发现这些炮弹时，突然一个毒气弹冒出了白烟，周边弥漫着刺鼻的臭味。

　　早在1995年，日本政府批准了《化学武器禁止条约》，该条约于1997年生效。为此，日本决定在今后10年间，对侵华战争期间遗留在中国的毒气武器进行处理。人们认为，到2007年4月的10年中，要处理近70万发毒气弹，单从数量上就不太可能，更何况初期试验发掘中出现的70万发毒气弹仅仅是这些毒气弹中的1%而已。而为了处理这其中的70万发毒气弹，经费总预算就从数千亿日元增

加到1兆亿日元。

顺便提及的是，根据2000年春的调查，二战末期日军遗弃在南京市的毒气弹就有17612发，远远超出了当初的预想。其中近2000发毒气弹破损严重。这些毒气弹在当年夏季前发掘出来后被运到了南京郊外的一个临时仓库中。

2000年夏天，黑龙江省北安市也进行了原日军遗弃毒气弹的发掘工作，在进行安全处理后，毒气弹被运到了黑龙江省齐齐哈尔市郊外保存起来。在发掘的毒气弹中，有糜烂性毒气弹733发、喷嚏性毒气弹154发，合计887发。换而言之，在2000年9月开始的第一次毒气弹处理中，花费了10亿日元和两周的时间，发掘的毒气弹仅有不到500发而已。2001年，日本为修建处理毒气弹的化学工厂间的公路以及处理在南京的毒气弹，编列了近54亿4500万日元的预算。

毒气弹的处理需要开发安全处理技术、修建废弃气体设施等，这些没有解决的问题堆积如山。当然，拿出诚意做最大的努力是日本政府的义务。同时我们也希望人们能够看到没有处理核武器的能力，却能生产核武器，用自己生产的毒物毁灭人类自己的愚蠢性，以此有反省的机会。

（三）晴天霹雳的奥姆真理教事件

一系列令人震惊的奥姆真理教相关事件中，我们最为震惊的是，他们对731部队大量杀人和制造、使用细菌、毒瓦斯的资料大量搜集并进行研究。教主麻原对埃博拉出

血热表现出极大的兴趣。据说他甚至曾专程赴刚果进行研究，为埃博拉病毒医学研究机构捐款以期拿到菌株，但最终被拒绝。

战后，建立起大型制药公司——绿十字公司的内藤良一，曾作为当时陆军军医学校防疫研究室所属军医，为拿到黄热病病毒，于1939年访问了设在纽约的洛克菲勒研究所。这件纠缠不清的事件仿佛还在眼前（注4）。事实上，在使用细菌和毒气为武器、以大量的无差别式的杀戮（恐怖主义）毁灭敌人、打着守护教徒（日本人）的名义欲取得战争胜利的恶魔一般的想法上，奥姆真理教和731部队以及沉迷于使用毒气的陆军指挥部有着极高的相似性。笔者曾几次听闻曾从事细菌战研究开发和实战的人以半嘲讽般的口气提起"奥姆真理教的信徒简直就是60年前的自己"这种言论。区别就在于是麻原教还是天皇教而已。

首都东京早高峰时的地铁和平静的松本市街道发生的散播毒气事件，令习惯了和平、失去了危机意识的日本人手足无措，无异于晴天霹雳。各种分析佐证能力和新闻敏感性欠佳的综合节目蜂拥而至，加上充斥着煽情主义的媒体，使得事态持续恶化。松本沙林事件中由于警察追踪的方式使得无辜的人成为新闻暴力的受害者，这是痛苦的教训。到东京地铁沙林事件发生为止，媒体不仅没有起到反击的作用，反而不顾向社会发出警告的媒体的使命，将一系列奥姆事件作为源源不断的新闻素材进行持续追踪报道。

在这些报道中，日本TBS电视台为了在诸多新闻报道

中占据优势地位，相关媒体与奥姆真理教方面沆瀣一气，直接导致了坂本律师一家被杀，甚至将还未公开播放的坂本律师采访录像提供给奥姆真理教这一事实隐瞒了6年之久，并且在坂本律师一家失踪后持续对其进行追踪报道，TBS的行为简直罪大恶极。我对TBS这一行为以及其在真相曝光后的反应深感失望。置身电视媒体行业，我有一种崩塌式的绝望感。

（四）被赦免的医学人员的战争罪和艾滋病药物污染事件

以"艾滋病药害事件"为顶点的日本药害事件，与使用细菌、毒气等武器进行人体实验，开发制造并且使用的医学人员、科研人员犯下战争罪最终却并未被追究的战争史在本质上联系在一起。管辖市场上出售的全部药品的厚生省是怎样的单位呢？医学人员和军医以细菌战毒气战和人体实验的名义进行杀人，法庭裁定犯罪时以"反人道"罪名定罪。与"战犯杀人数据"相反，战胜国美国对这些医学人员、军医免除了罪名，而日本国内在战后为这些被赦免军医提供保护和优抚待遇的机构便是厚生省。

设在GHQ（美军占领军司令部，译者注）的公众卫生福祉局（PHW）之下的厚生省将细菌战部队研发的疫苗直接应用，以全国婴幼儿为对象进行了半强制性的预防注射，这给731部队相关人员带来了巨大利润。作为细菌战

研究中枢人才的重要来源地，东京帝国大学传染病研究所的一部分作为厚生省旗下的国立卫生研究所独立出来，前细菌战部队的医生有多人在其中担任要职。随后在这里继续进行为美军的生物战研究，又作为广岛、长崎原爆失踪者调查机关而设立的核爆灾害调查委员会（Atomic Bomb Casualty Commission，简称ABCC）与美军联合运营。

该机构改名为放射线影响研究所后，日方的责任人大多为现在的传染病研究所的研究人员，对大多数原爆受害者进行包括健康障碍在内的长时间观察诊断。以自己的国民作为"实验动物"进行的钚试验，与被视为核试验"实验动物"的核辐射士兵和南太平洋核试验场岛屿住民，成为广岛、长崎原爆人体试验说的依据。现有数目庞大的放射线医学、军事医学的研究论文无不是建立在广岛、长崎原爆受害者牺牲生命和健康的基础上写就的。虽然研究机构形式变化了，但围绕开发大规模杀伤性武器的军队—科学家—实验者这一结构与战前相比并无变化。

以天皇为首，一部分军人及教育界、商界人士未曾因为在战争中犯下"医学伦理"相关的罪行而被问责。因此在"艾滋病药害事件"中作为刑事诉讼案被告人的日本帝京大学原副校长安部英，并不怕其作为军医的经历在新闻报道中被提及。这一情况与战后德国完全不同。在战后的德国，使用犹太人进行人体试验的纳粹医生约瑟夫·门格勒（注5）臭名昭著，即使只是门格勒的同事，想要刻意低调隐匿仍很难生活。

安部英作为血友病治疗权威，临床治疗血友病过程中已经意识到使用非加热血液制剂引发艾滋病的危险性，如果还有身为医生的良心，就应立即停止使用并更换安全的加热制剂，但他并没有在世界范围内阻止这一做法带来的更大影响，而是开始策划以此在艾滋病研究领域中扩大名望。

作为厚生省艾滋病研究班班长的安部英，于1983年7月18日的第二次班会中，欲将自己收治的因美国原产非加热血液制剂而感染的血友病患者作为日本的第一号艾滋病患者而公之于众，但因与厚生省意图相违背而计划流产。这时厚生省的意图是，献血（虽然实际上是由于卖血导致使用美国原产的输入性血液）带来的错误被发现就会导致应进口加热制剂的呼声高涨，如果这样的话就会蔓延到血液事业，因而在那个时间点并不能承认是血液制剂的原因导致患者感染艾滋病病毒。时任厚生省药物局生物制剂科科长的郡司笃晃如是证实。

如此，国家和医学权威共同隐瞒的后果导致日本第一号艾滋病患者的公开发布推迟至两年后的1985年5月（注6）。安部作为艾滋病研究班班长，利用受厚生省委派主持进行加热处理制剂的临床试验这一权力推迟加热制剂的研发，增加非加热制剂的库存，为日本绿十字社牟取私利，拖延其他公司的研发进程，并且人为调整绿十字社和其他公司之间研发结果的差异。结果使得日本加热血液制剂获得许可比美国落后了两年四个月。安部出席国际研讨会的费用均由绿十字社等血液制剂大公司承担，并从各企业为

自己的财团法人私募捐助，与血液制剂界沆瀣一气。

因为与战时东大医学部时代的对手、顺天堂大学名誉教授盐川优一的竞争得失，以及在执行厚生省意图方面的失意，安部离开了艾滋病研究班，但他野心未减，与弟子联合署名于1988年在《日本输血学会杂志》第34卷第3号上发表了名为《血友病患者（特别是抗HIV抗体转阳的AC、ARC及AIDS）中抗HIV抗体及HIV抗原的变化检索与临床的有效性》的论文。文中跟踪研究了帝京大学附属医院治疗的七位血友病患者的症状，用多种方法测定HIV抗体。其中有两人在测定时并未感染HIV，治疗过程中使用非加热性制剂使其感染了HIV，以便观察抗体转为阳性的时间节点（注7）。

这种行为与细菌战部队的医学人员用监狱里的"人体小白鼠"进行活体试验的做法何其相似。患者因信赖其在医疗界和学界的权威慕名就诊，却在治疗过程中背负双重病症折磨的痛苦。"血友病患者所用血液制剂导致的艾滋病病毒感染"简直成了"战后合法进行的大规模人体试验"（注8）。

绿十字社社长松下廉藏是从厚生省调入的负责人，还有5名公司干部也是从厚生省药务局调入的。20世纪70年代以来，绿十字社早已与厚生省形成了利益共享机制。事实上手握审批实权的日本血液制剂协会中有3位专任理事也是厚生省空降干部。在这样官商勾结的背景下，面对危险的非加热制剂，厚生省非但没有下令回收，反而任由制药公司继续销售。结果使日本血友病患者中4成约1800人因输入

血液制剂染上艾滋病病毒，其中近500人因此丧生。

原产地的美国防疫中心（CDC）发出警告后，明知制造过程的非加热制剂已经被艾滋病病毒污染，还仍然销售的企业，就是日本大型企业绿十字社。日本绿十字社的创立者内藤良一原来就是自称为石井四郎的骨干、日本陆军细菌战部队的中枢成员的原军医中佐。

以制造和生产输血用血液制剂而成为日本大型医药公司的绿十字社，本应该因生产血液制剂而消亡，但在内藤良一这样血液制剂第一人控制的背景下，还掌握了使用冷冻真空干燥技术提取干燥血浆的技术。内藤在陆军军医学校的防疫研究室工作期间，开发了日本第一台冷冻真空干燥机。由此冷冻真空干燥机这一技术成为了细菌战的关键。这种技术概括起来就是，将细菌加工成粉末状，以便长期保存，便于运输，并使得细菌在装入陶土罐中从空中投放后又能爆裂，使得粉末细菌能够在空中撒播（目黑正彦证言）。

无论在战时还是战后均未受到揭发和制裁，身份由军人转为商人的他们，采取了一系列举措将血液和胎盘商品化，操纵遗传基因研究和脏器移植，将丝毫不顾及生命尊严和医学伦理而建立的企业包裹在商业外表下，本质上却有着细菌战部队狂妄的战争基因。所以才发生了将感染艾滋病病毒的血友病患者用于进行艾滋病治疗药物的实验这种现象（注9）。

在此次"艾滋病药害事件"中，国立传染病研究所

（原预防研究所）负有重大过失责任。预防研究所改名为传染病研究所后工作内容除进行病毒研究外，还负责检查抗生素和血液制剂、为合格品贴"国家检验合格证"的工作。实际上，作为艾滋病感染源的污染血液制剂是由预防研究所审查，并代替厚生省颁发"国家检验合格证"，保证品质，允许出售。

早在1982年，美国防疫中心就在其周报中向世界发出重视"血友病相关的艾滋病"警告。日本范围内最早得知该消息的就是预防研究所。如名所示，预防研究所应担负起对国民健康负责的重要使命。作为负责血液制剂品质检查的"血液制剂部"部长的安田纯一，虽然是厚生省艾滋病研究班成员，但在加热制剂得到认可的1985年7月以前，一直为遭到艾滋病病毒污染的非加热制剂粘贴合格鉴定书并推向市场。

追求金钱、名誉、权力等而利欲熏心的医生、制药界、厚生省官僚们在将近20年间放任和掩盖所涉及的药品和职务犯罪。无论是科学家还是医学家都没有顾及医学伦理，没有阻止危险的非加热制剂出售，也没有任何想要减少无辜者死亡的劝诫和行动。这样的国立预防研究所如何担当得了专业机构的名声呢。

持续进行人体实验的毒气战、细菌战的日本医学界应负起重大战争犯罪的责任，但却从未因此获罪。对日本医学界来说，人权意识是距离相当遥远的战前的意识形态和博弈关系，也没有对此进行过反省。一方面打着治病救人的名号

接受人们的信赖和尊敬，另一方面，频繁发生的医疗事故在某些条件下将这种机制暴露出来。日本医学界与企业和官僚的勾结行为与日本帝国陆军时代的腐败和结构何其相似。

感染艾滋病病毒的血友病患者及患者遗属曾将绿十字社三代历任社长——帝京大学原副校长安部英、郡司笃晃、厚生省原生物制剂课课长松村明仁以刑事罪告上法庭。

2001年3月28日，东京地方法院对以职业过失致人死亡嫌疑被逮捕并起诉的安部英作出了无罪判决。针对一名患者死亡，安部英是否该承担刑事责任这一问题，这是基于法律的最终判决。这将近乎人体试验而致人感染死亡的事实，甚至连"过失"都难以认定。在法庭上争论的焦点中，因不是安部本人注射，不是实施犯，故此不能判处有罪这样的争论本身就没有任何意义。

"现代医学思考会"的代表山口研一医生认为，"艾滋病药害是以731部队为起端的医学、企业、国家三者间所组成的共同犯罪"。在关于安部的审判中，"如果判处安部有罪的话，那么医学的代表日本国立感染症研究所、企业（绿十字社）以及国家（厚生省官僚和政治家）就都有罪。鉴于这一问题的重大性，法院之所以作出这样的判决，就说明是法院屈服的结果"。（注10）此前，日本法院对于绿十字社的三任社长，均作出了没有缓刑的实刑判决，三任社长均不服判决进行了上诉。2001年9月29日，判决安部被告无罪的东京地方裁判所永井敏夫审判长，对厚生省生物药物局原生物制剂课课长松村明仁作出了监禁

1年，缓期2年执行的判决。如果这是司法指出了不能裁决的行政的错误的话，应该对这一判决给予高度评价。但同年10月，松村被告的律师不服从判决，进行了上诉。

（五）病原性大肠杆菌O-157的流行

1996年夏，日本堺市发生了震惊世界的肠出血性大肠杆菌O-157集体食物中毒事件，感染者达到6000人以上。仅1996年夏天，日本全国大肠杆菌O-157感染者便达到约1万人，死亡12人。

如果对日军细菌战情况有些许了解的话，看到堺市医院横七竖八躺在走廊里痛苦不堪的孩子们时，不禁就会想起731部队的所作所为。有证言称，他们在水井和河流中倒入伤寒的培养液，给难民收容所中饥饿的难民提供掺有细菌的馒头，在中国的城市、村庄上空播撒鼠疫菌污染的病毒。在这些目标区域中生活的人们无不死于细菌感染。日军野战部队攻入村落，确认细菌是否奏效，并将活着的感染者直接解剖，将村落烧毁以销毁证据。

O-157感染期间，因不能确定感染源的时间，使得我们感受到半世纪前细菌战部队的卑鄙做法。时至今日，炭疽菌仍给美国带来同样的威胁。在哈尔滨，面向日本人开设的富士女校宿舍中流行鼠疫病菌，数名女学生和老师合计20人以上感染后死亡。该事件在当时被认为源于开设在女校附近的苏联商店售卖的糖中含有细菌所导致。但据仍

活着的证人称，他们确信该事件是由于学校食堂所采用的青菜来自哈尔滨郊外731部队进行细菌战的村落。当我得知这一事实时，内心无比震惊。

堺市的此次疫情也是因为学校和养老院的餐饮中心将含有病原菌的食物配送到各设施，才引起了这种疾病的大流行。

在确定感染源时，花费了太长的时间，不仅如此，地方当局在确定感染源时将萝卜误认为是这起流行病的感染源，以至于受到巨大打击的萝卜种植农户愤而提起了诉讼。O-157其威力过于强大，可以和细菌武器中没有得到应用的肉毒菌匹敌。这种病原菌在美国被发现时是1982年，和艾滋病病毒的发现为同一个时期。1990年，日本埼玉县浦和市的幼儿园曾经发生了两人死亡的事件。为此，厚生省在这一时期，组织专家组对发生这种病的实际情况、预防以及治疗方法进行了研究。根据研究报告，从1988年到20世纪90年代的时间里，该疾病患者有508人，其中有23人死亡。

在该项报告中，学者们从遗传基因学的危险性角度，指出了O-157存在以下事实。

痢疾实际上有许多种类。其中的志贺痢疾菌，为日本志贺洁博士所发现的痢疾菌。该细菌可能引起出血性痢疾，有时会引起肾脏不全或脑膜炎。最近我们了解到，病原性大肠杆菌O-157实际上与志贺痢疾菌的毒素

相同。目前为止的大肠杆菌是不具有引起肾脏或脑膜炎症状的毒素，但在突然的数年间，出现了能够产生强力毒素的大肠杆菌。据我们推测这可能就是原来的痢疾菌遗传基因开始向大肠杆菌转移所致。事实上，志贺痢疾菌的毒素氨基酸组合和病原性大肠杆菌O-157所带有的贝罗毒素的氨基酸组合有着非常的相同性。我们取出志贺痢疾菌和O-157毒素遗传基因，进行盐基组合分析后发现几乎100%相同。也就是说，遗传基因不仅是父辈传给儿子，儿子又传给孙子这样垂直的遗传，而且也进行同种的固体间、异种的生物固体间遗传。遗传基因学就是将遗传基因间的水平遗传如何进行富有效率的和强力推进的技术。如将A细菌中仅仅移入B细菌的遗传基因中，却无意间将C细菌也移入了进去，这样，就存在以下问题：这一移动期间，遗传基因乃至于遗传基因群，如果有病原性的东西混入其中，该如何处理。还有在研究室中，在某病原体的毒素中发现遗传基因，如果将此进行克隆，并作为研究材料大量保存；或者研究者因操作失误，将其外泄，或拿出实验室（注11）。

堺市流行病发生后，有关新病原性的危险性的文献陆续出版了。其中，预研疫苗的负责人根路铭国昭，在堺市O-157大流行期间，于《文艺春秋》9月号刊登了一篇题为《O-157和病毒大流行时代》的论文，提出了O-157病毒的出现为从事遗传基因学研究中人为带出来的可能性。

这也就意味着有从实验设施中进行遗传基因试验中出现的新病毒泄露到了外面的可能性。对有关艾滋病病毒和731部队的关系进行详细说明的《猎人病毒》中，许多专家也对此作出了同样的解释。

这样，在性质上、危险度和治疗方法等未知的病原体激增成为了现代社会的一大特征。正因为如此，东京的居民们才发起了在东京电车线山手线内的市中心地，竟然有培养和实验这些未知的危险性病原体的"预研所"设施的反对运动（注12）。即使没有危机感和使命感，但在东京的市中心设立这样的危险设施，东京对当事者也应该有一个逆向的启蒙教育。进而，既然根路铭国昭自己本身就是病毒专家，如果能够了解病毒对于家人和其所在地区带来的危险性的话，也就不会实名发表那样的论文了。

美国女医学媒体人罗宾·马兰池·黑尼在其著作《病毒的反叛》（注13）一书中，就指出了新病原体的出现以及进行该项试验的设施的危险性。

事实上，遗传基因试验始于20世纪70年代后半期的美国国立卫生研究所（YIH）。为此，美国国立卫生研究所制定了安全防疫指南后才开始进行系列试验。美国俄亥俄州和新墨西哥州，最初发生O-157集体中毒事件是1982年，病因均为汉堡中的肉馅儿所致。这一期间，也是美国进行遗传基因试验的普及期，各地进行了许多生产病原体的遗传基因试验。这些细菌在遗传基因试验中是人为产生的还是自然界偶然引起的遗传基因转换，截至目前我们

还不能确定。不过需要指出的是，我们从发生和流行时期看，也不能排除人工进行转换而产生的可能性（注14）。

原准备征服地球的人类，也许有一天会被自己所创造的科学中出现的意想不到的副产品击溃。一味求高的20世纪的人类遗产，需要我们活在21世纪的人们重新进行一次检验。在何为幸福的质朴的疑问下，我们需要创造新的价值观。

（六）2001年9月11日，世贸中心大楼的消失及炭疽菌恐怖事件

"9·11"当天，因为台风没法出门，所以少见地坐在家里看到了晚间10点新闻。新闻开始没多久，就插播进一条一架客机猛然撞进世贸中心大楼并起火的新闻。从看到那条新闻起到第二天早晨5点，我都没有换台，目睹了整个经过。

如果将爆发性的暴力破坏行为称为战争的话，那么当天这件事情无疑就是战争。时值本书第一稿已经校对完毕，笔者亲眼所见的景象以及布什总统的复仇宣言使得我所论述的"战争观"的前提受到冲击。我曾认为，在有生之年不会再次见到世界大战的爆发，至少在曾品尝过战败滋味的日本，日常生活中不会发生再次被卷入战争危险的事件。在这样一种乐观主义的前提下，我对战争中一代进行了批判。

但也正是因为如此，我才体会到当年日本军国主义

是如何被时代的洪流裹挟着走上谁也无法阻止的战争道路的。战后的60多年中，被毫无反省的战中一代养育长大的新一代人，对于残酷、残暴的战争记忆已经毫无感觉。就连仍存有战争记忆的我本人，在面对真实的战争场面时都只能茫然呆立。

既已发誓"永不参战"，那么就应维持中立，不加入任何阵营。"后方支援"也好，"护卫"也罢，无不是从当事方美国当时的立场制定的。崇高的宪法第九条的框架下，去除日本复苏的可能性，众所周知这源于美国的意图。但冷战格局已经确立，在朝鲜半岛局势恶化的形势下，美国出于提升日本军事后备能力的需求，建立了"自卫队"的前身"警察预备队"。"永不参战"的誓言就此被打破。

20世纪70年代，当时我刚刚开始从事翻译工作，曾把自卫队译为"军队"，为此收到了来自政府机关的投诉。自卫队并非军队，而应译为"自我防卫机构"。但是，最近这种事情已经不足以成为话题，现实情况是，将追求和平、反对战争国家意志作为人类的崇高追求在国家层面上已经感觉不到。我们下一代的未来恐怕会变得不安定。在这种连和平的未来都无法传承给下一代的社会现实面前，我感到一种深深的自责和挫败感。

作为第二次世界大战细菌战的研究者，深切地感受到细菌战实际上就是"恐怖主义战术"。一日之间改变美国人民命运的"恐怖袭击"之后，炭疽菌带来的恐慌引发了更大规模的心理战。电视台和国会议员先后成为目标，其

至导致议会被迫关闭。

防卫厅设有从事防疫工作的"防卫科部队"和处理化学武器的"化学防护队"。2000年7月召开的"第二次有关处理生化武器的恳谈会"会议纪要中记录着"为PKO（联合国维和行动，Peace Keeping Operation）和进行国际紧急援助活动，自卫队是否有必要掌握应对生化武器的技术情报"的内容，指出了"易保存、易使用"的天花病毒和炭疽菌的重要性（注15）。该会议纪要还记录有"有必要为无诊疗炭疽菌疾病相关经验的临床医生提供疾病相关的视频和手册，同时为临床医生建立起相关问答机制"等内容。

无论是日本还是美国，虽然都曾长时间与该病原体接触、详细观察记录过感染经过、进行过活体解剖并留有相关论文，对于治疗且治愈该病毒却并没有相关经验。但作为军事机密的军事医学论文中，与炭疽菌相关的论文不在少数。日本战败后，作为免罪的回报，日方提供了3份英译人体实验报告书，也就是1990年发现的《达古威文档》，《A报告书》中有关于炭疽菌的报告。

至今为止，随着技术手段的提高，细菌不断进化，疫苗也相应进行改进提升。731部队的实验数据现在恐怕已发挥不了太大作用。因为医学界的努力，天花病毒已经被攻克，人们已经不需要注射预防疫苗。但对于恐怖主义来说，生化武器依然有着可以引发社会恐慌的能力。

731部队在中国使用鼠疫病毒、霍乱病毒、伤寒病毒

等进行细菌战，受到感染的有军人也有平民，死状惨不忍睹。饱受战火折磨的人们大多数甚至不明白为何身患如此痛苦的疾病，如同蝼蚁般死去。特别是在东北，日本士兵和普通日本人也有不少死于病毒感染。作为大规模杀伤性武器、用肉眼无法看到的武器，生化武器带有与生俱来的恐怖主义色彩。为研发更强大的细菌武器，为生产更多细菌，经常对感染者进行活体解剖和采集血样。从这个意义来看，731部队是一支国家恐怖主义行为的实践部队。

对待如今法制化、秩序化以及信息高度公开化的美国，并没有大规模生产细菌武器的必要。仅仅是一点"白色粉末"的感染者足以造成震撼整个国度的"细菌心理战"。CBS电视台对包括自己女员工在内的美国三大网络集团均出现炭疽菌感染者这一事实发表言论称，问题并非出自炭疽菌，而是出自人类的恐惧心理。

因为"野蛮的"恐怖主义攻击破坏"高度文明的社会"，滥杀无辜，因而理应受到惩罚性的攻击。在这种单纯的模式下，美国派出了压倒性的军事力量，而不去探究这种骇人的恐怖袭击发生的历史背景。以CNN等美国三大媒体为代表的世界媒体带着愤怒和憎恨报道着恐怖分子的活动的欺骗性。在美国的猛烈打击下，并没有人来报道究竟有多少无辜平民活在杀戮和战火中。

被称为"穷人的核武器"的生化武器因为第二次世界大战中731部队的研究得到了飞跃式的进展。美军一方面明知这些研究是在以活人为实验对象、将无辜平民拖入地狱的

实战中完成的，另一方面以赦免战犯为条件要求日本提供所有的实验数据，并在这些军方数据基础上进行今天的研究。

据说在苏联时期研制的炭疽菌至今仍被用于进行恐怖主义活动。回溯历史，日本、苏联、美国和英国等国竞相开发的细菌武器之一就是炭疽菌。生化武器带来的是不分敌我的人员伤亡，但狂热分子仍大胆地将其应用在实战中。对付在自然界中感染动物和人类的病原菌，只要开发针对性的疫苗便可以战胜它。但如果对手作为更新速度更快、破坏性更大的武器的身份而存在，甚至是进化变异成极其危险的物质的可能性超出了人类认知的范畴，情况就变得棘手。这被称为"恶魔的研究成果"。应该掌握了上述"恶魔的研究成果"技术的美国，因为收到了用邮件这样原始方式发起的进攻就陷入恐慌状态，只能说是一种讽刺。

20世纪80年代，对于贴着"终结者国家"标签的伊拉克生化武器开发项目，美国曾出于战略规划的考虑采取过支援政策。但世界战略构想的基础并不是出于人道主义目的。恐怖主义分子看清了美国这种双重标准，从而将之列为憎恶对象。日本享受和平战后的几十年间，曾被日本侵略过的国家并未向日本复仇。美国也不会允许类似的复仇行为。正因为如此，日本在参与"报复性攻击"行为前，就应向世界舆论说明"报复性攻击并不会带来和平"。日本立场的独特性在于出发点是其他国家并没有的"放弃战争"的法律要求，因而也可以起到其他国家达不到的效果。

注释

注1. 请详见预研–感染研判决会主页http://village.infoweb.
ne.jp/yoken及预研–感染研判决会合作研究团体"细菌时代的
安全性环境研究中心"网页http://homepege2.nifty.com/bio-
anzenken。

注2. 田中明、松村高夫编：《731部队作战资料》，不二出
版社，1991年。

注3. 本书介绍了731部队第二部气象班西岛鹤雄、第三部运
输班越定男的证言。

注4. RG112, MFB, WNA, War Dept Military Intelligence
Division。日译本为常石敬一编译：《目标：石井》，大月书
店，1984年，第25～30页。

注5. 约瑟夫·门格勒（Josef Mengele）系纳粹德国在奥斯维
辛集中营中进行人体试验的医生，被称为"死亡医生"。德国
战败后，潜逃到南美洲。虽然1979年在巴西死亡，但其后的尚在
一说一直存在。1985年，追踪纳粹德国生存者的犹太人团体悬赏
100万美元抓捕Josef Mengele，后经1992年的DNA检测，确认了
其已死亡。

注6. 松下一成：《绿十字社和731部队》，三一书房，1996
年，第100页。

注7. 同上，第248页。

注8. 山口研一郎：《关于安部英无罪判决的历史考察——
731部队现代版的"艾滋病药害事件"》，载于《ABC企划
NEWS》第16号，2001年5月25日。

注9. 同上。

注10. 同上。

注11. 本庄重男：《遗传学的危险性》，载于《遗传学安全研通信》第2号，1999年9月。

注12. 芝田进午：《要求预研再搬迁新闻》，第33号，预研裁判会，1996年9月15日。

注13. 长野敬，赤松真纪译：《病毒的反叛》，青土社，1996年。

注14. 天野启佑：《大肠杆菌O-157是人工制造的吗》，载于《生物灾难的噩梦》，宝岛社，2000年3月29日。

注15. 日本防卫厅自卫队主页。

第一章　细菌战战犯的免责：日美交易的背后

Chapter I Bacteriological War Crimes:
Behind the Japan U.S. Immunity Deal

第一节　731部队与盟军战俘

（一）"细菌战之父"——石井四郎

日本陆军大规模细菌战部队的所有构想、研发、实验、实战的中心人物即为军医石井四郎。

1925年，人们鉴于第一次世界大战中毒气战的悲惨景象，制定了禁止毒气和细菌武器的《日内瓦议定书》。正因为如此，日本军部利用了人们的天真心理，在恶魔般的疯狂心理支配下，设立了毒气武器和防疫给水部队的假面具的细菌部队。

1928年，石井四郎赴欧考察，考察结束近两年后回国时，其身份不过是一等军医（相当于大尉），他上书陆军上层，提出了细菌武器有效性的建议。石井的上书得到了陆军军务局局长永田铁山少将和小泉亲彦医务局局长等人在背后的支持。他们在绝密的情况下，给予了庞大的预算和权限（注1）。为此，1932年，日本陆军在新宿的陆军军医学校内成立了防疫研究室，同时在当时的伪满洲国哈尔滨东南部的五常县背荫河附近设立了731部队的前身——东乡部队。事实上，关东军所任意操纵的伪满洲国傀儡政权，可以随时获得人体实验用的材料，这对连医学伦理都忘却的日本军医来说的确是一个好地方。

出生于现在的日本成田机场附近一个叫加茂村的大地主家的石井四郎，是家中的第四个孩子，他继承了母亲家

的上田藩御医女儿血统，以当军医作为安身立命的本钱。石井地位显赫后，还将家中的两个哥哥作为随军家属安排到了中国东北，负责细菌战中秘密部队的绝密部分事项。石井的长兄据说死于日俄战争，二哥则被石井安排到了哈尔滨平房中，负责管理被囚禁的所谓犯人，成了特别班的负责人，石井二哥的名字为石井刚男。石井的三哥为石井三男，被安排在了731部队的资材部动物舍。另外，在731部队中，凭借地缘和血缘的纽带，来自石井老家千叶县的队员也非常多。

其间，石井为确保战场饮用水，利用硅藻土烧制的陶器，经过逐渐改良成了具有划时代意义的石井式滤水器。据此，石井式滤水器使军医部的防疫给水任务得到升格，也为不使己方做出牺牲的开发疫苗等细菌战，提供了现实条件。细菌战如果没有防御策略的话，对于己方也同样会

1945年3月东京大空袭后，石井全家迁到了哈尔滨。图为石井一家在哈尔滨吉林街石井家的院子里合影。前排左三为石井四郎

造成损失，或在某种意义上毒气分不清敌我，由此也需要解毒的疫苗。新的病原体虽然有可能作为细菌武器，但如果不开发疫苗就难以实用。进而石井又成功开发了细菌战的武器——疫苗生产中不可缺少的细菌量产石井式培养罐。围绕石井式滤水器生产投标，陆军间的军需御用企业进行了大额商业贿赂活动。据说，石井也受贿多次，参加了与其军医身份不相符的豪华游。

由此，石井作为科学工作者和医学者，不仅是极端的军国主义分子，也是一个具有商人头脑的人。在日本战败投降前，石井成了陆军中将，作为军医这一军阶可能是前所未有的高位了。

在这样一个触及国际法的生物武器的秘密中，最为丑恶的部分就是进行活体实验和活体解剖。在为人所不齿的行为下尝到甜头的医学们，意气高涨地进行着研究，留下为数众多的生物武器（细菌以及以此为媒介的昆虫和跳蚤）。战争中细菌学会所发表的论文中，负责细菌战的部队人员发表的论文占多数。因日本国内无法进行这样的实验，所以其实验用的材料、老鼠等几乎全部送到了细菌战部队所在地的中国或新加坡。人体试验材料被称为"马鲁他"，按照一根、两根来计数。这些"马鲁他"大多来自从事抗日运动的战士、国军、八路军的战俘、苏联红军士兵、朝鲜人。也有人证言"马鲁他"还有女性。

但是，日军是否使用了英美等盟军战俘进行人体试验，如果有，又会有多少人，在731部队的秘密暴露于天

下后，许多学者和媒体人都在研究这一问题。当然都没有确凿的证据。但如果我们联想到为对苏作战而设立了在东北的731部队的话，就会明白，基于同样道理，在太平洋战争爆发后几乎同时设立的在新加坡的南方军防疫给水部队的目标就是英美。日军以东南亚为舞台，同美、英、荷等欧美列强战争，没有不将令人憎恨的"鬼畜"——美英战俘进行人体试验的道理。

如此重大的战争犯罪即使被免除罪行的话，那么对于得到了细菌战的技术和数据的美国来说，对于那些从日军地狱般的战俘营生还的幸存者，或是人体试验的牺牲者的家属，也是一个永远都不能说的秘密。而对于被免除战争犯罪的日本也是一样，在交涉过程中也是一个不能公开的秘密。

（二）插在美国喉中的一根刺
——被进行人体实验的盟军战俘

1985年8月，英国ITV电视台在英国播放了《731部队——天皇是否知道？》的电视节目。同年12月，美国ABC电视台购买了该电视节目，在美国播放。以此为契机，美国国会众议院复员军人问题委员会的补偿、年金保险委员会，在1986年9月召开听证会，研究对原奉天战俘营中被当作细菌武器实验材料的战俘们的补偿措施问题。在该会上，美国国防部陆军档案局局长约翰·哈切（John Hatcher）出席听证会并证实，战后以不追究石井四郎为首的细菌战的战犯责任

为条件，美国获得了日本在战争期间进行细菌武器研究及细菌战的有关资料。在日方向美国提供的资料中，有一部分日语资料难以解读，因此在20世纪50年代末或60年代初，返给了日本政府。听到该消息后，朝日新闻社立即着手调查，通过调查，查明了这批返回的资料最初放在外务省复员局。防卫厅成立后转移到该厅，战史资料室成立时又转移至该资料室。现在这批资料是否仍然存在就不得而知了。

1997年12月17日，日本新社会党、和平联合议员栗原君子在参议院决算会议上质问这批资料的行踪。对此防卫厅防卫局局长佐藤谦答辩称："1957年，在一次国会会议上也有过质问，但没有发现这些资料。哈切的证言中并没有确认返还的是有关731部队的资料。"

战后，美国对日军细菌战的调查资料，包括《桑德斯报告》（1945年）《汤普森报告》（1946年）《费尔报告》《希尔报告》（1947年），这些都可以在美国国家档案馆查到，另外还有大量的出版物、论文、电视纪录片等。

我也是以ITV电视台制作这个节目为开端，展开日军细菌战的研究的，迄今为止，分别在英国、美国、德国、日本等制作了5部电视纪录片，还有两部新闻报道节目，每部片子都致力于挖掘新证言、新证言者、证据文书、档案资料等。1998年6月，我在华盛顿郊外的国家档案馆，经过3天的查找，找到了由军事档案专家约翰·特拉（John Taylor）提供的哈切证言方面的相关档案。这些档案包括：1948年，被美国中央情报局（CIA）没收的数量庞大

的被移送到国家档案馆的日本方面的资料，其中含有1850年至1945年有关日本军事的资料等，这些装资料的盒子，排起来有305米（每个盒子12.7厘米），根据记录，这些资料于1957年至1958年都返还给了日本。

当年，对没收的纳粹德国的档案类资料，美国都制成了微缩胶卷，然后将原件返还给德国。而对没收的日本文书类资料，美国海军除制作了200卷日本海军文书胶片，另选择日本国会图书馆中日本部分的一些资料制成胶卷外，其余大多数文书原封不动地返还给了日本。1995年，我曾从到华盛顿出差的防卫厅工作人员口中听说，防卫厅在编写长达100卷的战史期间的一切资料均不公开，即便其后能公开的资料也不过10%左右。有关哈切证言的资料发表在2000年5月号的*Penthouse*杂志上，题目是*Human Lab Rats: Japan's Bio-War Secrets*（《以人为实验品——日本细菌战的秘密》）。该文写道：

> 1948年，美国将没收的庞大的日本军事记录文书移交美国国家档案馆，有学者偶尔进行一些查阅。1957年，美国政府准备把这些文书返还日本时，又担心丢失有价值的资料，遂由福特财团提供资金，组织哈佛大学的拉依夏娃（Edwin Reischauer）、佐治亚大学的扬恩古（John Young）、国会图书馆的比尔等学者，尽可能迅速地制成微缩胶卷加以收藏。至1958年2月，只制作了全部资料的5%，其后将这些收集的资料用船运回返还给了日本。负责此次

速成制作微缩胶卷任务的扬恩古说："如果失去记录日本
军国主义历史的机会，将使我们永久地后悔。"（注2）

（三）奉天与日本的因缘

奉天是当今的沈阳，中国东北辽宁省内最大的城市。
二战时，在英语里称之为Mukden。从1931年9月18日夜里
沈阳郊外柳条湖附近发生的"南满洲铁路爆破事件"起，
日本15年的侵华战争开始了。关东军单方面地将此次爆破事
件断定为中国东北军行使的破坏活动，并发动军事行动，一
举占领了以奉天为首的东北三大都市。此次事件在日语中被
称为"满洲事变"。如今，在事件爆发地的柳条湖，成立
了沈阳"九·一八"历史博物馆，展示着抗日战争的苦难
历史。1942年，最初设置的奉天盟军战俘营的所在，正是现
今沈阳"九·一八"历史博物馆附近，曾是国民党东北军
北大营兵舍的地点。战俘营在此后重新转移到了奉天市内
（即今在其旧址上设立的"沈阳二战盟军战俘营史实陈列
馆"，译者注），直到战争结束的3年半的时间里，它收
容着来自美、英、荷、澳、法等国的近2000名战俘。

（四）奉天盟军战俘营的战俘们

首先需要介绍一下战俘（POW，Prisoner of War）的
定义。据对战俘问题有所研究的茶园义男先生说，在战场

被捕的人被称作"捕房"，经过一定手续在对方国家保护之下被拘留的人被称作"俘房"，在英语中称之为POW（Prisoner of War）。

在太平洋战争的初始阶段，日本取得了超过预期的大胜利，在东南亚以及西太平洋的占领区域内捕获了约35万人的盟军将士，使之成为俘房。日本政府为管理这些俘房，于1941年末，在陆军省内设置了"战俘情报局"。各地俘房收容所在当时也被称作战俘营。

奉天盟军战俘营容纳的是怎样的战俘呢？最初到达的是在新加坡被俘的英、澳混成部队共100人，以及由菲律

1942年4月9日，在菲律宾巴丹半岛投降的美菲联军，被迫开始了"巴丹死亡行军"

宾运输来的美军战俘1400余人。

珍珠港被袭击4个小时之后，被日军空袭的驻菲美军被迫在巴丹半岛和克雷吉多要塞作战。1942年3月，在麦克阿瑟司令官留下"I shall return（我会回来的）"这句话，与家人一同逃亡到澳大利亚后，4月9日，巴丹半岛美菲联军共88000人投降了。12000名美军将士、60000名菲律宾军人以及接近20000的菲律宾市民被迫经历了臭名昭著的"巴丹死亡行军"。他们被迫在没有足够饮水、食粮供给的条件下从半岛边缘步行前进了五六日。

那些在饥饿与干渴的条件下几近掉队的人，尽管他们投降时舍弃了武器成为POW（战俘），处在手无寸铁的状态下，仍毫无酌情余地地被斩首或被步枪、刺刀杀害。将衰弱死去的人计算在内，行进中死去的人在美军中达到1522人，在菲律宾军人中达到19000人，这就是"死亡行军"称呼的由来。一个月后克雷吉多要塞陷落。数月后的10月，美军俘虏中有约1500人被选中，在马尼拉乘上了被称作"地狱船"（Hell Ship）的运输船之中的一艘，"鸟取丸"，被运送到了朝鲜半岛的釜山。在途中停靠高雄，有约500人被送往日本。经由高雄在朝鲜半岛的釜山入港，并且从陆路，经由列车于11月11日抵达奉天。

1995年，在波士顿召开的ADBC（American Defenders of Bataan & Corregidor，巴丹、克雷吉多美军防卫战友会）上受访的格雷格·罗德里格兹（Greg Rodoriqueg Sr.）针对这次"地狱船"的旅行进行了如下证言：

我当时18岁，从属于美陆军第59沿岸炮兵队。进入战俘营以后在3个月的时间内有大量的战友死亡。一天早晨我们被迫列队行进到港口，乘上了在港等待的鸟取丸。日本人交给我们每一个人一小块面包，称这是我们3天的口粮（出海日期是1942年10月7日）。途中还遭遇了鱼雷，险些被命中。经过了30天以上的时间，我们到达了高雄。在那里放下了航海中死去的同伴，并补充了水。之后给我们的食物是咸的，像饼干一样的东西。最初的一袋有肥皂一样的气味，所以我只吃了2～3块。一个吃掉了一整袋的同伴立即染上了赤痢。此后到朝鲜釜山为止，因为有苦于腹泻的人们，航行变得十分悲惨。据此鸟取丸被称为赤痢丸。在釜山，有一群穿白衣的人等着我们，他们对我们进行了将玻璃棒插入肛门的涂片测试（smear test）等事项。

至战争结束为止，奉天盟军战俘营的死亡人数达到了252人，大半死于最初的冬天（1942年11月至1943年1月为止）。

（五）盟军战俘营设在东北的理由

盟军战俘营设在东北的理由其实有很多。按照曾经是奉天战俘营卫生兵的行方武治从其长官处得到的说明，似

1942年11月，盟军战俘抵达当时的奉天（桑岛影集）（注3）

最初的战俘营为北大营（桑岛影集）

乎存在几种说法。我本人则认为理由应该是下述二、三兼
有之。

其一，杀鸡儆猴，为向奉天人显示违抗日本人命令的后果。以下两个事件能够证明这个观点。

1943年6月，发生了3名美国战俘以950公里开外的苏联国境为目标逃跑的事件。持续行走11天并在与战俘营相距180公里的蒙古村庄杀害警官并伤害了村民后被逮捕，最终被送还到奉天。将证词的片段连接起来，那么3个人在回到奉天后被迫对战俘营的同伴们进行"逃跑绝对不会成功，因此决不能逃跑"的演说，并整整3天被绑在战俘营门口的柱子上。后在奉天城内游街示众，并以向市民展示的形式被枪杀了。他们倒在了处决前被迫亲手挖掘的坑穴里。

1944年12月7日，奉天遭到了一队B-29的空袭。奉天有制造飞机的军需工厂以及煤矿，是军事要地。此外，南满铁路也成了袭击目标。

当天，中弹坠机的B-29以头触地坠下，撞击地面。搭载人员中，10人当场死亡，只有1人还活着。日本人将发动机从那架飞机里取出，展示在奉天的公园里，并用锁链将那唯一一个还有呼吸的飞行员绑在发动机上，示众至死（鲍勃·布朗 Bob Brown证词）。

第二个理由就是劳动力问题。奉天有制造战斗机的工厂。管理方面希望有技术的战俘到那里工作，但是所有人都严词拒绝。《日内瓦公约》禁止将战俘就位与直接助力于敌国的劳动岗位，最终，奉天战俘营的战俘大半被派往"满洲工作机械株式会社（MKK）"从事零部件制造的工作，但战俘们以巧妙借口进行的破坏活动接连不断。

趁着监管不备，战俘们将已经做好的部件折弯、破坏，或是将工厂机械的零件埋到补修工厂时没干的水泥里使其随之固定住。大家都是独立作案，并没有什么组织性，并充分理解这些小"恶作剧"伴随着生命危险。但这些行动既可以说是作为军人的不屈斗志的表现，又可以说是成为了鼓舞自己保持生的意志的理由。1944年5月，以被发现进行了破坏活动的人为首的150名美国战俘被送往了环境恶劣的日本岐阜县神冈市的锌矿山。

第三个理由就是细菌武器的人体试验。我们针对这种假说，收集了以下几个证据。奉天有着两所被认为与细菌战武器开发研究深深相关的，处在日本军医支配下的医院。太平洋战争爆发后，日本使得欧美的白人们成为了敌人，因而有必要在白人种身上尝试作为秘密武器备受重视的细菌武器。此外，有必要了解白色人种独有的免疫力的存在与否，如果有的话，还需要把握其真实状况。

（1）"满洲医科大学"（注4）——曾有两年半的时间担任731部队部队长的北野政次军医少将在那里担任细菌学教授。

据调查，当时在"满洲医科大学"（现今被称作中国医科大学）里进行了基于中国人的活体解剖和人体实验所得数据的医学研究。那里保存着大量令人不寒而栗的病理解剖通知书。在解剖学教室铃木教授指导之下进行了大量的脑部研究，残存数量众多的大脑切片标本。竹中义一医生发表于1943年（昭和十八年）《解剖学杂志》的论文《中国北方人

大脑皮质——侧头叶的细胞构成学研究》中写道："材料使用了壮年的、没有精神病学病例的健康的中国北方人大脑，在死后仅几小时之内即进行了采取。"（注5）

（2）奉天陆军医院

有关证词之一就是："1943年年初，我在奉天陆军医院住院时，731部队的赤痢研究员凑来看望我。他说是为了研究与美军战俘的免疫力相关的问题来到奉天的。凑是为了进行针对各种传染病的盎格鲁-撒克逊人种的免疫力研究，从731部队被派遣到盟军战俘营出差的。"（在审判了细菌战战犯的哈巴罗夫斯克审判——又称伯力审判上，731部队细菌制造班班长柄泽十三夫军医中佐的证词）（注6）

有关证词二就是："在赤痢班进行了赤痢是否能够作为细菌武器被使用的调查。凑军医经常带着细菌菌种前往奉天战俘营。731部队让供试验的'马鲁他'饮用经过细菌污染的饮品，然后进行解剖以确认发病症状。"（笔者对于731部队赤痢研究，凑军医班所属日常次队员的电话采访）

能够从以上内容推断出的是，当时的军人和医学者抱有这样的想法：只要是抗日军队的间谍或者是捕虏，就可以作为供试验的"马鲁他"，用在人体实验或者活体解剖上。九州大学对于B-29飞行员进行的活体解剖就业已发生。东北各地的陆军医院以及被称为同仁会的医师和医疗机关的网络针对利用医学的力量推进东北殖民地化进程发挥了作用。在这片关东军支配着一切的中国东北大地上，被敌视作"鬼畜英美"的，活着成为战俘而不是以死报国

關總作命丙第九八號

關東軍命令

新京 二月二十二日十二時

一、關東軍補給監ハ其隷下指揮下部隊ヨリ左記人員ヲ成ルヘク速力ニ奉天狩虜收容所ニ派遣シ該收容所長ノ指揮下ニ入ラシムヘシ

左記

一、軍醫　一
　衛生下士官　二

奉天ノ兵站ニ在ル

軍ノ震

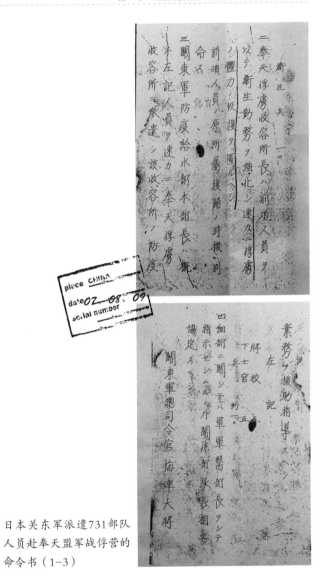

日本关东军派遣731部队
人员赴奉天盟军战俘营的
命令书（1-3）

關總作命丙第九八號

軍軍醫部長指示

一、奉天俘虜收容所ニ於ケル防疫ハ俘虜ノ菌檢索
　二重點ヲ指向シ先ツ現在多發シアル慢性下痢
　患者ノ腸管系傳染病原體檢索竝赤痢アメ
　ーバ等ヲ次テマラリア原蟲其ノ他必要ナル檢
　索ヲ實施スルモノトス

二、菌檢索實施ノタメ必要ナル資材ハ關東軍防疫
　給水部本部ヨリ攜行スルモノトス

三、前項諸檢索ノ中多額ノ經費ヲ要スルモノハ豫
　メ申請スルモノトス

昭和十八年二月十日

關東軍軍醫部長

梶塚中將

日本关东军派遣731部队人员赴奉天盟军战俘营的命令书（4）

的盟军俘虏被认为不值得获得特殊的优待。

1995年，日本电视台NTV战后50周年特别节目组赴美国采访，准备制作《活着的731细菌部队》，采访当年盟军的战俘老兵。日本的媒体一直在追究日军在东北的奉天盟军战俘营里，用盟军战俘进行细菌实验的罪行情况。自英国ITV电视台的节目制作后，还有TBS电视台吉永春子曾到美国采访，但这已经过去10年了。他们的证言由我在《季刊·战争责任研究》1996年第12号上发表，拙稿题目是《没有审判的石井部队——被当作"马鲁他"的盟军战俘》。

日本偷袭珍珠港以后，开始同英美交战。随着战况的恶化，日本大本营一直在摸索起死回生的作战方法。而对英美实施细菌战的资料，最早是从1993年防卫厅防卫研究所图书馆公开的井本熊男大佐的业务日记里解析出来的。战后，像"井本日记"这样的能够证实日军为开发细菌武器，使用盟军战俘进行人体实验的资料发现极少。其中一个原因就是日本在战败前进行了彻底的毁灭证据；另一个原因就是战后日美间的秘密交易。通过这样的双重掩盖将细菌战的罪恶掩盖下来。

战后，在许多历史资料中出现的东京审判、天皇免罪背后的黑幕，使我越来越注意到历史的真实和"传媒"之间的差异，纠正错误的信息是当代媒体人的使命。作为媒体人，专司认识人类社会及传播信息的职业，绝不应当忘记我们的责任。

（六）来自731部队的一群白衣人

利用奉天盟军战俘营的战俘进行细菌战和人体实验的重大根据，是东京审判期间英国检察团提出的证据文书3113号和3114号，内容为日本关东军总司令官梅津美治郎下达给军医部长梶塚隆二中将的命令书（关东军总司令部作战命令丙九八号），时间是1943年2月1日。根据这一命令，梶塚军医部长向关东军防疫给水部本部（731部队）下达了指示书，由731部队派遣30名人员携带器材到奉天盟军战俘营，进行慢性痢疾患者的"菌检索"。

《季刊·战争责任研究》第13号（1996）发表了庆应义塾大学教授松村高夫的文章，题目是《731部队与奉天战俘营》。该论文记载了此前我没有发现但似乎经过处理的日文原文。1983年，松村先生的一位学生在神田旧书店发现了一批有关军事医学的文献资料，庆应义塾大学图书馆购买了这批文献资料。在这些文献中，还同时发现了军医少佐池田

苗夫关于破伤风菌人体实验的论文（注7），及731部队在安达实验场将"马鲁他"捆绑在木桩上进行毒瓦斯武器实验的报告书（注8）。经进一步查明，这些资料是战争时期的军医少佐、毒气专家，战后先后在第一复员局、厚生省工作，后任自卫队卫生学校校长的井上义弘的遗物。松村先生认为，这些资料就是哈切证言中提到的返还日本的资料中的一部分。返还文书在防卫厅分散保管，可能有一部分放在自卫队卫生学校等机构。井上利用职务特权把资料借出来，他死

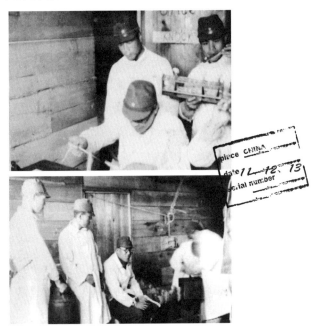

731部队派来的"白衣一团"到奉天盟军战俘营进行"菌检索"（桑岛影集）

去后（1969年）这些资料流到了民间。还有一种可能，那就是井上作为日本政府和GHQ联络窗口的第一复员局工作人员，完全了解毒气战和细菌部队的秘密，他们会因反人道罪而被处极刑，所以为了给战犯免罪，掩盖日军反人道罪行，他从返还文书中挑出有关人体实验和细菌战的文书，放在自家保管。至于这种举动是出于国家的意志还是井上个人的行为，就不得而知了。

战后，一些旧日军军官摇身一变成为自卫队干部，在采访其对自卫队的印象时，他们的共同点是总要强调自卫队同狂热的国粹主义、不惜牺牲国民的军国主义不同，强调自卫队是如何现代性或现实化。在日本战败后的混乱中没有自杀，也没有被当作战犯，或者没有在拘留所死去而活下来的旧军官们，以石井四郎、服部卓四郎（陆军作战参谋）为代表，昨天还在喊"鬼畜英美"，却一瞬间成为亲美派，当上了现代的、现实的自卫队干部。如井上这样的军官，直接参与掩盖日军的罪恶则不足为奇了。

关东军军医部长梶塚中将接受1943年2月1日关东军总司令部下达作战的命令后，随即向奉天盟军战俘营派出了约30人组成的一队人马（注9）。

（七）3份报告书与临时防疫队的真正目的

为东京审判，英国检察团从复员局提出并翻译的证据文献3114号，是由与奉天盟军战俘营相关的两封

报告书组成，它们是与关东军命令书同时被发现的。其中奉天盟军战俘营每月例行报告书第2号抄录，完成于1943年2月21日，并附有标题《临时防疫队的活动报告书》（*Report of work situation of the temporal prevention epidemics squad*）。这份报告书对根据关东军总司令官作战命令丙九八号编成的关东军防疫给水部的临时防疫队的活动进行了报告。为方便叙述，笔者摘要如下。

（1）现状

2月14日，抵达奉天，执行任务15天。在队长与队员的努力及奉天陆军医院的积极协助下，工作得以顺利进行。隔离中患者内脏器官的病原体检查在19日结束。同样，对腹泻以及所有患者进行了病原体检查。

（2）患者的症状

俘房总数1305人中，腹泻患者247人（19日以内有3次以上腹泻症状的患者），经由收容所的军医被诊断为腹泻并收容在隔离病房者有124人。

接下来，是由The Chief of Medical Section Mr. Nagayama在2月17日完成的"关于奉天俘虏收容所内营养失调患者的临床现状"报告书。笔者2008年能够确信所谓Mr. Nagayama是指731部队诊疗部的永山太郎军医大佐。其原因是，原731部队队员的筱塚良雄证言说，所谓731部队诊疗部是在队员及其家属生病时能够对其进行诊断和处方的部队，但部队实际上的工作是在细菌战现场进行菌检、病原菌的判定、病理解剖等，并随时开赴现场实战。

梗概如下：

- 在巴丹、克雷吉多岛上由于日军的猛烈攻击而投降的美军将士们，因为令人绝望的战况以及粮食不足和瘟疫等而极其疲惫。出于某种目的，1458名战俘被收容到了奉天战俘营。
- 战俘中，现在本队接受治疗的有160名，收容于奉天陆军医院的传染病患者（主要为A型副伤寒患者）有8名，健康且能够从事日常劳动者不满300名。
- 在战俘营所长及其部下的带领下，笔者（指永山太郎军医大佐，译者注）与户村队长一同视察了诊疗所的情况。本队的桑岛军医中尉、大气军医少尉和小林军医少佐也一同前往。出于研究目的先行到达的人们也参加了此次视察。

松村在论文中提到，原件上还有一行手写的文字，内容是："兹证明右文书为本科保管书类的正确的复写件。昭和二十二年四月二十二日。第一复员局业务部医务科长、事务官井上义弘。"据此，松村认为在战后的远东军事法庭上，提交国际检察局的军事医务关系证言资料是由井上负责整理的。永山军医大佐报告书的开头认为，冬季出现大量死亡现象，是死者被俘前因作战条件恶劣，进而，在巴丹遭受日军猛烈攻击后被俘的英美军战俘，因受残酷的战斗、粮食的缺乏和疫病的折磨，极度消耗，基于"某种目的"（注

10），决定将1458名战俘收容转移到奉天盟军战俘营。

那么，最隐蔽的"某种目的"究竟是什么目的？据战俘的证言，因为冬季天寒地冻不能挖掘墓穴，死去的战俘遗体都叠放在仓房中，一队"白衣人"在半解冻的状态下就进行解剖作业（注11）。与此同时，731部队的第二任队长北野政次军医少将也来到奉天的"满洲医科大学"进行同样的作业。这一队"白衣人"从千里之遥的平房来到奉天，当然就是为了这个"某种目的"。他们甚至驱使战俘将其他一些活着的战俘搬运到简陋的解剖台上，因而在战俘的心中留下深深的伤痕。英军战俘克里斯蒂曾在1995年5月证实："参加搬运尸体的有两个人，一个是美国人弗兰克·詹姆斯，一个是英国人萨穆·布鲁克斯，两个人从尸山中将一具具尸体抬到解剖台，解剖结束后再抬回去。萨穆在40年间就一直沉默，没有说出真相。在走路的时候提心吊胆，甚至害怕听到关门发出的咣当声音，进而联想起硬邦邦的尸体或半解冻的尸体被放在解剖台上时发出的那种咣当当的声音。"（注12）

美军战俘弗兰克·詹姆斯在"巴丹死亡行军"（注13）中幸存下来，其后被装进条件恶劣、称作"地狱船"的运输船里送到朝鲜半岛，又从朝鲜到达东北的奉天。在第一年的冬天，他被命令搬运死去的战友遗体。1999年，弗兰克将日本军医解剖其战友遗体的情况撰文投稿给*Penthouse*杂志，并对该杂志的记者讲了下面的话："我们按着名牌找出尸体搬运到解剖台，为他们做解剖的准备。日本人先切开胸，随即能够看到腹腔的内部，鲜红的冰溜

子充满胃里还没有融化。日本人用凿子敲开头颅，露出脑子，取出脑子样本，再摘除内脏，最后用刨牡蛎的刨钩似的工具将内脏等放进纸箱子里。"（注14）

战俘中的一些军医对日本军医熟练地使用手术刀感到佩服，以为他们是在进行专门的医学研究（注15），却不知这群"白衣人"的真正目的究竟为何。1941年，日本对英美开战的同时，在新加坡成立了南方军防疫给水部队（注16），在缅甸也设立了据点，在太平洋的广大区域展开了细菌战。从目前发现的日本陆军参谋的日记和文书中我们可以看到，1943年，日本军部研究了在夏威夷、中途岛、悉尼、墨尔本等地实施细菌战的可能性。在日本军队里，根本没有进行《日内瓦公约》关于战俘规定的教育。同样，在战俘营里也没有进行这方面的教育。对亚洲人的轻蔑使他们认为投降或当了战俘是可耻的行为；反过来，面对白种人的劣等感又把他们扭曲成虐待狂。另外，为了发泄日本军中彻底的上下绝对服从关系而产生的郁闷、不满和仇恨，结果把暴力对象转移到战俘身上。无论从现存的战俘的证言、记录，还是其他战俘营对待战俘的实况看，日军总是把英美战俘当作憎恨的敌人对待，从目前的文献资料看，给予英美盟军战俘进行特别人道待遇的例子一件也没有发现。

田中利幸收集分析了澳大利亚国家档案馆的馆藏资料，查到日军为了在太平洋地区实施细菌战，利用战俘进行人体实验的3份资料。对日军虐待、屠杀盟军战俘的情况进行了研究和分析。根据田中利幸的研究，在太平洋地

place CHINA

date

serial number

桑岛军医少尉（前排右三）同8名卫生兵合影（Hal Leith提供）

区日本进行的虐待战俘和人体实验有以下3种情况。

（1）1944年，日军第八师团防疫给水部队制订了撤出菲律宾岛后实施"霍乱作战"的计划（该计划是否实施尚未确认）。

（2）在拉包尔第六野战宪兵队战俘营里，日军对美国、澳大利亚、新西兰战俘进行了人体实验；其中，第24防疫给水部队平野军医大尉进行了疟疾菌的人体实验。

（3）在安磅战俘营，日军对澳大利亚战俘进行了内容不明的注射实验。

田中一直质疑为什么在战后没有对日本战犯进行充分的调查（注17），认为以后调查的要点要直触问题核心，"不仅是中国大陆，还要调查包括南太平洋地区利用战俘进行人体实验的实际情况。同时，还必须弄明盟军方面为

奉天盟军战俘营的日军将佐（后排左一为所长松田元治大佐）（Hal Leith提供）

什么在战后持全面消极的态度，这一情况同美国掩盖石井机关犯罪事实的工作有何关联"。（注18）

（八）奉天盟军战俘营原英军战俘
亚瑟·克里斯蒂（Arthur Christie）的证言

饮食和医疗的不足，恐怕是任何日军战俘营的共同问题。在奉天盟军战俘营，因为细菌部队人员的到来，频繁进行被称作"预防注射"的注射，故此，为了防止消息泄露，日本情报人员极力封锁消息。英军战俘克里斯蒂提供证言说：

这队白衣人到来后，就开始了接连不断的注射，

一年的时间竟然注射了16次。他们说注射的是肠伤寒和副伤寒的混合疫苗（TAB），或者是疟疾疫苗。然而奇怪的是，就是TAB疫苗，在英国军队里是7年注射1次，美国军队5年注射1次，而奉天收容所却在12个月里注射了5次，难道真的是TAB疫苗吗？注射一周后，收容所里的战俘就突然流行起腮腺炎。

日军来了3次，每次都进行了注射、血检和其他检查，采血每月1次。日军让我做过用离心分离机分离红细胞和血浆的工作。每月收容所从每人抽出的血样50毫升，1000人就是50000毫升，每月收集这么多的血液做什么用呢？只能是以人作为实验品进行人体实验，这是能够回答我的疑问的唯一答案。

美军战俘死亡者名单中，有6名战俘的死因记述为痢疾或肠炎，却没有一例记述为死于伤寒。而根据皮蒂日记的记述，战俘们在731部队来战俘营前的1月30日，都接受了预防伤寒的疫苗注射。

关于每月的采血，731部队专事痢疾研究的凑班所属的队员岛田常次提供过证言。岛田回忆说："在奉天有气球炸弹工场，气球炸弹携带霍乱和肠伤寒菌，霍乱班要不断研究就需要大量血液。"（注19）另外，曾担任731部队军医少佐的柄泽十三夫在苏联审判细菌战的伯力审判时，就军医于1943年去奉天盟军战俘营的目的做证。柄泽证实了日军"是为了对盎格鲁-撒克逊族人种进行各种传

染病的免疫性研究"（注20）。

永山大佐报告书中也记述了"现在本队（战俘营，译者注）接受治疗者160人，在奉天陆军医院收容的传染病患者（主要是A型副伤寒）8人"。

据克里斯蒂的证言，奉天盟军战俘营里的医院有名无实，投药、治疗等一切医疗行为都没有，只是将重病人丢到被称作"零号栋"的屋了一角，"白衣人"只是来给病人采血。从"零号栋"挑出的6名美军战俘，被日军带到奉天陆军医院后，结果一去未归。

表1中，记录的这6名死亡战俘的死因为痢疾和肠炎，没有写明伤寒。根据皮蒂日记，在731部队来之前的1月30日，战俘们都接受了伤寒混合A型的预防接种。克里斯蒂的儿子毛里斯从美军埋葬战死者援助局，查阅到1943年2月至6月，在奉天陆军医院死亡的6名美军战俘的姓名、单位、住所、死亡时间以及死因等资料，并把这些资料提供给了笔者。

表1　6名美军战俘死亡名单

姓名	详情
MEAD Martin C	陆军防空部队二等兵，战俘号码1277，居维多利亚州，1943年3月20日死于痢疾。
PASHKEKICH William	佛罗里达海军，战俘号码1248，居俄亥俄州，1943年5月21日死于痢疾。
PROENSA William	马里兰陆军伍长，战俘号码1393，居加利福尼亚州，1943年6月27日死于肠炎。

续表

姓名	详情
ROGERS Albert	陆军第七集团部队二等兵，战俘号码655，居北卡罗来纳州，1943年2月8日死于痢疾。
RYDEEN Earnest A	陆军二等兵，战俘号码375，居明尼苏达州，1943年3月22日死于肠炎。
CAPES Carl R	陆军，战俘号码311，居华盛顿州，1943年5月11日死于痢疾。

表2是从军医皮蒂少校的日记中，关于预防接种的表中选出来的。按照其记录，在12个月中竟然进行了15次这种预防接种。没有食物和医院，是所有战俘营的通病。如果说是为了预防传染病而进行的预防注射，看来缺乏说服力。甚至对战俘进行了蛔虫调查，但没有给战俘这方面的药。

表2　英国军医皮蒂少校日记相关记述

1943年	
1月25日	本日日军军医进行检查
1月30日	战俘全员接受伤寒、副伤寒混合A型0.5cc的注射（第一次注射）
2月5日	进行伤寒、副伤寒混合A型预防注射1.0cc（第二次注射）
2月13日	本日约10名日军军医和20名下士官为调查出现大量死者的原因而来

续表

2月14日	预防天花注射（第三次注射）
2月15日	美军士兵有2人在医院死亡，调查的日军进行了遗体解剖，因地冻不能挖墓穴，遗体被放入棺内
2月18日	医学调查仍在继续，今天来了一个军医中将，但这类视察似乎仅仅出于好奇心，并无其他变化或结果
2月20日	因许多人患痢疾，进行了菌检
2月23日	举行了142名死者的葬礼。105天死了186人，全部为美国人
2月24日	医学调查结束。日军认为通常情况下痢疾不致死亡。但由于营养失调和不卫生的环境，遂产生了致命性的死亡
4月19日	本日日军开始新一轮医学调查
5月24日	下痢患者增加
6月4日	日军开始第三次医学调查
6月5日	含福氏疫苗的赤痢预防注射0.5cc（第四次注射）
6月8日	痢疾患者持续增加
6月13日	进行第二次赤痢预防注射1.0cc（第五次注射）
8月29日	肠伤寒、副伤寒1.0cc和赤痢预防注射（第六次注射）
10月9日	为防治结核病进行X光检查
10月10日	预防霍乱注射0.5cc（第七次注射）

续表

10月17日	预防霍乱注射1.0cc（第八次注射）
1944年	
2月6日	全体战俘进行疫苗注射（第九次注射）
2月20日	伤寒、肠伤寒混合疫苗注射0.5cc（第十次注射）
2月27日	伤寒混合疫苗注射（第十一次注射）
4月14日	通过检查发现蛔虫病患者500名，其中阿米巴痢疾患者3名，旋毛寄生虫患者10名，药物何时抵达不详
4月18日	日本陆军军医团来战俘营视察（包括军医将军）
8月20日	进行伤寒、肠伤寒混合疫苗接种1.0cc（第十二次注射）
1945年	
1月28日	全体战俘进行疫苗接种（第十三次注射）
2月27日	全体战俘进行肠伤寒、副伤寒预防接种0.5cc（第十四次注射）
3月6日	全体战俘进行肠伤寒、副伤寒预防接种1.0cc（第十五次注射）

（九）有人体实验之嫌疑的体检

哈曼·卡斯蒂尔（Hermam Castillo）被大致是731部队的身穿白衣的一伙人进行了体检。据他的回忆，穿着白

衣的日军对他进行了（1）在口中喷了某种喷雾；（2）用鸟的羽毛在鼻子前方上下扇动；（3）用注射器向口中放入某种物质；（4）将玻璃棒插入肛门；（5）被注射白色的液体。在这个过程中，他还听到日军说"你将一生都是带菌者"。随后，他在两周多的时间内像动物一样被关押在细铁丝做成的笼子里。在此时间内，他因发热、恶寒、呕吐等症状而痛苦万分，他腹泻的便液还弄脏了裤子，但日本人并没有将他放出来。其间，白衣的日本人曾来了3次，进行了注射后，就一言不发地回去了。

1995年在底特律接受采访时，卡斯蒂尔视力极端低下，戴着瓶底般的眼镜，并带着盲人用的白色手杖。这是因为他在"满洲工作机械株式会社（MKK）"被迫在没有焊接防护镜的情况下进行焊接工作，因为火花打眼烧坏了眼睛，几近失明。即便这样，他还是将脸紧贴书桌，细致地画出了当时关押他的笼子的样子。卡斯蒂尔持有数项机械设计的专利，想到当时如果他没有成为日军的战俘，就很有可能在事业上大展鸿图，我非常痛心。据说他在亡故前将战俘时代的日记托付给了自己的儿子，并告诫儿子说他死前一定不能读。听到这样的消息，我记起了当卡斯蒂尔谈到被扔到囚笼里的屈辱经历时，因为难以说出"腹泻弄脏了裤子"这句话的痛苦的表情。

奉天盟军战俘营其他战俘的以下证言也不能忽视。

——寒冬里来了一队白衣人，并对战俘们进行采

血、尿、唾液的检查。

——日军说为了解决维生素的不足发给我们橘子，其后奉天收容所大部分的战俘患了痢疾。

——日军选9个人带到简易的房子里，表面上是预防注射，却注入了像马尿一样的黄色的液体。

——搬到新建的战俘营房后不久，竟出现了大量跳蚤，撒了牙粉才把跳蚤赶走。（注21）

——接受了腋下注射后，赤裸上身在室外奔跑，直到失去意识为止。（注22）

——白衣医生给我们注射白色液体，说"你们将成为一生的带菌者"。之后两周，我们被关在铁笼中，都出现了发烧、呕吐、下痢症状。

为何在日本国内外合计将近200所的日军战俘营中，只有他们经历了如此多次的"预防注射"呢？注射给他们的实际上是什么药品，这是一个大家都在关注的问题。因为如果能够将当时的记录交给现今的主治医师，他们将能够得到更对症的治疗。

英军战俘皮蒂少校是位军医，他避开日本人的监视，观察奉天战俘营每天发生的事情，并用只有自己看得懂的符号，将每天见到的情况写在纸上，东拯西藏地保存起来，一部分被日本人发现没收，但其他大部分被带回了英国。

1985年，英国ITV制作电视节目时，皮蒂将其在奉天战俘营期间写下的日记整理出来，交给了节目组。皮蒂此

前并没有对战俘营发生的事情产生怀疑，当得知日本人是在搞细菌战人体实验时，受到很大冲击，他在给一位战友的信中写道：

> 在我的日记里，我将日本人为我们进行接种、注射、预防注射时说明的理由如实记了下来，当时，我们没有能力了解这是不是真实的。日本人自诩的武士道精神，理应无条件地接受和遵守《日内瓦公约》对待战时战俘的规定。如今，战争已经过去了40多年，关于细菌战问题，我们竟被当作人体实验的对象（注23），这一疑问正引起注意。

5年后，皮蒂日记（注24）的原文由电视节目制作组使用，并收录在 *Unit 731*（Hodder & Staughton，1989）一书之中。

（十）日本本土的盟军战俘营

第三封报告书是为远东军事法庭英国检察团而翻译的证据文件3112号，其内容是东京战俘营1943年5月提交的每月例行报告书。虽说古旧的英文文件的文字模糊不清难于辨读，但仍能找到"陆军军医学校"检查"本所"（注25），第一分所（注26），第二分所（注27），第五分所（注28），并针对战俘中带菌者做检查，发现了感染者的

报告（具体数量不能辨识）。随后附有报告，内容如下。

> 患有此种传染性疾病的战俘得以被立即隔离；战俘营采取了严格预防措施。同时，我们核对了染病战俘的每日动态，并根据结果对传染性疾病进行了预防。然而，将所有感染性疾病的带菌者在每一个的集中营分别进行隔离的处置方法，因会增加医务官的负担以及集中营的预防设施、建筑物及建筑物的改装设备不完善等理由不能得到贯彻执行。

其结果，为采取充分的预防措施，将传染性疾病的带菌者集中于一处成为最佳解决方案。

笔者认为，这封报告书中所谓的陆军军医学校，毋庸置疑代表着陆军军医学校石井四郎主宰下的"防疫研究室"。将这样的书面文件作为证据文件进行了总结，明确意味着东京审判英国检察团追究细菌战部队对患有流行性传染病的战俘做了什么，以及他们是否犯有"军事医学犯罪"的意向。

GHQ法务部的尼尔·R·史密斯中尉在1947年4月4日写的调查报告档案（注29），因GHQ参谋二部（G-2）的介入，所有细菌战资料都被严格管理和控制着，故此，这份调查报告书看起来像是没有完成的报告。该份报告是基于有人通过信函密告说二战时期，日军曾对盟军战俘进行过人体实验，并同时还列举了9处可疑设施的调查资料，都标有序

号。其中，（1）关于相模陆军医院（资料号290）。关于该
项设施，有托马斯的宣誓控诉书。该控诉书内容为患上严
重痢疾入院，最后被虐待致死的美国、加拿大、英国等7名
战俘在临死前的证言。该份控诉书还附有尸检报告。（2）
1946年11月20日，GHQ法务部情报少校L.H.巴纳多的报告
书。该份报告内容是陆军军医学校（资料号330），与石井
四郎的资料（资料号330）在一起。（3）新潟医专有山登进
行人工血液实验的资料（资料号997）。（4）九州帝国大学
对B-29飞机驾驶员进行活体解剖的资料（资料号604）。众
所周知，九州帝国大学因对B-29飞机驾驶员进行活体解剖
事件，战后有乙级和丙级战犯而受到审判。（5）关于福冈
日军西部军的调查资料（资料号420）。

当时，关于（6）（7）（8）中所涉及的品川陆军医
院（资料号1873）、东京第二陆军医院（资料号385）和
杭州陆军医院（资料号1387），不仅没有任何具体内容，
甚至连是否存在资料也没有注明。（9）关于东京大学传
染病研究所的报告书（资料号1117）。该份报告书主要
为4名细菌学者的文件资料。该份报告书包括小岛三郎资
料、冈本副教授资料、芦田副教授资料等。其中小岛三郎
为战后日本医学界的知名教授。在小岛资料中，主要有怀
疑小岛对战俘进行残忍行为的调查资料。冈本副教授于
1945年9月2日死于煤气自杀；芦田副教授于同年6月7日服
毒自杀。该份报告书中附有两位副教授的死亡认定书。关
于这两位副教授自杀的调查是在秘密状态下进行的，是

因进行人体实验而自杀，还是他杀并没有任何结论（注30）。不过引人注目的是，这份认定书中还包含两份揭发100细菌部队（兽医部队，位于现长春，译者注）利用盟军战俘进行人体实验的档案。

　　在日本本土，利用关押在各战俘营的战俘进行细菌战人体实验的资料不多，可以肯定地说，这些资料被事先处理了。在美国，我曾采访过波士顿战友会的鲍伯·菲利普，他在明达纳奥岛被日军俘虏，押送到川崎战俘营，因营养状况极差，患痢疾达一年之久，身体极度衰弱。1943年2月，他被送到东京陆军医院。他回忆说：

　　　　病房里有两个房间，美国人、英国人的战俘都在这里，有15~20人。我患上了痢疾，还患上了肺结核，我在这里住了6个月院，不能同其他病人在一起，处在隔离状态。这里是急诊部，他们让我做一些杂务。其中最使我不能忘记的是用燃烧炉焚烧医院遗弃物的工作，在这些遗弃物中，经常有人的肢体，分不清男女，有手、脚等。当时我就想，这是谁的肢体呢？又是为了什么把肢体截断呢？但不难想象，它们被从手术室拖出来时满是血污的样子。我的工作是焚烧，从垃圾箱中把这些东西丢进炉子里。因为其他患者的病情比我还重，所以让我做这一工作。战俘中有接近失明的人，肯定也有被截去手脚的人，最多的是患上痢疾和营养失调的人。6个月后，我被移送到品川战俘医院，入院后食物配给只有半份。这里有许多战俘，全部住在简

易房中，基本没有什么治疗，定期往外抬死人。我的一位
朋友被肺液呛了喉管，没有医生来抢救，眼看着死去了。

　　和垃圾一起被焚烧的肢体究竟是谁的呢？患了痢疾和
肺结核的人，仍让他去做这样的工作，意味着什么呢？这使
我想起位于横滨保土谷英联邦战死者墓地的纳骨堂的那些名
字。这块墓地埋葬着英联邦死在日本各地战俘营里的将士遗
骨，是由英联邦战死者墓地委员会收集的，土地由战后的日
本政府提供，分英国、新西兰、加拿大、印度区。该墓地里
树立有1518块四角形铜制墓标（含非战斗员），墓标上刻有
死者的姓名、军阶、排列号、所属部队、死亡时间、年龄。
在英国区的一角还设有石棺形状的纳骨堂，通常被称为"无
名士兵墓"。这里除了35位死亡战俘无法辨明身份和姓名
外，尚有284名死亡战俘，或无死亡日期记录、部队所属、
军阶、姓名等原因，也被安葬在这里。

　　美国死亡战俘的遗骨，凡确认身份者都送还本土，埋
葬在密苏里州圣路易斯市的巴拉克斯国家公墓。故此在横滨
墓地里没有美国区，但有53位美国官兵的名字刻在纳骨堂。
此外，还刻有只标明国籍的49人的战俘姓名，以及难以确认
国籍的两位死亡战俘的名字。

　　我曾带领一位美国人列斯特·坦尼到过这块墓地。列
斯特·坦尼是"巴丹死亡行军"幸存者之一，后被押到福
冈大牟田战俘营大牟田煤矿做苦工。列斯特·坦尼于1999
年向加利福尼亚州法院提出诉讼，要求三井物产会社赔偿

被强制劳动和遭受虐待的损失和伤害。列斯特·坦尼到达墓地后，向纳骨堂献上花圈后，意外发现上面刻有曾在大牟田一起做苦工的3位战友的名字，情绪十分激动，他一边看着刻着"无名美国士兵10人"的文字，一边说着"这些我不认识！"最后情不自禁地大哭起来。

这些战俘在战俘营里死去的原因大多是因疾病、事故或空袭，那些在战场和地狱般的船舱里幸存下来的战俘，有些人竟在友军的空袭中丧命，他们的死只是因为日本方面故意在战俘居住的房顶上不书写"POW（战俘）"字样所造成的。关于疾病、事故的真相，除前面的资料记载外没有见到更翔实的记录。

这335名日军的战俘，在异国的土地上是如何走完人生的最后一段路我们不得而知。我们所能了解到的就是只有审判战俘营的乙级和丙级战犯时生存者揭发的一些证言资料而已。而被731细菌部队称作"马鲁他"的人们，因为全部被杀害，再也无法开口说话了。

（十一）发现了在奉天盟军战俘营工作的731部队照片

2007年，我与那时正在芝加哥大学完成以日军的人体实验以及活体解剖等"军医学犯罪"为博士论文题目的王锦德女士（Suzy Wang）一同，去仙台拜访了福岛县立医科大学伦理学讲师末永惠子。末永女士送给我一本书，叫作《殉国

的军医大尉》（注31），她说是在旧书店找到的。这本书是由桑岛治三郎在1974年出版的。桑岛治三郎与奉天战俘营相关战犯中唯一被判处死刑的桑岛恕一大尉是堂兄弟，是日本东北大学的眼科学教授。他同时也是散文家，是战前就在医生之间颇有名气的《医事新报》散文栏目的资深作者。1968年8月24日，在杂志上以《殉国的军医大尉》为题登载的追悼桑岛恕一的文章，收到了相关人物的巨大反响。5年后，他在《医事新报》登载了《继·殉国的军医大尉》，在文中增添了新近发现的事实和在奉天时桑岛恕一同僚们的记忆与证言。1974年，桑岛治三郎将这两篇散文与其他刊载在《医事新报》上的文章合集出版。一张据说是在桑岛的相册里发现的、与奉天盟军战俘营的战俘以及同僚一同拍摄的照片吸引了我的注意。此外，书中引用了1947年桑岛在上海的狱中日记，那是他被处以绞刑后送还给遗族的，与在战俘的证言中数次出现的人物，受到尊敬的大气寿郎（注32）军医所写的信，以及桑岛恕一手下工作的卫生兵行方武治题为《继·殉国的军医大尉》的手记，非常有趣。

在这本书里，我第一次知晓桑岛恕一有两个弟弟。桑岛恕一的大弟弟曾经居住在千叶县，已经在2006年亡故了。我与居住在山形县的桑岛恕一的小弟弟取得了联系，但是终究没有见上面。

由于时间过去太久，照片中出现的人物是否在世不得而知。我首先联系了仙台的医师会，找到了桑岛治三郎的住所。他已经退休，92岁高龄了，卧病在床。我登宅拜访了这

位老人。

老人战后出生的女儿为我拿出了从资料堆里翻出来的相册。其中令我最惊讶的是写着"迎接满洲第731部队（防疫给水部）临时菌检班"的一页上展示的十多张照片。这是继命令书被发现以来，731部队曾经在奉天盟军战俘营进行"菌检工作"的不可动摇的证据。

相册中也有奉天战俘营工作人员的生活照和奉天陆军

731部队派遣到奉天盟军战俘营进行"临时菌检工作"的部分人员（桑岛影集）

医院的军医们的照片，很耐人寻味。过后，我收到了他们送来的大气军医的信和卫生兵行方武治的手记的复印件。随后发现行方卫生兵有86岁了，还健在，于是就拜访了他在仙台

的住所。这些大大改变了我此前仅由战俘一侧所说证言构筑的，对于奉天盟军战俘营开设时的状况以及桑岛恕一战犯审判的真实情况等的印象。为了展示奉天盟军战俘营内真相的一部分，我将要点摘抄如下。

大气寿郎军医来信

我在昭和十六年作为军医预备队队员应召入伍，在陆军医院指挥下的兵站医院任职。昭和十八年二月十日，我收到了关东军下达的前往奉天战俘营进行业务援助的派遣命令，并初次与高洁温厚的桑岛大尉进行面谈。虽然在他指挥下工作时间较为短暂，但我有幸曾与之共事。

那时的战俘营的样子就如同您的文章所说，极尽悲惨，大部分战俘患有营养不良、疟疾和赤痢，因此每天都有死者，他们像是枯木倒地一样凄惨死去。

战俘营仅仅有名目上的医务室，实际上宿舍即是病房。桑岛大尉先生根据疾病种类划分了隔离病室，指挥着由奉天陆军医院带领来的卫生下士官 2 名、卫生兵数名、美国军医 3 名、澳大利亚军医 1 名和战俘卫生兵 3～40 名，进行战俘的防疫工作。他独自一人应对着这种艰难的状况。我记得药物以及卫生用品是在大尉先生的力争下由奉天陆军医院担任着补给。此外，需要外科手术的患者也是经由大尉先生的努力下得以到奉天陆军医院住院。由于他采取了完完全全的

人道主义立场并真诚应对，大尉进行着献身性的努力。对于战俘，大尉是他们的救命恩人，理应受到作为救命恩人的感谢；我深深相信，他没有任何遭受到怀恨的道理。当时一般人对于战俘的批判和偏见非常强烈，大尉采取这样的人道措施需要超乎想象的勇气自不用说，一定是四处低头求人才能办到的。在我赴奉天上任不久后，哈尔滨的石井部队就派遣来了防疫给水部以进行防疫援助，在防疫之外还实施了细菌检查，我相信这些也都是桑岛大尉先生用心的结果。

由于大规模地实施防疫，极尽猖獗的瘟疫也逐渐偃旗息鼓，很多人的性命得到拯救，恢复健康者也逐渐增多。同年四月的最后一天，我回归原队。

后来，我作为桑岛大尉先生的后任被任命为俘虏收容所的军医，自昭和十九年十一月直到战争结束为止，一直在奉天任职。新建的战俘营在日本所有战俘营里当属第一，我认为这也是桑岛大尉的努力所致。病床数在100左右，具备了小医院的规模。

据照片和报告书看来，桑岛和大气是与731部队的"白大褂的访问者们"一同工作的。既然是军医，他们不可能不知道731部队秘密的工作，但似乎在他们的认识里，他们在奉天的任务依然是"防疫"与"菌检索"，任务完成过程中，"极尽猖獗的瘟疫也逐渐偃旗息鼓"。在这里，并没有"治疗""用药"这样的词汇出现。

原奉天盟军战俘营卫生兵行方武治。2011年2月，笔者拍摄于宫城县仙台市行方武治家中

行方武治卫生兵手记

1942年9月，我在奉天陆军医院工作，突然接到了前往临时战俘营的命令。因为物资完全不足，被任命为所长的M陆军大佐一直很焦躁，严厉对待主计F少尉，致使F少尉在名片背面留下了"未能遂行任务自决以谢罪"的遗书后，饮弹自尽。

1942年12月末，代替与一直以来任职的军医中尉，桑岛恕一军医中尉（当时）来所工作，同时，卫生军曹以下卫生兵8名，作为支援勤务员来所，让我们感到十分欣慰。

　　就在大约这个时期，北大营战俘营暂定兵舍的搬家计划顺利推行，新建地点定在奉天大东区旧奉天城外东约4公里处。其中，经医务室申请，建造了在所有被称为医院设施的陆军兵舍中最为独具规模的与众不同的医务室。桑岛军医中尉为此也付出了相当的努力。

　　桑岛军医直接同新京的关东军司令官梅津大将商讨，实现了医务室的三等医院晋升。赤痢也得以平息，生还的战俘通过超过日军标准的4000卡路里的食品供给恢复了体力。

（十二）《殉国的军医大尉》

因耳朵手术而住进奉天陆军医院的桑岛恕一军医（桑岛影集）

　　多数战俘忆及对桑岛军医大尉的印象时，认为他是"残忍的人"。也有人见过桑岛军医在没有麻醉的情况下给病人做盲肠手术这样粗暴的行为。即使战俘汇报说身体情况不佳，想征得休息不去参加当天的劳动，也经常听到桑岛军医怒吼

"Go back" 不予理会。桑岛军医因此被起了"Mr. Go back（'给我回去'先生）"的外号。

然而，我认为桑岛军医并没有像外号为"Bull（公牛）"的那个少尉一样对战俘施以日常性的暴力。描述中浮现的桑岛的形象，是一个振奋于作为军医的使命感、上进但时而鲁莽的年轻人的形象。作为在山形封建的乡土观念和当时日本军国主义教育下长大的孩子，他甚至很可能对自己的言行的恰当性没有过一点怀疑。

更何况，知道当时情况的人们都证言说，同其他战俘在收容所相比，相当完备的医务室的建成，是桑岛军医向长春的关东军司令官梅津大将争取的结果，恳求将医务室修建为兵站医院同水平的设施，以及增加附属的军医和卫生兵。

在这种条件下，要追究由谁负有造成252名战俘死亡的责任是很难的一件事。最终，战后在上海召开的美军战犯法庭上受到判决的奉天盟军战俘营3名相关人员中，松田元治所长（大佐）被判处有期徒刑7年，三木遂战俘监视将校（中尉）被判处有期徒刑25年，只有当时30岁的桑岛恕一大尉被判处死刑。

在每日都有死亡事件发生的1942年12月，桑岛陪同奉天陆军医院院长参加了奉天战俘营的视察。院长齐藤军医大佐惊讶于现场状况之凄惨，遂任命桑岛军医中尉到奉天盟军战俘营任职。桑岛任职共两年，1944年12月升迁后，调往北平。因此，他并没有同战争结束时仍在奉天的大气军医、行方卫生兵一起，由苏联军队解除武装并送往西伯利亚。

1945年12月29日，桑岛复员，并初次见到了已经一岁多的儿子。1946年，桑岛在山形县（现长井市）的叔叔的眼科医院帮忙。同年5月8日，根据战犯嫌疑的逮捕令桑岛被逮捕，6月10日，由巢鸭拘留所经飞机送往上海监狱。自6月25日起，在三天内接受了三次调查。据桑岛治三郎所述，"此次调查是在将战胜国主张的'虐待战俘'认定为既成事实的前提下进行的。让嫌疑人承认证据，是为了将'战犯'罪名扣在嫌疑人头上。"

结合桑岛治三郎所引用的桑岛恕一的狱中日记和三木战俘监视将校战后的手记，可以看出桑岛军医大尉死刑判决的决定因素在出庭进行证言的证人上。由于是与松田所长一同进行的联合审判，关于战俘具体症状以及治疗处置等医学上的话题一点都没有提及。第一回公审中，站在证人台上的是美军战俘之中最高将校汉金中校。汉金中校就"巴丹死亡行军"，菲律宾到奉天路途上的恶劣条件，移送途中、移送后恶劣的饮食，虐待，对病人的置之不顾等战俘死亡的原因，包含同桑岛军医没有关联的时间等进行了长达两天的列举。

在第三天登上证言台的，是由妻子牵手引领、戴着黑镜片眼镜、装作眼盲的原战俘——下士官加涅。事实上，他的视力障碍是由于偷饮了"满洲工作机械株式会社"的工业酒精而造成的。然而加涅却说："本人是因为莫须有的罪名，被桑岛大尉绑在椅子上，遭受了一晚的拷问酷打，加上战俘营恶劣的饮食条件引发的营养失调，造成几

近失明的状况。”这件事在当地的英语新闻中也有报道。

桑岛在狱中日记里写道："这名下士官偷饮工业酒精，不仅醉酒，还发生了急性脑中毒，因而我们采取了洗胃等急救措施，保了他一命，但留下了视力障碍的后遗症。"日记还提及，"不是向头上浇水，而是让他喝了水"。

公审第四天的程序是美国辩护律师质询上述检察官一侧的证人，但他们的对话仍然重复核对着由巴丹半岛开始，到奉天结束的行程。这个过程用时两天。据日记所述，第六天与第七天松田所长站到了证言台上，但据日记所写，"回答着明确的事实……然而我不被允许站上证言台。这跟承认有罪没有区别。无计可施"。桑岛放弃了。第八天是共同审判中唯一由日本辩护律师陆军大佐负责的、仅有的辩论机会。但桑岛的日记对此只字未提。最终，桑岛军医大尉在为期 8 天的公审中既没有机会站上证人台，也未被允许哪怕有一言的抗辩。1946 年 9 月 16 日，判决下达。1947 年 2 月 1 日，绞刑在上海施行（注 33）。

（十三）为何桑岛军医大尉被判处死刑

2007 年，长期以来关于奉天盟军战俘营的疑问意外地被解开了。具体说来，与奉天盟军战俘营工作人员的大半都被拘留在苏联相比，（1）松田所长与三木战俘监视将校为何在美军上海法庭接受审判？（2）为何只有桑岛军医大尉被判处死刑？

关于第一个疑问，据说是恐惧战争结束后的报复，如同察觉到人身危险并逃亡的"名为公牛的那个日军少尉"那样，松田在苏联军队抵达奉天前就已经逃亡。

2007年5月，在将奉天盟军战俘营旧址改建成陈列馆的计划正在进行的沈阳，时隔62年，举办了美军战俘及其家族、相关人员的战友会。我与这个规划的联系人在美华侨团体和俘虏们都有相识，因而有幸作为美军战俘组的成员参加了这次聚会。以此为机会，我完成了期待已久的采访。接受采访的，是1945年8月16日，肩负救出战俘的使命，从B-24飞机跳伞进入奉天的OSS（Office of Strategic Service）的关键任务小组组长哈罗尔德·里斯。与其说他是一名军人，不如说他是因为掌握俄语、中文双外语的语言能力而被选中负责这项任务的。

1945年8月18日，哈罗尔德·里斯为救出温赖特将军及其他盟军高级将校，通过火车赶赴四平省西安（现吉林省辽源市）。该地在奉天东北240公里处。其间，苏联军队抵达奉天，战俘营的日本人被解除武装，送往西伯利亚。接收到情报收集任务，留在奉天的哈罗尔德·里斯雇用了在"满洲工作机械株式会社"的战俘管理中担当职员的美籍日本人甲斐义男作为部下。在战俘们的回忆中，甲斐是待战俘最热情的日本人。在奉天因疫痢失去长女的甲斐，因顾及患有哮喘的6岁儿子而拒绝了回美国的长途移动，留在了奉天。某天甲斐发现了藏在奉天市内的松田并通报给了哈罗尔德·里斯，因此松田才被送往上海，再接受战犯审

判。据说抵达上海的松田"衰弱到了不能行走的地步"。

第二个疑问是关于桑岛与"细菌战人体实验"的关系，到底身为军医的桑岛是不是实施"细菌战人体实验"的一员呢？是不是美国为了细菌战部队相关人员的完全隐藏和免罪，以及独吞实验数据，出于封口和找替罪羊两个目的"消灭"了桑岛呢？尽管对这样的疑问，还没有明确的解答，但它成了我对"战犯审判的矛盾点"有明确感受的契机。受到法西斯主义支配的，连"人道"和"尊重人命"的碎片都感受不到的日本帝国军队中，没有自觉的犯罪肆虐横行。连自己的性命都被支配着，用暴力让人服从的机制之下，习惯于对"命令"条件反射的他们，即使在战犯法庭被判决为"有罪"，也不能够自觉意识到自己的罪恶。他们甚至不能意识到，在审判过程中他们有可能受到的虐待是自己所做恶事的因果报应。

（十四）巴丹、克雷吉多美军战俘的战友会

1995 年，日本电视纪录片所采访的"巴丹、克雷吉多美军防卫战友会"，系众多的美国退役军人战友会中的一个组织。其成员大多为二战期间，被麦克阿瑟抛弃后，又被日军捕获的 88000 名左右的盟军战俘中的美国军人。当年的总会在波士顿郊外一个希尔顿宾馆中举行，会期为 5 天。经过战后 50 年，这些在家属陪伴下的老人最年轻的也在 70 岁上下，他们共同的体验就是同日军战斗后成为战俘

的心酸经历。其中奉天盟军战俘营关押的战俘老兵们则单独组织，独自举行集会。

他们的悲剧是被信任的祖国基于战略的和政治上的判断，进行了背叛式的隐藏工作。在冷峻的现实中度过了战后50年的他们，已经进入了老境，而且甚至连证明的东西都没有。在学者和媒体的努力调查下，依然不能证明，就好像他们在进行妄想和说谎一样，陆续被时代抛弃一样。

被日军抓捕的战俘也没有例外，和纳粹集中营的幸存者同样患上了心理后遗症（PTSD）。饥饿、寒冷、被虐待、挨打、战友的死、拷问、屈辱以及与之面对的惨绝人寰的恐怖心理等过于残酷的记忆中的创伤一直在折磨着他们。当然也有许多人在被俘期间被营养失调、负伤、疾病等健康的问题所折磨。更有甚者，他们中的一些人，患上了失明、极度视力下降，还有的患上坏疽被截肢。

在奉天盟军战俘营中生还的美军战俘大约为1300人。其中大多数都先被送到了日本本土的战俘营，强制从事劳动。二战期间，日本本土有90余所盟军战俘营，至日本战败投降时有30000余名盟军战俘。

在我们的采访中，战俘老兵们对于我们这些混入聚会中的日本电视摄制组投来了漠然的眼神。在聚会上，我们看到了不说话也没有目光交集、默默走过会场的悲伤的老人。同时我也被与会的寂寞的战争寡妇的神情时刻敲打着心灵。她们被生还的人们围拢着，没有儿子和孙子的话题，静静地坐在一侧，聆听着关于她们年纪轻轻就死去的

丈夫以及战场和战俘生活的话题。这样的寡妇是否听到了战友们讲到其丈夫临终前的情形我们不得而知。也许他们正在回想着讲述着虽然活着走出战场却成了战俘，被解除武装后，就连饮用河边的水都会被日军斩首，不堪空腹偷偷走进厨房而被枪杀的情景吧。50年前与丈夫的战友和家人们一起度过的5天对她们来说也许是一生中最快乐的时光。而我连问她们这件事的勇气都没有。

三天后，他们举行了晚餐舞会。我抱着好奇的心情参加了这个舞会。和几位男士跳舞后就大汗淋漓了。事先听说战俘老兵亚瑟因菲律宾和奉天盟军战俘营的残酷经历，非常憎恨日本人。他的妻子在采访前也曾说，"亚瑟一说起战争的事就异常兴奋，简直达到了忘我的程度，也许有非常失礼的地方，还请多谅解"。

据说，他在奉天盟军战俘营关押期间，曾因有反抗的态度被日军脱光衣服裸体站在禁闭室内，全身冻得直发抖，其后才被放回有温度的房间。当他回忆到向恨得不行的日军喊救命时，他禁不住自己的泪水，大声喊叫让我们停止拍摄。陪同他采访的三十几岁的女儿也禁不住流下了泪水。

我在当晚的晚餐舞会上，被领到了奉天战俘组的桌子旁。当年仅有17岁的少年卫生兵，当上了日军军医大气寿郎助手的布朗在回忆这段往事时，一直注意着身边的老兵。其间亚瑟一直坐在邻桌，但听到这里的谈话连头都没有抬，直到舞曲放到最后一曲时，高个子的战俘老兵站起来跳舞后，我也禁不住流下了泪水。其后，这位战俘老兵

和身为日本人的我跳起了舞，笑着同我说话。而像旁边的亚瑟那样的战俘老兵一直到死都不想和日本人说话。

第二节　731部队解散后

（一）1945年8月9日苏联参战

1945年8月9日，苏联出兵中国东北，设在哈尔滨平房的731细菌部队解散了。这期间，石井四郎指挥731部队进行各种破坏和隐蔽作业，然后经中国东北及关内，以及朝鲜飞回东京。战后，有不少证人目击了石井行踪，继美国细菌战调查官桑德斯之后，从德特里克堡基地来的汤普森调查审问书（1946年1月17日）中也记载了石井的行踪。石井是在占领军管理不甚严密的8月末回国的，至1945年年底，先后把从中国东北带回来的物品隐蔽在东京和千叶老家，其后潜伏在金泽。包括石井长女石井春海在内的多份证言证实了这些情况，然而，综合所有的证言和资料，石井在四个月的时间里，在什么地方，都做了些什么，还有许多不明了之处。

苏联参战后，根据日军参谋本部的命令，由大本营作战参谋朝枝繁春中佐向石井四郎传达了破坏731部队设施、隐蔽证据的命令。朝枝曾从1942年7月到翌年的年末，在关东军任参谋，负责细菌战事宜，常与石井四郎接触。我曾采访过朝枝，当时的他忍着腰腿痛和我有过长时间的交谈。朝枝于2000年死去。

随着苏联的参战和美国在长崎投下第二颗原子弹，日本战败已成定局，"终战工作"就成了参谋本部的最大任务。朝枝认为，日本同"前门虎"的美国实力对比是1∶15，在太平洋战场上已经是勉强支撑，如果再与实力为1∶10的"后门狼"苏联对抗，则几乎是不可能的。在苏联未宣战前，日军内部则有利用美苏的对立，使日本坐收渔翁之利，然后重建日本的想法。基于这样的想法，参谋总长梅津美治郎向北方军、朝鲜军和中国派遣军下发了"大陆命（大本营陆军部命令）"第1374号，同时开始起草"大陆指（大本营陆军作战指令，即参谋总长的指示命令，译者注）"，并通过了御前会议裁可。但因为战争结束时许多文件被焚毁，在防卫厅战史部没有找到这两份文件。从朝枝的回忆记录，我们可以从"大陆指"看出当时日本陆军准备实行的计划。

基于"大陆命"第1374号，对关东军总司令官下达如下作战指示：

（1）关东军总司令官为制造美苏对立对抗的国际情势，应尽可能迅速地引导苏联军队进入朝鲜海峡。

（2）考虑到战后帝国的复兴再建，关东军总司令官应尽可能地将多数日本人留在大陆，留下之日本军民，如变更国籍亦可（注34）。

朝枝说，当时的大本营作战课并不知道美苏在朝鲜半

岛划三八线分而治之的《雅尔塔协定》，否则或许就不会发出这样的指示命令了。但是，"大陆指"中考虑到"战后将来"，同时秘密准备"日本帝国的复活"，这样的心态是日本军人共有的。

这一时期，期待"国家重建"的所谓"作战"不过是桌面上的空论，所以关东军打来电话，声称不理解"大陆指"的意图。同年8月10日，为了向关东军参谋解释"大陆指"的内容，为此，朝枝前往"满洲国"的"首都新京"（现长春），向关东军司令部的参谋进行具体解释。当时33岁的朝枝将石井四郎邀到"新京"军用机场，向石井传达了"参谋总长的命令"。根据朝枝的《手记》记述，在"军令陆甲"的特殊预算中，"731细菌部队"不列入关东军的项下，在此非常时期，它应属于（朝枝）管辖之外的事项。尽管如此，朝枝还是会晤了石井，因为731部队万一落到苏联人的手中，它的真相就要暴露在全世界面前，就会出现天皇成为"战犯"的大问题，这将从根基上威胁皇室。所以，朝枝提出以下几点要求：

（1）贵部迅速地破坏一切，职员尽快回国，让一切证据从地球上彻底消失。

（2）给贵部配属哈尔滨工兵1个中队、炸药5吨，将贵部的诸设施炸毁。

（3）建筑物里的"马鲁他"用电动机处理后，在贵部的锅炉中焚毁，并将所有的灰烬丢进松花江。

（4）贵部有细菌博士学位的53名医官，用贵部军用飞机直接送回日本，其他职员、妇女、儿童利用满铁送到大连，然后送回内地。为此，关东军司令部交通课长已经与大连满铁本部取得了联系，在平房站已有直通大连的特急列车待命，可运送2500人左右。

据朝枝回忆，此时，石井曾对朝枝中佐说："部队积累到今天的可以夸耀世界的文献论文等研究成果，是不能烧毁的，如何是好呢？"听到石井的话后，朝枝则威胁说："你在说什么，请让一切证据物件永远从地球上消失！不这么做，要出大问题！"听到上司说这样严厉的话，石井只好说："那好，我知道了，就按你说的做吧！"朝枝与石井谈过后就乘坐等待的飞机飞向北方（注35）。

（二）细菌部队的"转进作战"

细菌部队意识到本土决战的到来后，曾计划了"转进作战"，即放弃中国东北，随关东军"转进"朝鲜的计划。当时用的"转进"这个词，其实就是"撤退""败退"的同义语，同"玉碎""特攻"一样，真实的意思就是"自爆""被命令做自杀攻击""禁止投降"或"强制自杀"。

1945年3月，日本陆军省决定本土作战，遂将石井军医中将召回东京，陆军大臣就今后细菌部队的行动做了具体指示。我们从后来的茶园义男的相关资料中，也可以看

到这一时期日本关东军司令部的基本设想。茶园义男的计划中认为放弃东北后731部队还要继续坚持，"转进"到朝鲜山峦中的江界市，在这里生产大量的老鼠和跳蚤，并提出一份《扩大人员设施申请书》（注36）。因为要"转进"到江界，所以必须确保部队的资料数据和器材。为此，在日本投降期间，石井与美国方面进行战犯免罪交涉之说也就有了判断的基础。

731部队林口支队长榊原秀夫在战后的证言，与上述计划之间有微妙的差异。根据榊原的记述，在战争结束前，石井将各支部长召到哈尔滨平房开会。在会上，石井说收到大本营使用鼠疫菌进行细菌战准备的指示，要求731部队必须在8月准备1吨乃至2吨的跳蚤，为此，要准备或捕捉大量的老鼠，各支部需要全力完成此任务。石井强调"在捕鼠时一定要注意防谍，对外要谎称捕鼠的目的是为了消除鼠害"（注37）。关于这一期间大量生产跳蚤的证言几乎是一致的，战争结束之前拼命地大量生产老鼠、跳蚤，是准备佯动作战，或其他？虽然不能确认，但在苏联参战前，已经有大量的物资、资料等从平房运出。这些都有证言证实。

军部决定不惜"总玉碎"，驱使国民手持竹枪上阵，进行本土决战，实乃愚蠢之举。为此，日本军部在长崎山中秘密挖掘了庞大的防空壕，但天皇秘密指令基地和松代大本营一直到战败都没有迁移（注38）。大本营原计划到8月中旬，用一个月的时间完成转移，甚至考虑到使用

自爆式的最后手段，即使用细菌武器，叫嚷"一亿总玉碎"。然而，苏联参战比预想的提前，第二颗原子弹也落到日本，形势变化急剧，战争不得不停止。

（三）石井的行踪

石井在"新京"机场与朝枝分手后，有关他的行踪有许多目击证人。731部队航空班班长增田美保驾驶飞机运送石井神出鬼没，但其中也留有一些疑点。1945年8月9日至14日，由军医大佐大田澄直接指挥破坏731部队建筑和掩盖罪证的工作，而最重要的是处理口号栋里的"马鲁他"。担任警备队分队长的沟渊俊美伍长命令警备队指挥班长，在731部队本部大门前负责警戒。高松出身的西山整尔伍长曾向沟渊详细说明404名"马鲁他"全部被杀的经过。其中西方妇女1人、英国男性1人、苏联人3~4人，其余都是中国人或朝鲜人，没有儿童。关于杀害的方法，沟渊提供证言称："口号栋关押'马鲁他'的房间被密封后，用气泵将毒瓦斯送进去，房间就充满了瓦斯，'马鲁他'全部被毒死。尸体从二楼的窗户丢下去，浇上汽油焚烧。士兵分4个分队，大约100人，另有少年队100余人，其他军官、将校也都集合在口号栋。"（注39）

关于处理"马鲁他"的证言还有许多。石井的司机、运输班的越定男则是直接处理"马鲁他"的实行者之一，越定还负责驾驶搬运"马鲁他"的专车。据越定的回忆，

杀害"马鲁他"的方法很多。使用的药物有氰酸钾铝，还有让两名"马鲁他"面对面，彼此脖上缠绳子，中间插上木棍，互拧对方脖子上的绳子致死的。"这是不用亲自动手的杀人方法"，用这种办法杀害了许多"马鲁他"。

浇上汽油烧毁的"马鲁他"的尸骨，装入约200条草袋子里，之后丢进松花江。卡车运送这些草袋子时分外重，运输途中那些尸骨发出咔嚓咔嚓的声响，还有手铐和脚镣撞击的刺耳声音。（注40）

筱原鹤男来731部队仅3个月，只有19岁，他负责将"马鲁他"的尸体丢进监狱外挖的坑里，然后放上木柴点火焚烧。筱原还受命同另外一个日本士兵爆破关押"马鲁他"的监狱。为了安放炸药，筱原进入靠近楼梯的12号室，看到墙壁上写着血书，有"打倒日本帝国主义""必胜"等很漂亮的文字。筱原说："想必是死者临死前咬破手指写下的，此事虽然过去了50多年，可是一直刻印在我的心里，所以把这件事写在自己的《手记》里。"（注41）

越定男将妻子和孩子送上专门送731部队家属的挂有50节车厢的列车。列车出发前，石井站在煤山上，横眉立目，如同一下子要扑过来的架势，大声喊道："走到哪里也要严守731部队的秘密，如果谁泄露了军事秘密，我就追你们到哪里！"（注42）在战后很长时间里，越定男的耳畔还总是响着石井的这些话。

逃脱时，731部队向所有家属发放了氰酸钾铝的药片，车到釜山之前，苦于长途列车旅行，就有几名女性服氰酸钾铝自杀，有的母亲丢下自己的孩子死去。剩下的人们埋葬了死者继续前行，还有些儿童因营养失调患上脱水症而死去。

因秘密部队的缘故，掩盖细菌部队秘密的国策使细菌部队的家属得以提前离开中国东北回国，当然也有些人留下来，还有人被羁留在西伯利亚。也是国策使然，"满洲开拓团"中的多数男人被征召入伍，留下了女人、孩子和老人，在归国途中，他们许多人因为疾病、饥饿、严寒而丢了性命，还有不计其数的孩子、妇女留在中国东北。因此，今天的日本出现了来寻找亲人的日本遗孤的社会问题。

现在，哈尔滨平房原731部队的遗址上，还有部分建筑物的残骸，被爆破的痕迹清晰可见。此前，原731部队本部被一所中学占用，为了申请世界文化遗产，2000年，学校搬迁，在此基础上，进行了遗址挖掘和修缮工作。当年特设监狱的地基等设施也被挖掘出来，2001年6月对外开放。原属731部队锅炉班的锅炉房大烟筒的残骸，成为当年的罪恶象征。

1945年8月14日，沟渊俊美接受石井队长马上离开的命令，他在日记里记载了以下部分内容：

昭和二十年（1945年）八月十四日
……让中国人来官舍搬运东西，想把东西全部拿走，但由于数量太多，只好留在原处。下午2时左右，

从8月9日以来一直没有露面的石井队长突然出现，他下达命令说："从现在起两小时后有一列车进入我部队的专用线，所有队员全部乘坐这列车，以后再没有列车了，全员要一个不落地上车。"石井队长下达命令后就不见踪影了，就如同忍者一样来去无踪。

……下午4时左右列车进入专用线……定于下午7时开车，车上装满了煤，车速不能提快，上车后从司令车传出命令："全员子弹上膛，打开保险作战斗准备。"（注43）

其后，目睹石井行踪的则是大连卫生研究所副所长目黑正彦。目黑为向陆军省报告平房破坏后的情况，在前一天夜里来到731部队，拍照的照片也被石井取走了。目黑返回大连可能是在石井下达全员乘坐最后一趟列车的命令之后，担当驾驶员的增田美保将他送到飞机场，劝他一起直接飞回国内，目黑拒绝后又乘飞机飞回大连卫生研究所。

目黑另外证实，战争刚结束时，石井曾在日本与麦克阿瑟会晤过。另有证言称，石井是在8月25日前乘飞机回国的。另外，也有战后在东北、上海等地目击过石井的证言。

8月15日，人们认为石井是去了位于东京的陆军省。而8月16日夜里，石井却出现在"新京"车站运送回国家属的列车上。当夜，石井的副官面对站在月台上的以及各节车厢的家属们说："现在由石井部队长讲话。"副官手持蜡烛站在石井的旁边，石井逐个车厢走过，他大声说：

"日本败了，你们现在返回内地，可是你们走到哪里，一定要保守731部队的秘密，谁要是泄露了秘密，我石井就会追踪你们到哪里！"石井消瘦的面孔在蜡烛的照映下像魔鬼一样，让那些抱着孩子的母亲分外恐惧。（注44）

列车从平房出发，原计划向中国东北通化"转进"，但因为战争提前结束，故此决定将731部队队员和家属送还日本内地，石井的出现可能是为了再次做"封嘴恫吓"讲话。

日本战败投降后，在上海的华中方面军第十三军军令部的技术少佐本司贞介曾证实，战争结束后的第三天（即8月18日），石井曾出现在司令部，同大家告别。面对大家，石井有些凄然地说："今天将乘飞机先被带到香港"，言外之意是到达香港后会被带到美国。（注45）还有一说是，此时石井正同潜伏的美国情报部接触，让美国人视察为"转进江界作战"而集结的物资。日本投降当时，各国在上海、香港的间谍一定非常活跃，尽管日本对抗日分子进行了残酷镇压，但日军还仅仅控制了辽阔中国的点与线，因此作为间谍战老手的石井，同美国方面接触并不是什么难事。

从上述情况看，石井是在8月中旬回国的，但准确地说，石井什么时候抵达日本，藏身在何地，还不甚明了。石井的女儿石井春海同其他家属是从釜山乘船回国，据她推测：

父亲同关东军司令官山田乙三以及竹田宫在谈话中说，因是特殊部队，必须全部撤回，所以，要事先派人回日本，成立归国者接收体制。结果，我们的船到达山口县仙崎时是8月31日，两天前，父亲已经乘731部队的飞机在羽田的厚木机场归国。（注46）

（四）松本正一证实：石井乘军用飞机回国

在战争结束、日本被占领10天后，陆军中将竟乘日本的军用飞机在日本着陆，确实有些不可思议。但据731部队飞机飞行员松本正一的证言，这个时期石井的行踪有许多空白点。松本的航空班总有飞行任务，其间在苏联参战后航空班也参加了对哈尔滨平房破坏作业，直到彻底破坏为止。8月11日，松本受命把宿舍里的榻榻米铺到货车上，以向中朝国境据点转移为名护送队员和家属离开731本部。据松本记忆，大约住有3000名队员和家属的三层楼被浇上汽油烧毁。准备报废的飞机旁边摆放装满汽油的汽油罐，同飞机库一起焚毁。

同日，松本驾驶重型轰炸机准备起飞，因跑道松软，只好召集附近的中国人把飞机上的东西搬下来。最后，松本驾驶轻型轰炸机飞往奉天，在旅馆听到了天皇停战诏书的广播。于是，松本驾机飞往朝鲜的平壤，一位友人在这里见到他，随后驾驶小型侦察机越过千岛海峡，在福冈的雁巢机场降落。在机场上他见到装满日本酒的轰炸练习

机，原731部队医生、驾驶员池川重德已经先期抵达这里。

8月26日，盟军发出全面禁止日本飞机在上空飞行的命令，九州人池川把轰炸练习机让给了松本和另一位关东出身的技师。第二天，二人驾驶飞机飞到松本家附近的熊谷飞行学校机场（注47）。降落后，看到由增田驾驶、石井队长乘坐的重型轰炸机"吞龙"号已经降落在该机场。如魔鬼一般的石井在"新京"车站向女人和孩子们做了"保守部队秘密"的讲话后，在关东军司令部、朝鲜和中国上海、香港与日本东京之间，飞了多少个来回尚不清楚，但目前可以断定的是，他是在8月25日之前从熊谷归国的。

早在8月24日，离开釜山港的沟渊伍长见到了石井，沟渊在回忆中说：

> 8月24日下午2时，石井队长突然出现在釜山码头，召集队员集合。石井队长说："从现在开始两个小时后轮船进港，两个小时后船将出港，船靠岸后你们要全力把部队的物品装载到船上，一件也不能丢下。如果丢在这里就成了外国的东西，装上船就是日本的物品，无论是自己的还是他人的，凡部队的东西全部装上。"石井队长下达命令后就消失了。

> 8月24日下午2时稍过，两艘3000吨战时标准船和8艘800吨登陆艇到达釜山码头……队员们都全力搬装物品，不知装了多少，甚至连7台卡车也装上了船，"军属"的行李也装上了船。（注48）

　　按照沟渊的回忆，731部队人员和物资从哈尔滨出发抵达釜山后，从釜山出发回日本的10艘船，最早的是8月17日抵达釜山，最晚的应该是8月31日抵达日本山口县仙崎港，也就是石井的女儿石井春海搭乘的那艘船。当然，731部队人员和物资抵达日本港口的情况不同。综合现在的文献资料，抵达日本港口地有门司港、须佐港、荻港、东荻港和仙崎港以及舞鹤港。其中，石井春海等人到达港为仙崎港，越定男等人抵达港为舞鹤港。从这些分布于日本各地的港口情况看，在此期间石井为将731部队人员和家属送回日本，数日以来可能为联络船只一直奔走于各地之间。

　　石井安排和联络这些船只抵达日本各地港口，可能也考虑到了731部队人员和物资的搬运问题。其中，像舞鹤不仅是石井高中时代生活过的地方，而且舞鹤距731部队的解剖专家——石川太刀雄丸博士的金泽邸宅也不远。

　　石井春海的回忆也证实，她的父亲石井是从釜山机场飞回日本的。松本的回忆也证实了这一点，他在回忆中说，他于8月25日在熊谷机场见到了石井专用机"吞龙"号。由此，我们认为应该是前一天，即8月24日，石井在釜山下达命令后，于翌日（25日）松本到达熊谷机场前回到了日本。

（五）石井回国后潜伏了4个月

　　8月13日，石井队长的专车司机越定男乘最后一趟列车

离开哈尔滨731所在地的平房，追上了即将分娩的妻子所乘的列车，一起到达釜山港，其后乘坐客船返回舞鹤港。客船里堆满了731部队用汽车运出的物品，到港后物品堆放在金泽医大仓库和在金泽市野间神社的临时本部里。越定男到达舞鹤港后，换乘装运煤炭的火车返回家乡长野县，中途经过名古屋时已经是8月23日。越定男把妻子送回长野，因受石井队长的命令赶往东京，又接到立即去金泽的指示，任务是用卡车把从哈尔滨平房带回来的、保管在金泽医大仓库的物品运送到东京。越定男到野间神社时，那里已经集合了15名军官队员，金泽医大医院仓库里的物品用了两台卡车运往东京。菊地齐少将、增田少将、大田澄大佐等一同乘坐了运送物品的卡车，3人都是细菌部队的中坚细菌学军医。途中，他们在下吕温泉住了一宿。越定男回忆说："他们带足了钱，所以一点也用不着操心。"第二天，菊地一行3人又在诹访大社住了一宿，途中几个人轮流看管物品（注49）。到达东京后，越定男把物品分别送到杉并东洋工业、军医学校、若松庄（石井的居所）三处地方保管。在石井住所的若松庄的二楼，越定男看到石井正在睡觉，十分吃惊。越定男自从在"新京"和釜山两次见过石井后，就听说队长已经乘潜水艇或飞机回国（注50）。越定男卸下石井的物品后，又将其他物品送到千叶县的增田知贞少将家。731部队撤退时曾接到命令："储蓄簿同其他便条一样，凡能确认是731部队的东西必须一律烧毁，不能留一丝痕迹！""只准带两个行李。"所以，越定男把存款单也销毁了，夫妇二人两手空

空回国。而731部队的干部却用卡车把丰厚的私财、贵金属以及昂贵的实验设备拉回家。越定男顿时有了无从发泄心中不满的无力之感。战败前发布的三条命令，战后也没有解除，相反不断被强调：

（1）返回家乡后隐匿在731部队的事实，隐匿军历。

（2）不能就任任何公职。

（3）队员之间不准相互联系。（注51）

第三节　日美交易的双重构造

（一）细菌战调查官墨瑞·桑德斯

细菌战专家墨瑞·桑德斯（Murray Sanders）中校在战争结束前从德特里克堡基地调到麦克阿瑟将军的手下，美国向广岛、长崎投下原子弹后，日本接受《波茨坦公告》。战争结束后，麦克阿瑟将军就任盟军最高司令官，为了进行占领统治下的调查准备，包括谍报专家在内的先遣队乘"斯塔吉斯（Sturgis）"号汽船到达横滨，桑德斯就是乘这艘船来到日本的。

他的使命是尽可能抓紧收集日本细菌战部队的组织和石井四郎的情报。桑德斯在参谋二部和科学技术部接受了长时间的任务说明，并获得一张照片。这张照片是石井四郎部下干将内藤良一中佐的照片。"斯塔吉斯"号到达横滨港时，内藤拿着桑德斯的照片站在甲板的舷梯上迎接，

并自我介绍说："我是您的翻译。"

此后，内藤就一直在桑德斯身边，实际上是监控桑德斯的调查活动（注52）。1945年11月1日，桑德斯在没有接触石井的情况下，向国防部提出了《桑德斯报告》，内容涉及人体实验和细菌战实战，但是没能收集确凿的证据。内藤一直发誓称："绝没有人体实验的事。"桑德斯相信了内藤的大谎言，并向麦克阿瑟建议："为了查清731部队，必须保证不把他们当作战犯，否则不能顺利进行。"这一建议得到麦克阿瑟的同意（注53）。

直到20世纪80年代，桑德斯才开始讲述这些秘密。在他抵达日本后不久，内藤良一在饭店接待了他，同席还有一位可能是日本特殊会社社长的宫本光一（注54）。宫本提出每周付给桑德斯5000美元来收买他。这些情况以及内藤良一的活动情况都收录在对桑德斯的采访录里（*Unit 731*，William Wallace）（注55）。据桑德斯回忆，一天晚上，一名原731部队的队员从窗户潜入桑德斯下榻的第一大楼的住所，给他看了装添炭疽菌的宇治式炮弹的设计图，并告诉他说："把战俘绑在距离不等的桩子上，测试炮弹的威力。"（注56）

有关在日期间的情况，桑德斯回忆说：

在初期，我相信了内藤没有进行人体实验的谎言。之所以做出相信他的样子，是为了保持同他的友好关系。来日本的几天里，既没有见到日本的军医总监（指石井），也没有得到什么情报，身边突

然来了一个翻译，而且还是以前帝国陆军的中佐。所以，我非常指望对方指点方向，但对方为保护内藤等人隐瞒了人体实验的事实。

内藤用了一个晚上写了一份报告，在报告中，内藤强调参谋本部中有人强硬地反对把细菌战情报提供给美方，还写道看过这份报告后请烧掉。从他提供的细菌部队的组织体系看，给人感觉是如果不保护他，那么他就很危险，无论如何我们是需要他的。所以，对他的情报原封不动地接受，我们自己再加以判断。至于内藤的真实身份竟是原731部队的成员，那是在我回国后很久才知道的。（注57）

桑德斯称，在当时他对石井部队利用盟军战俘作为人体实验的对象，是有冷静的判断的。他说：

我的意见是，日本人对中国人，或美国人、英国人等异族，没有什么感情。战争期间，这些日本人对各种人注射某一种细菌，然后分别观察黑种人、白种人以及黄种人的生理反应。他们承认人体实验的结果，杀害了2000多名中国人。在这期间，也听说这些日本人还以苏联人为实验品，进行了各种人体实验。他们还对美国人进行了研究，并取得了一定程度的成功。我们对这些情报源要尽可能地予以保护。

远东军事法庭国际检察局（IPS）的资料中，记载了"巴丹死亡行军"中，投降日军的1458名英美士兵，为了"某种目的"被"收容在奉天战俘营"，这里的"某种目的"是什么呢？为此，桑德斯是这么回答的：

　　我认为，他们很可能是为了从发病到死亡的各个阶段做各种传染性药物的实验。为什么这么说呢？因为日本人大量实行过人体预防接种，他们是大量美国人死亡的元凶。

　　后来的证据证实，他们进行炭疽菌的人体实验时，大量使用了中国人。从这种情况看，日本人有可能对奉天的美英盟军战俘也进行了炭疽菌实验。像石井这样的人物没有作为战犯起诉是错误的。

　　如果说辩解理由的话只有一个，那就是如果把石井送上法庭，我们则不可能获得这些资料和数据。与其他武器不同，细菌性的病原体是不能简单地消灭的。我在日本的时候，听说石井很是害怕，躲了起来，石井怕被逮捕。他以为一定会被当成战犯起诉。（注58）

　　进而，桑德斯回忆道：

　　我确信了日本人进行了人体实验和实战（攻击性细菌战）后，立即向威罗比和麦克阿瑟进行报告，请示他们是否以保护日本科学者不受战犯起诉为交换

条件，今后是否继续这样做。**麦克阿瑟点燃烟斗说：**
"目前最需要的是证据，否则就无法行动，你要继续
调查，但是要保守秘密！"（注59）

桑德斯按着麦克阿瑟的指示，在报告书中完全没有
涉及日本的这些人体实验。可是，在他晚年时，原奉天战
俘营的美军士兵坚称受到了人体实验，支持他们的主张和
言论也不断涌现，加之石井来美进行细菌战知识讲演的证
言，以及从匿名的美军高官那里听到的信息，所以桑德斯
才接受了电视台的采访（注60）。

没有想到的是，桑德斯竟以细菌战资料为交换，对
（731部队）战犯予以免罪，为日美间交易之发端，甚至成
为内藤的保护神。为此，1985年，桑德斯在接受英国电视媒
体采访时，对已经成为日本大制药会社经营者的内藤评论
道："我以为他是个善意的人，但长时间受了他的骗。"

（二）麦克阿瑟在战争结束前就知晓
##　　　 细菌战和人体实验

从目前的资料看，在战争结束前，美军和麦克阿瑟就
相当准确地把握了日军细菌战的情况，甚至包括人体实验
和在中国进行的实战。（注61）

在弗吉尼亚州麦克阿瑟将军纪念资料馆里，有一份
《日军违反战争法规》的报告书，日期为1945年6月23

日。该报告书第二章题为"细菌战"，通过审问日军战俘的记录得出结论是，日军正在为实施细菌战进行准备。第四章内容是"对盟军战俘的残暴行为"，该报告书除了对战俘斩首和活体解剖的记录外，还有在新加坡的目击者的证言，指出日军"对多数盟军的战俘至少进行了一次赤痢和疟疾的人体实验"。

报告书的最后部分提出在哈尔滨指挥细菌炸弹实验的头面人物，即石井四郎，内中还记载石井四郎是陆军军医学校研究室主任。这份报告书的封面写有"麦克阿瑟将军个人用副本"字样。可见，作为盟军最高司令官的麦克阿瑟，在进入日本之前，对石井四郎和细菌战就已经十分清楚。对此，石井的长女石井春海夸张地说：

> 麦克阿瑟到达厚木时，曾问道："石井将军现在何处？我想问他一些有关科学的事。"他身边的人误解了，以为准备让警察发出传讯，将石井拘押在巢鸭。陆军省的服部（卓四郎）参谋感到不妙，所以偷偷命令陆军省的人将父亲隐藏起来。（注62）

晚年的桑德斯支持老年退伍军人，也成为做证者之一，参加这些人的活动。1998年，我们在赴美调查中，在美国国家档案馆查阅到了 *Unit 731 Primary Documents Calendar* 的文件目录，并从中得知在20世纪80年代，美国国家档案馆和军事史资料中心（CMHA－Center of Military History

Archives）负责日本资料的工作人员，曾在佛罗里达对桑德斯博士进行了数日采访，但是这份采访后的报告不准阅览。

之所以不喜欢桑德斯的言行，实际上是因为他的本意有损于作为20世纪美国战史英雄的麦克阿瑟的威信。不仅如此，桑德斯的言行也推翻了华盛顿政府于1946年决定对（细菌战）战犯免罪的说辞。美国不想承认是麦克阿瑟司令部的独断，以免除日军细菌战人员的罪行为诱饵，在战争结束后立即获得细菌战战略情报的这个事实。所以在美国研究者和军事情报人员中间，流传着"晚年的桑德斯糊涂了，一直胡乱说"这些似是而非的传言。我也听说过多次。

在美国调查中感触最深的是，标榜情报公开的美国，至今仍有许多机密的资料没有公开。关于细菌战问题，是"扎在美国咽喉里的两根刺"，第一根刺是美军战俘坚持认为日军利用他们进行了人体实验，著有《死亡工厂》的哈里斯教授称之为"细菌武器－战俘（BW-POW）问题"；第二根刺是我提出来的，即在朝鲜战争中美国使用细菌武器的问题，尽管目前还不能充分地证明。

（三）自杀的第二任细菌战调查官汤普森

接替桑德斯的兽医中校汤普森（Arvo.T. Thompson），是从美国陆军细菌战研究部队德特里克堡中心派遣来的，尽管审问了石井四郎和其他细菌部队的军官，但获得的口供仅仅是防御性的细菌战研究，并没有有关人体实验的报

告。在这种情况下，汤普森提出了报告（1946年5月）。

此前，GHQ的参谋二部以秘密垄断在军事上有价值的人体实验和实战资料为目的，已经同731部队的骨干和陆军高级参谋们做了秘密交易，所以在桑德斯和汤普森审问时，对可以供述的内容做了规定。其幕后指使者，就是抱有登上总统宝座野心的麦克阿瑟将军本人，他与不被杜鲁门总统看好的（日军）化学部队秘密商议，试图掌握可以与原子弹匹敌的秘密武器。另外，麦克阿瑟也是为了一雪丢下88000名士兵，逃往澳大利亚之耻。作为军人收复失地，他不能让占领和统治日本失败。还有，如果（731部队）实施了大规模的人体实验和在实战中使用了细菌武器，正在进行的东京审判一定要当作重大犯罪予以审判。而且这支秘密部队是在天皇军令下成立的正规部队的话，必将引发将天皇作为战犯追究的议题，这是日本在战败投降前的最后防线，是危及"国体护持"的重大问题，故此双方在利害关系上完全是一致的。

在1946年2月26日汤普森对石井审问调查的材料里，从石井四郎为军部辩解的对话可以推测当时石井的想法（注63）。有审问官对于细菌武器的开发，是"天皇陛下下的命令吗？"石井回答说，细菌武器开发是自己倾注了一切进行生物战的研究和实验的"科学的空想"，"没有上司的许可，是自己独断进行的"。可见，石井极力把这件事缩小，可以说就是为了否认天皇的参与。审问官问："天皇接受过有关生物战的研究报告吗？"石井回答

道："完全没有，天皇是仁爱之人，决不会同意这样的事情。"石井这些回答，表面上看是他个人的思考，实际上代表了进行过残忍的细菌战实验和实战的日本，在当时的日本国家意识中，天皇是没有战争责任的。

是时，苏联已经从拘押的731部队细菌制造部部长川岛清以及柄泽十三夫等人的供述中，得知了大规模人体实验的实际情况。1947年1月，苏联方面向在东京的美国参谋二部提出审问石井四郎、大田澄（实战研究部部长）、菊池斋（细菌研究部部长）三人的要求。围绕着这一审问要求，美苏双方一直在讨价还价，麦克阿瑟及参谋二部策划垄断731队员提供的人体实验，以及跳蚤、细菌生产实况等有价值的情报，急忙同（731部队）战犯进行免罪的交易，并对苏方的要求回复称，须请示国内。麦克阿瑟及参谋二部还询问已经回国的细菌战调查官桑德斯和汤普森，对相关情报了解的程度。对此，桑德斯证实说："1945年调查时，麦克阿瑟直接指示我说，细菌战相关人员如果提供细菌战的情报，可以不作为战犯追究。"（注64）

内藤良一被人们称为"剃刀一般"（注65）的棘手人物，把他保护起来，手持桑德斯的戎装照片到横滨出迎桑德斯，并自称"翻译"，这其中意味着什么呢？桑德斯的照片是日本投降后不到一个月的时候，在美国德特里克堡拍摄的，内藤又是如何得到这张照片的呢？石井恰在汤普森来日前被发现，也过于凑巧了吧！另外，细菌战的推进者、陆军作战参谋服部卓四郎偷偷从战地回国；石井四郎

则突然住在自己的家里，丝毫没有受到被追究战争犯罪的威胁，就结束审问；731部队的另一位队长北野政次中将原本关押在上海，却是乘美国的军用机回国，在汤普森审问前就被告知了被审问的提纲。

一面同战犯进行免罪的交易，一面进行交涉，能够说明以上许许多多奇怪的现象。由此，我们可以肯定地说，在桑德斯和汤普森审问的背后，已经进行着极其秘密的暗中交易。

（四）新妻文档中的手书记录

在前陆军省军务局中佐新妻清一保存的记录中（注66），保存着一份桑德斯审问北野政次的记录，及同北野政次联络记录，共10项。

其中，文件中的"绝对不能供出○和'保作'"中的"○"和"保作"分别为"利用'马鲁他'做人体实验"和"使用细菌武器之战"之意，也就是说，北野政次在被讯问中不能供述上述两项事项。

紧接着，文件中还写道"关防给及石井队长尚在满"。"关防给"也就是731部队的全称，即关东军防疫给水部队。1986年我拜访了新妻。新妻回忆说："桑德斯确信石井还在中国东北，我虽然获悉了石井已经归国的情报，但只装作不知道"，因为，当时为了"不让桑德斯了解这些，但确要给他一些信息，以便使他尽快结束调查归

国"。对于桑德斯而言，石井在中国的东北，刚刚归国的北野的"谎言的供述"中只要没有相互矛盾之处就可以过关。由此，我们十分清楚当时军部的战略，即隐藏石井。

在文件中还写道，对于关押"马鲁他"的监狱，在中央仓库培养鼠疫跳蚤进行鼠疫菌研究的田中班，以及研究植物破坏菌的八木泽班的菜园，都要谎称为自营农场。而对于被称作"保作"的细菌战研究，北野要回答说，除石井、增田外，别人不知情。北野在接任后，原来的一部分实验就停止了，北野的研究仅限于对流行性出血热的研究，而且军部也没有指示进行细菌战研究。

由此，我们不禁产生疑问，是谁对被讯问者的细菌战部队的研究人员下达这样的指令。从目前的文献资料看，在美军和日本被讯问者之间的唯一联系人就是内藤良一。

接受汤普森审问的北野中将等731部队干部，严格地按着指示从讯问中解脱出来。为此，汤普森在报告的结尾也提出了他的疑问。

关于日本细菌战的情报，提供者提供的情报看上去是分散的、独立的，但在讯问中，有关情报的数量和内容给人的印象却是事先接受了指示，因为所提供情报的范围是一致的。给人的印象是有关细菌战的活动，特别是攻击性武器的研究活动，投入的力量限于最低程度，可以说这是日本方面的愿望，并且贯穿了讯问的全过程。

当时的汤普森可能没有意识到，发出"情报数量和内容的指示"的，是麦克阿瑟远东军司令部还是参谋二部呢？这已无法知晓了。

从总体上看，由于苏联的登场，自然结束了麦克阿瑟的远东司令部和华盛顿政府的二重构造，使得美国置身于冷战开始的体制中，对细菌战情报的处理实现了一体化，但麦克阿瑟和威罗比仍然准备摆脱华盛顿，垄断"有价值的情报"，并将秘密隐藏起来。

（五）《费尔报告》
——确定战犯免罪、资料移交美国

美国第三任调查官、化学战部队的费尔（Norbert Fell）博士是1947年4月来日的。费尔对石井及其他731部队的干部进行了讯问，并将人体实验和细菌战实战的资料交给美方，以使他们免于战犯起诉。但石井唯恐美方计划生变，并向费尔讨好说：

> 我作为细菌战的专家，希望能得到美国的雇用，为了做好对苏作战的准备，我可以拿出积20年的经验和研究的成果。在寒冷地区以及在各种各样的地区，何种病原菌适用，我可以写出几册书来。（注67）

费尔调查期间，麦克阿瑟就向国防部建议："禁止报

道日本细菌战的信息，这些资料不能作为'战犯'的证据出示。"

对此，华盛顿认为，"如果对反人道的战争犯罪免于追究，将来恐怕会给美国带来重大困惑的危险"。但细菌战人体实验和实战的情报，"对于美国的国家安全保障具有非常高的重要性"，他们在权衡利弊后得出如下结论：

> 日本的细菌战资料对于美国国家安全保障具有重要性，是追究"战争犯罪"的重要性所不及的，如果把日本细菌战专家送上战犯法庭，其情报就会被他国知晓，这不是美国国家安全保障所希望的。
>
> 从日本人情报源获得的有关生物战的情报，不得对外报道，也不应作为"战争犯罪"的证据使用。（注68）

这是无关乎战争犯罪之有无而得出的结论，也是即使有美军战俘被进行人体实验的证据都无法改变的结论。正确地说，这份情报无比重要，重要到就连美军战俘成为人体实验的牺牲品都需要掩盖的程度。

为此，美国断然拒绝了对细菌战部队干部的讯问要求，不仅恐惧苏联对细菌战的深究，也恐惧将美军战俘被做人体实验而死亡的事实暴露于当时正在进行的远东军事法庭。下文就是美国就奉天战俘营中战俘死于人体实验之事进行的确认。

实际上，我们已经同石井和他的部下有过口头协定，以使其获得的有关日本细菌战计划的情报不得泄露。美国政府认为，细菌战活动虽然属于战争犯罪行为，但承诺对任何参与者不予以起诉。在这一前提下，石井及其部下在此前后陆续向美国提供的情报，这些情报对于美国国民的安全保障具有重要的价值。

这里需要留意以下可能发生的事态，因为苏联在中国东北地区独自进行了调查，这样原日军以细菌武器实验为目的，对美军战俘实施人体实验并致其死亡的证据有可能暴露。为此，在东京审判审理重要战争罪犯的法庭辩论中，苏联检察官可能提出这方面的证据。（注69）

在严密的几番商议中，甚至连苏联人与日本人的可能问答都设定好的情况下，美国决定开始美苏联合小组对石井的审问。有关这一点，原本就讨厌共产主义的日本军部，至少认为与美军保持高度一致，这是最好的办法。不过，截至目前，我们尚未找到美苏联合小组对石井审问的记录档案。不过，当时扮演石井秘书角色的石井的女儿石井春海至今还清晰地记得苏联人对石井审问时的情形。石井春海回忆说：

讯问前，美国人同父亲商议，哪些方面能够说。美国人看样子很是亲切，反反复复地嘱咐。我家养了一只叫"太郎"的猴，是从外地带回来的。"太郎"同经常来

我家、穿着草黄色军装的美国军人很是亲密。美国人同苏联人来我家这一天，它突然跳到一位美国军官面前亲热起来，在场的美国人都很吃惊，连忙看苏联人的脸色。来我家的苏联人有三位，鞋也不脱就上了二楼，负责记录的是女性，穿着连衣裙，衣服透明得能透出乳罩和三角内裤，洒着浓烈的香水。三个人都不太讨人喜欢。他们用的是俄语，负责将俄语翻译成英语的是GHQ的马吉。我在旁边的屋子里，听到了讯问的都是关于研究的事，讯问过程中，美国军人总是插话，苏联人提出还想继续讯问父亲，好像被美国人拒绝了。（注70）

费尔的调查，实际是在美苏争夺细菌战情报的背景下进行的。因此，对于日军的细菌战及其实际情况，汤普森虽然在报告书中提出了一些不解之谜，但参谋二部或许并不赞同，据与汤普森比较亲近的石井春海证实：

汤普森讯问过父亲后整理报告书时，正是鲜花盛开的季节，为此，我们还搞了一个很大的晚会。汤普森常到我家来。第二年，费尔来了。苏联人来讯问时，汤普森也在场。我以为他是回国后又回来了。汤普森是个心思很重的人，他后来在第一大楼自杀了。他是个好人。

战后，奉天美军战俘古勒古·路德里凯斯（音译）的儿子小路德里凯斯，作为美军战俘的发言人经常举办集会活

动，并长年进行相关资料的收集和研究，他认为汤普森的自杀情形是这样的：

> 汤普森是个兽医，所以对细菌部队中使用兽疫的第100部队很关注。汤普森认为日本人曾对白人战俘进行过马鼻疽菌的实验，结果使得许多人丧命。我不理解像他那样的人物为什么没有留下遗嘱就自杀了。听说是因为离婚等家庭问题，但我认为那不是直接的原因，也许是他知道得太多了，除了死没有办法可以解脱。（注71）

我查到了汤普森自杀原因的一份记录，是1951年5月18日《星条旗》的一篇小报道。据该报报道，汤普森死后，在第一大楼汤普森居住的房间，发现了可能是汤普森中校的遗体，额头正中中弹，是自用的45口径的手枪子弹（注72）。当时，正是下山事件、松川事件发生之时，处在占领军占领中的日本发生这样的事情也许并不奇怪。

（六）《达古威文档》
——令人战栗的《Q报告书》

1947年，继费尔之后，德特里克堡基地的病理学者爱德温·希尔（Edwin Hill）和约瑟夫·威克多（Joseph Victor）博士来日，他们接收了人体实验的资料，后来发现英文版的《达古威文档》就是这个时期完成后并交给美

军方面的资料。

1992年，日本NHK制作的《731细菌部队》的上集里，介绍了在美国达古威细菌实验基地发现的英文版病理解剖报告。1998年6月，我去美国调查时，会见了《死亡工厂》的作者哈里斯教授。据哈里斯教授介绍，NHK介绍的《达古威文档》，是他在撰写《死亡工厂》的调查过程中，在美军的达古威（Dugway）细菌实验基地发现的档案。这份文档收录的是彩色的人体解剖图，附有英文的医学报告书，该报告书分三个部分，分别是鼠疫（《Q报告书》）、炭疽（《A报告书》）、马鼻疽（《G报告书》）。这些报告都是被认为是细菌武器中最有效的实验报告，不言而喻，这也是违背医学伦理，实行人体实验、活体解剖的物证，是美国在国家安全保障的美名下，通过对战犯予以免罪的交易，从日本方面获得的资料。

2000年9月，庆应义塾大学教授松村高夫在大学图书馆的仓库里发现了《鼠疫菌论文集》（注73），其作者高桥正彦毕业于庆应义塾大学医学部，是原731部队的军医。该论文集是在1942年—1943年完成的，内中收录了27份"陆军军医学校防疫研究报告"，总计900余页，都盖有"秘"字印。英文《达古威文档》中的《Q报告书》里，收有57名鼠疫感染死者的解剖报告，用大写字母标记。高桥论文集中有题为《关于昭和十五年农安及新京发生的鼠疫流行报告》一文，时间是昭和十八年（1943）四月十二日，里面注明了6名被解剖的鼠疫感染者的性别、

年龄、病名，同《Q报告书》里的大写字母一致，这应该
是英文版报告的原文。

《Q报告书》的序言里写道："高桥博士实施疫学、
细菌学的调查，用日语印刷了这份报告，并于1948年7月
提交给美国陆军。"另外，每份报告书里，都注有"担任
指导 陆军军医少将石井四郎"的字样。在中国，有记录
的死亡人数就达数百人。经中国、日本共同研究小组的调
查证实，1号患者KF便是8岁女孩藤原君香，从名字看应该
是当时住在中国东北的日本人子女。因为友军的错误，感
染而死的日本军人也有许多，从评价感染力的角度考虑，
日本民间的女孩子死了也没有什么关系——这就是当时所
谓的"日本战时国家理论"。

（七）《希尔报告》——"人体实验一览表"

1943年，从中国东北731部队回到日本金泽大学的病
理学者石川太刀雄丸博士带回许多人体实验的病理标本。
希尔和威克多的主要工作就是调查石川的病理标本，以掌
握生物战的资料和数据。1947年12月12日希尔的报告书显
示，有24种疾病和850人的人体病理标本。其中，标明值
得研究的有403例，24种疾病中，除一酸化碳素1件、芥子
气16件、不明毒物2件外，其余全是传染疾病。这些资料
至少是用850人的生命换来的。

《希尔报告》中列出了被讯问的731部队军医的姓

名、研究课题目录，并在括号里注明其在战后的工作、地位等。兹摘录如下：

烟雾剂：

高桥正彦（千叶县茂原市开业医生）

金子顺一（东芝生物物理化学研究所、预防接种
　　研究中心）

炭疽：

大田澄（山口县开业医生，后自杀）

肉毒杆菌：

石井四郎

布鲁氏菌：

石井四郎

山之内裕次郎

冈本耕造（兵库大学教授，先后任东北大学、京都
　　大学、近畿医大医学部部长）

霍乱：

石川太刀雄丸（金泽大学医学部病理学部教授）

冈本耕造

毒瓦斯除毒：

津山义文

赤痢：

上田正明

增田知贞（千叶县开业医生，后因交通事故死亡）

小岛三郎（厚生省预防卫生研究所第二任所长）

细谷省吾（东京大学传染病研究所所长）

田部井和（京都大学医学部微生物学讲座主任、

兵库医大教授）

河豚毒：

增田知贞

瓦斯坏疽：

石井四郎

马鼻疽：

石井四郎

石川太刀雄丸

禽流感：

石井四郎

髓膜炎：

石井四郎

石川太刀雄丸

黏蛋白：

上田正明

内野仙治

鼠疫：

石井四郎

石川太刀雄丸

高桥正彦

冈本耕造

植物疾病：

八木泽行正（抗生物协会会长）

沙门杆菌：

早川清（早川预防卫生研究所）

田部井和（预防卫生研究所职员）

孙吴热：

笠原四郎（北里研究所病理部部长，后任名誉教授）

北野政次（绿十字社社长）

石川太刀雄丸

天然痘：

笠原四郎

北野政次

瘙痒虫：

笠原四郎

结核：

石井四郎

二木秀雄（吉普车社社长）

野兔病：

石井四郎

肠伤寒：

田部井和

冈本耕造

发疹伤寒：

笠原四郎

有田正义

滨田丰博（香川县卫生研究所）

北野政次

石川太刀雄丸

　　该份报告对每个研究者都有文字说明，并在附页记述道："这些说明文字用一览表的形式，能够容易地说明每个病理标本，显示人和植物传染病实验情况。"只有《达古威文档》有这样的说明文字，但相应的病理标本在"达古威"不见了。

　　因为《希尔报告》里明确记有："从200人以上的人体实验中，制成了8000枚以上的病理学显微镜标本。"1998年5月去美国调查时，就标本问题，我曾打电话询问过美军德特里克堡基地的学者、负责接待媒体的宣传部部长诺姆·考巴先生。考巴先生可能就这个问题也多次接受过询问，他轻松地回答了我提出的问题：

　　1969年，尼克松总统决定停止研究和开发攻击性生物武器，德特里克堡基地规模缩小，为此，这些标本送到美军在犹他州的达古威实验场，可能这时候达古威方面把其遗失了，也许因为看是旧纸箱就错误地丢弃了。

　　在《希尔报告》里，还有一段文字："此前提出的研究报告里，不仅包括追加的情报，还收集了许多经过充分的

研究，但没来得及报告的多数人的病历情报"，"情报是提供者自发地向调查者提供的"。这段话似乎告诉人们，这些文件是提供者把所得的研究资料提供给美国的细菌学者，对他们予以免罪，同时也要保护他们免受苏联的追究，这有相当积极的意义。从费尔对石井的讯问记录中，我们看到石井对各种各样的人体实验以及死亡率、感染方法等说的不多。分析石井的心理，正像石井春海说的那样，"父亲没有把全部东西交出去，只是说出了80%吧"。

将核心的东西吐露出一些，或者全部拿出来，或者不拿出来，始终把握着交涉的主动权，也许石井一直持有这种强烈的意识。直到美国人明确对天皇免于追究，对石井及所有731的队员不作为战犯起诉，这时石井才会在真正意义上对美国全盘托出细菌战资料。谍报部的《石井文档》里，对这个时期反映石井心理及动向的情报，有所记载。

（八）炭疽菌·731部队·美国

震惊世界的2001年"9·11"事件发生后，美国开始受到炭疽菌这种生物武器的威胁，日本不知何时也会受到这种恐怖袭击。

被称作《达古威文档》的三部报告中，《Q报告书》是关于鼠疫菌的内容，我们已经谈过。《A报告书》是关于炭疽菌人体实验的报告书。在按着罗马字母顺序排列的《费尔报告》中，开头就是炭疽菌（Anthrax），合计36件中有31件

"结果满意"，而且，每一件都包含许多人的人体解剖记录，按着一件一个人来计算，至少有36个人被用于炭疽菌实验，最后并被解剖。

据目击者讲，在731部队的安达实验场，日军曾将4名中国人绑在木桩上并向他们投射炭疽菌炸弹。这36例之中应该也包括这4名受害者的解剖标本。

炭疽菌与马鼻疽菌一样是人畜共患的传染疾病，是一种杆状的病菌，是土壤菌，在土壤中形成孢芽，十多年间没有营养也可以存活。也就是说，即使在干旱、洪水或雨季之后，炭疽仍能冒出地表，并在泥土中繁殖。即使用冷冻或干燥的方法处理后，炭疽仍能形成孢芽。而一遇有营养的环境，如进入动物的体内，炭疽就会破壳活动。利用炭疽的这种特点，731部队以家畜和植物为对象的军马防疫部队，即100部队也在研究炭疽，用这种武器可以毁灭敌人的牲畜，并传染给人，是一种"有希望"的武器。第一次世界大战时，德国就曾使邻国法国和罗马尼亚的马感染了炭疽和马鼻疽。

1944年，英美曾截获了日军在中国实施细菌战的情报，英美两国为此将这两种病菌作为严禁物记录在案。英美也从日军战俘处获悉日军曾为预防炭疽菌进行过疫苗注射。同一时期，在德特里克堡基地负责细菌战的军官桑德斯，因事先获知日军在中国使用了炭疽菌和鼠疫，所以怀疑气球炸弹上装载了炭疽病菌。对突然飞来的200多个气球炸弹进行了调查。

日军向加拿大和美国西部到西南部抛撒了炭疽菌，使牧场、草地和森林受到污染，所有的牛、马、羊、猪、鹿等以及许多人都感染死亡，国内陷入一片恐惧之中。细菌武器威力之强，虽然肉眼看不到，杀伤力却极大。（注74）

即使50年过去了，这种威胁仍没有减少。人感染上炭疽后，会患上以下4种疾病：

（1）皮肤炭疽症状

皮肤炭疽最初病变同粉刺及蚊虫叮咬症状几乎相同，并伴有瘙痒。在感染后的第三天和第四天会出现水疱，第五天至第七天则出现溃烂，病患处的中央部分则会出现典型的黑褐色结痂斑点。大约有80%的患者在结痂后的第七天至第十天里自然痊愈。而20%的患者感染从淋巴结扩大到血液，进而引起败血症致死。

（2）肺炭疽症状

肺炭疽是由吸入炭疽菌所引起。最初与感冒症状相似，伴有轻度的发热、疲倦感、肌肉痛等症状，并有颈部淋巴结膨胀现象。也有患者在数日间因呼吸困难而死亡的情况。如果有昏睡等病症出现，即使进行治疗也通常会在24小时内死亡。

（3）肠炭疽症状

在食用了感染炭疽菌的动物肉后，患者从第二天到第五天出现症状。肠炭疽患者初期症状有呕吐、

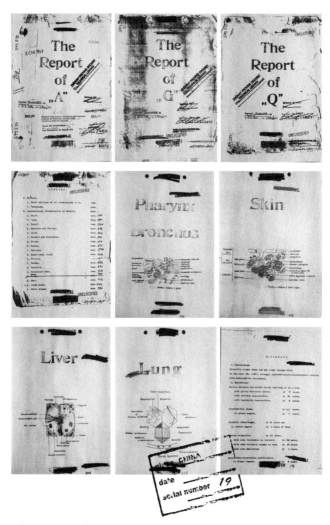

《达古威文档》中三个报告书的封面，以及用作人体试验被活体解剖的"马鲁他"的皮肤、肝脏、肺部感染病菌变化情况记录

发冷、食欲不振以及发热等症状。继而出现腹痛、吐血、血便等症状。一旦出现败血症后，就会出现休克以致死亡。肠炭疽的死亡率大约从25%到50%。

（4）髓膜炭疽

皮肤炭疽中约5%、肺炭疽中约三分之二出现这种病患。也有从初期就感染到这种病患的情况。这种病患即使治疗，在出现症状后的第二天到第四天也会100%死亡。

在费尔博士的审问中，石井四郎被问及了最有效果的生物武器用细菌为何的问题。对此，石井回答说："从可以量产、具有抵抗力，且容易维持其毒力以及致死率达80%到90%的意义上说，炭疽菌最好"（注75）。进而，石井还一直强调"传染力最强的是鼠疫，如果通过昆虫媒介就是传染性脑膜炎最好"。

在1945年的《桑德斯报告》和1946年的《汤普森报告》阶段，日本细菌战部队的科研人员出于对战争问责的恐惧，对于美军人员的审问，除没有说出人体实验的秘密外，详细回答了美军人员提出的用于生物武器撒播病原体的飞机九种炸弹使用情况。其中，石井谎称在记忆中，有イ型、ロ型、ハ型、ウ型、旧宇治型、宇治50型、ガ型等，并将这九种炸弹简图提供给了汤普森调查官。根据《汤普森报告》，ハ型炸弹约有40公斤，炸开后可以使被炭疽菌孢子污染的炸弹碎片四处扩散，由此产生致命的效果。换而言之，ハ型炸弹

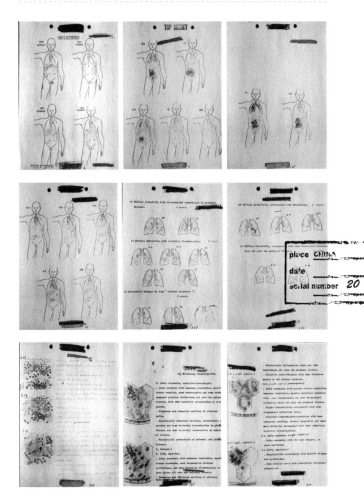

《达古威文档》中《A报告书》记载的感染炭疽菌的人体试验变化情况

是为传播炭疽菌而专门开发的炸弹。为了提高八型炸弹的性能，细菌战部队进行各种试验。

> 炸弹的内壁有两层。中间的炸药管用厚度达10毫米的铁榴弹弹片作隔断，在内壁和炸弹的金属容器之间为病原体的容器。其间为提高炸弹碎片的致命效果还装进了1500个小铁球……炸药管中装有TNT炸药3公斤，在撞击后炸弹爆炸，其中的碎片、榴弹片以及炭疽菌孢子则在高速度下沿水平方向向四周扩散。
>
> 在八型炸弹的野外试验中，细菌部队人员在地上进行安装时，则使用着色液和病原体充填。为测试炸弹的碎片及贯穿力，则从爆炸地点开始在同心圆的位置上垂直设立板格子。试验用动物也采取同样的配置方式……碎片及散榴弹扩散到400米到500米的位置。（注76）

这时，所谓试验的动物，实际是绑在桩子上的人。在伯力审判时，曾有证人出庭做证说，这种试验，人和动物都使用过，这样做的目的，是让被实验者的伤口感染上炭疽菌，最后患上致死率极高的肺炭疽而死去。

《费尔报告》本身并没有提到炭疽菌实验，但日本方面向他提供的60页报告书现今被发现，其中就有炭疽菌的记述。如："炭疽炸弹的实验，几乎都是将被实验者绑在木桩上，戴上头盔和胸部防护用具。"这是为了防止被实

验者因为炸弹的物理破坏力而死。实验的结论是："使用炭疽的活孢子的人体免疫实验，能引起非常过激的反应，除非紧急情况，否则不易采用。"

为了得出这样的结论，不知有多少人作为人体实验的对象被注射了炭疽活孢子。然而，获得这些情报和数据的美国，直到今天，仍然进行着炭疽菌生物武器的研究。对美国最有价值的是用人体实验获得的数据和资料，这是毁灭人类，为开发强有力的生物武器起着重要作用的资料。

如果接种炭疽菌疫苗，从接种到产生效果需要4周时间，而且在2周的间隔中要接种3次，以后每隔6个月、12个月、18个月还要接种3次，所以，要保持免疫力，每年都要接种疫苗。对军人也许可以有计划地预防接种，可是对于普通民众，不可能有有效的措施，再说疫苗的绝对数量也会有不足。

日本战败投降后，关东军防疫给水部队曾吹嘘拥有巨大的生产各种疫苗和血清的能力，可是今天，日本的血清保存和对应能力究竟如何呢？

（九）东京审判中没有审判的细菌战

费尔博士的调查几乎和东京审判法庭国际检察局（IPS）的调查同时进行。但结果是法庭没有审判，事实真相现在还不清楚。

1946年3月，负责起诉日军侵略中国的国际检察局托

马斯·M·莫罗上校，同检察官N·萨顿一起，结束了在中国活动的调查。人们普遍认为，他们掌握了充分的、将日军细菌战犯罪提交法庭的证言和证据。此前，我们曾在美国国家档案馆查阅到了榛叶修的法庭陈述书和东京审判中国际检察局的相关资料。榛叶修在战争期间，服役于日军南京"荣"1644细菌部队，后从部队逃出投降了中国军队。我们从这些文献中看到，榛叶修陈述的日期为1946年4月17日，是莫罗上校在中国拿到的，还是莫罗上校审问榛叶修本人后拿到的，还不得而知。不过可以肯定的是，榛叶修陈述的日期与莫罗上校滞留在中国的时期相吻合。

莫罗上校在华期间，同行的萨顿直接会见了中国国民政府行政院卫生署署长金宝善。金宝善曾于1942年3月31日向全世界公开了日军实施细菌战的英文报告书。1946年8月29日，萨顿检察官曾在东京审判法庭上提及关于"荣"1644部队是细菌部队的问题（注77）。

与此同时，与国际检察局平行进行调查的还有GHQ法务部调查科。法务部因为收到许多关于细菌部队的举报信也独自开展了调查，但得出的结论却是"关于石井部队残暴行为的证据几乎不存在"，为此，GHQ法务部调查科于1947年6月将此结论报告给华盛顿（注78）。

为了获取"有价值的情报"，以战犯免罪为交换条件，因此只能得出这样的结论，其结果是掩盖了细菌战关联者反人道的战争犯罪。对战俘人体实验也是如此，判决同细菌战没有关系。

1947年，由于参谋二部介入，对所有细菌战部队的情报采取秘密管理，集中在参谋二部的统一管辖之下。至此，东京审判国际检察局和GHQ法务部，凡是要调查了解细菌战的档案资料，都必须通过参谋二部。

第四节　新发现的美军情报部门绝密文件《石井文件》

（一）解密的《谍报文件》

1995年，为日本电视台拍摄战争结束50周年特别节目，我们雇用的美国调查员发现了一本写有"石井文件"字样的文档。这份文件，存放在美国马里兰州德特里克堡的美国陆军情报安全保障司令部档案馆（US Army Intelligence and Security Command Archives），1992年2月解密。文件被发现时收藏于国立档案馆军事史部门某个人名义的文件夹中。明黄色的封面上用大红色字体书写着"仅限公用"的字样。封面上还有"本文档由负责美国军情的副参谋长办公室借出，使用后务必归还"字样，文档内容从1945年情报部门对石井的行踪秘密调查开始，到对细菌战相关人员的搜查，揭示细菌战部队残暴行动的告密信，到朝鲜战争中的1951年结束。长达131页的情报搜集活动中包括了非常详细的记录和报告。其中也包括了已经发现的文书复印件等，其间，可分为桑德斯、汤普森、费

尔、希尔等4个阶段。也就是说通过这些细菌战的调查可以看出其背后的调查部门的运作过程。

该份《石井文件》作为美军关于731部队的相关研究，是进入20世纪90年代后发现的为数不多的资料之一。这份文件从属于参谋二部对敌谍报部，是对细菌战军事、医学、技术等侧面进行观察的详细谍报文件。

实际上根据情报公开法，当时日本共同社华盛顿分局长春名干男对美国战略情报局（OSS）以及对敌谍报部队（CIC）等一系列的档案进行收集和分析的基础上，于1997年连载了《秘密文件——日美关系另一面》。在对连载文章润色加工后，2000年出版了《秘密文件——CIA对日工作》上下两卷。

美国方面，尽管罗斯福总统非常重视情报工作，但依然没能预先获得日本对珍珠港发动突袭的情报。出于对此事的反省，为使军队和联邦警察（FBI）间情报交换更便利，决定成立战略情报局（OSS），即CIA的前身，作为情报收集分析单位的中央机关。故此，美国海军密码信号部（OP-20-G），在日美开战后，由8人扩编至120人，并成功破解了日本海军90%的通信密码，最终攻破了号称无敌的日本联合舰队，击落了山本五十六乘坐的飞机。

在日美开战前夕，美军陆军信号情报部（SIS）就已成功破译和截获日本外交密码（注79），将每天例行由东京外务省向各国公使馆发送的庞大的密码成功破解并译成英文。如今这些档案被分成两部分，保存在美国国家档案馆中。

这样看来，从垄断细菌战数据到战犯免责，这都可以称得上冷战格局中，向美国屈服的日本与美国间关系的代表性的一页。

（二）谍报档案中的"发现石井"

按照《石井文件》的时间进行排序后，最早发现其行踪的是1945年12月3日极密谍报员传来的情报。"同年11月10日，千叶县千代田村（离石井出生地不远）举行了石井的伪装葬礼。之后在村长的帮助下，石井潜伏着，进行反民主的活动。"在这份文件中写道，"石井在战争中曾命令部下给中国人以及在奉天的美国人注射腺型鼠疫菌以进行人体实验。同样的实验还在广州进行，不经意间，社会上就开始流行鼠疫。"同年12月8日，又有文档记载，从另外一名情报员处得到信息称，战争时期，石井在中国东北使用鼠疫菌和伤寒菌进行人体实验。石井现在带着100万日元现金潜伏到山中。

以苏联参战为契机，1945年8月9日，731部队与超过400人的"马鲁他"的生命一起消失了。从这份文档里看到，其后，石井的动向就一直被追查，但石井如何回到日本的，这份文件中也没有详细记述。石井家的私人司机越定男称，9月中旬，他去新宿若松町石井家搬运行李时，发现在二楼睡觉的石井队长。其后，关于石井动向的证言，来自731部队中的女队员郡司阳子。

据郡司阳子称，她父母家位于千叶县加茂的多古地区，距离石井家不远。1945年9月末，郡司阳子在哈尔滨平房的上司，也就是石井部队长的兄弟石井三男，到郡司阳子父母家见到了郡司阳子，并希望郡司阳子到石井家帮忙。郡司阳子到石井家后，看到了石井队长等兄弟三人都在家里。郡司被称为石井的"私人秘书"，开始帮助石井家打理杂事。10月末，两个男人乘车来接石井四郎。当天夜里，石井与妻子清子在郡司和两个男士的陪同下上了一辆黑色的大型车，离开加茂。天快亮的时候到达了日本特殊工业社社长宫本光一在下北泽的住地。数名男子在二楼的房间中谈着什么，随后石井和郡司又去了宫本位于东北泽附近的另一处住所。

在那之后又进行了几次搬迁。但令郡司意外的是最后搬到了石井原来的住所（新宿若松町）。这是一座气派的钢筋混凝土结构的二层建筑，住着石井的母亲、妻子清子、孩子们及助手等。石井住在二楼的和室，最初一段时间不出家门一步。因接到了苏联要求"交出天皇和石井"的"类似威胁信"，住所的二楼窗户全部用黑色窗帘封着，石井有时会躲在窗帘后面向外窥视，苦笑道："真像是亡命徒的模样"（注80）。

对于伪装葬礼这件事，采访石井长女石井春海时，她一笑置之。因为春海也在若松町，所以对于千叶县有谁干了什么应该并不清楚。据石井春海说，如果使用空棺材的话，恐怕很难进行伪装葬礼，估计是策划"石井躲藏起

来"的某些人编造的。这里要顺便说一下，这里的情报来源来自于编号80-11号情报员，在文末的"六阶段评价栏"（注81）里，情报来源的可信赖度为B级（即通常情况可信），情报的准确程度为3（即可能真实）。

（三）日本共产党提供的情报

日本共产党在战争结束后，一度将占领军视为解放军，为其提供情报，建立合作关系，这是众所周知的。

1945年12月，向GHQ情报部提出了一份"石井细菌战部队组成、主要成员"和"石原莞尔"的长篇报告。这其中有"石井部队在哈尔滨使用中国人大量生产鼠疫菌，用之进行人体实验"的记录。对于石原，提出了此人是会在5年后发动武力冲突，策划新的日美战争的危险人物，并提醒美方说此人在多地游说煽动，欲组织超过60000人的人马，还提到"二·二六事件的真相并非如媒体报道一般，而是被彻底隐藏起来"，暗示了石原莞尔在其中起的重要作用。

第二年，即1946年1月7日，太平洋舰队第441队对敌谍报部队（CIC）的回传记录开头便是"因与满洲细菌战实验的指挥活动相关，基于国防总省（部）的要求，对石井应予以逮捕、询问，现在已经开始搜查"的记载。此前，美国UPA记者拉路夫从共产党报纸《赤旗》主笔志贺义雄处听闻"石井军医中将给美军和中国军队战俘注射鼠

疫菌用来实验。已经知晓石井的住所所在"这一情报。在这个情报中附记着情报员的如下笔记："已经向UPA记者请求，不要报道美军情报部门搜查石井住所、寻找进行人体实验的情报等事情。"

第二份情报是，"1946年1月7日，与GHQ化学战部队主任将校S.E.怀德大校面谈后，获得了以下情报"。情报的要点主要是："日军参谋本部认识到细菌武器的重要性，1937年在'满洲'哈尔滨成立了平房研究所""直到战争结束石井都担任此研究所所长""石井在战争结束时位居少将，担任关东军防疫给水部队的部队长""现在暂不清楚石井住所位置"。这位情报员是特派情报员2500号，并不是日本人，可能是美国派去的谍报队员。第二份情报上有如下笔记："怀德大校说从前面提到的拉路夫记者那里听到过'石井现在被苏军所关押'的传闻。此说法来源不详。"

第三份情报中写有"1946年1月7日到，GHQ对敌情报部长事务所的记录"，并没有明确石井的所在位置。但明确了日本政府并没有做出逮捕石井、引渡给美军的要求。

前述汤普森对石井的询问调查书时间为1946年1月16日。在此之前，乘坐美国军用飞机从上海回国的731部队另一位队长北野政次少将，于1月11日接受了两名美国军官的问询。这两名美国军官中的一位是化学战部队怀德大校。当然在接受问询之前，北野已经接到了根据内藤良一只回答能回答的内容的指令，成功地在问询中避开了关于人体实验、实战等涉密的问题。甚至撒谎"细菌战的研究

尚没有进入到实战阶段，也没有用在实战，进入实战可能也没有效果"（注82）。

因为应对迟缓的压力，1月9日，GHQ得到情报，"石井现在居住在金泽，金泽医科大学病理学教授石川知道住所地址"。据此GHQ对日本政府"终战中央联络局"下达命令书，即到1月16日深夜为期限，务必将石井带来东京。对此，1月16日，日本"终战中央联络局"，回复署名为T.Katsube的复信："已经对石川进行问询，但仍回答不出石井的住所所在"。

此处的石川正是石川太刀雄丸，作为731部队的解剖名人而闻名于日本的病理学界。1943年，据说携带了约8000枚活体实验的病理学标本回国，1947年费尔博士、希尔博士的调查中，这些病理标本和石井带回的标本一起在金泽保管，后标注英文一起交与了美国。

想必读者已经察觉，在东京的CIC并没有搜查石井的住所，都是基于旧日本军队高级参谋的不成文规定。只有CIC内部直管小组通过服部卓四郎、内藤良一等掌握了石井的去向。他们看清了美军相比于追踪战犯石井的去向，更注重具有军事价值的细菌战数据资料，因而将石井作为筹码藏匿了起来，等待露面的时机。

石川是根据共产党方面的情报得知石井行踪的。为不使美军参谋二部察觉到石井的所在，将在东京的石井说成是在金泽，以拖延时间。化学战部队怀德大校反复给CIC谍报员2500号提供石井"已经被苏联军队关押下落不明的

谣言"，又在汤普森抵达不久，明知北野少将已经从上海回国这件事却佯装不知。

（四）GHQ民间情报局报告书中登场的
石井爱徒北条円了军医

1925年，鲍尔·拉修作为YMCA（基督教青年会）的员工来日，他从战前起就是亲日的橄榄球解说员，又作为避暑地清里的发展之父，在美国占领下的日本情报工作中发挥了重要作用，由此也成为了GHQ民间情报局的将领（注83）。1946年1月16日，鲍尔·拉修中校提交给上司拉瑟·达夫大校的15页长文报告书中，出现了"细菌战活动"的标题，对此前的调查进行了总结。从共产党方面得到的情报占一大半，除了关于石原莞尔方面的情报，还出现了值得一提的情报提供者。

在该项报告书中，他报告"石原不仅反对'满洲事变'，更反对对美战争"这一情报来源于编号1939的战俘。根据记录，1945年9月18日的情报部文书记载："大佐，柏林日本大使馆技术专员，1945年5月15日，在奥地利被俘。有学者风度。谨慎、有合作意向。提出若是不被当成战俘对待而是以外交官身份对待，将乐于为日本重建与美国当局合作。"

此人正是石井四郎的爱徒北条丹了军医大佐。北条在1937年卢沟桥事变中拍摄了大量霍乱病人惨状的照片送到

大本营，又主张在前线配置石井式滤水器，成为推动防疫给水部队发展壮大的重要人物之一（注84）。1941年起，北条在日本驻柏林大使馆工作，主要搜集德国生物细菌战情报。战争结束前纳粹德国覆亡时被捕，北条与大岛大使及其他30多名陆海军将领被送到华盛顿接受审问。

我在美国国立档案馆内看到了1945年9月5日对北条丹了的审讯书。这是从8月20日到24日共计5天的审讯，但仅有两页记录，更详细的北条供述不知去向。但在关于细菌战的内容中，他们一贯强调以防御研究为重点，翻译局缴获翻译的《对细菌战的防御法》一文的作者，经确认是北条。

2001年3月，我在英国的伦敦国立档案馆中获得了1941年北条在陆军军医学校进行的"关于细菌战"为题的演讲内容英译版。英国当局确认日军1943年2月在中国常德进行的鼠疫细菌战这一情报的可信性，设法经由柏林获得演讲稿的德语版而作的英译。这篇文章中详细解说了所有传染性细菌武器的使用方式、防御方法、设备、细菌大量生产及防护工具等内容。

关于北条的第二份档案是1947年4月10日东京进行审讯的文书，是费尔博士调查的资料。从文中出现的北条的履历来看，北条是1945年12月获准许可归国的。他向美国供述了这一时期731部队的前身背荫河部队的情况。背荫河部队的将领全部持有假身份，"石井四郎化名为东乡一，因而该部队别名为东乡部队""北条的化名是南成人（音译）"。

北条在"二战"结束后，接受美国审问时投向美国。

可能是美方认为能借助他与石井取得接触。

（五）日本全国的美军谍报网

虽然有过一系列的争论，但到1948年为止，参谋二部主要部队民间情报局（CIS）的规模已经达到2000人左右。截止日期1月16日后的第二天，美军针对称病未去东京的石井的审问，就在若松町的石井家中进行。GHQ指导部已经收到多封关于细菌战部队战争犯罪的检举书，情报员也不断发来情报报告。虽然情报员的情报中反复提到"细菌武器的人体实验对象"中不仅使用中国人，还使用美国人，但从审问的字里行间能够感觉出，美国人绝不是以抓捕"战争罪犯"为目的而对石井进行审问的。

我与旧日本军队的情报官、早先曾被驻留军情报部门重用的号称"有末机关"的有末精三有过两次接触。第一次是1987年，他就石井在千叶自己的住宅里被发现谈了自己的看法，但巧妙地回避了时间的问题。两年后，为采访"朝鲜战争"内容搜集素材时，我再次与其见面，当时作为翻译，我正要中途退席，但被和同行的英国记者流畅地使用意大利语交谈的人震惊。这位作为三国（德意日）同盟的盟友国大使馆随行武官曾在罗马待过。那时有末已94岁高龄，但除了耳朵戴着助听器外，身体看起来完全健康。他本人记忆力好的原因还拜情报部的训练所赐。说起参谋二部还是一副怀念的样子。

郡司记得的"黑色汽车上出现的两人"中可能就有有末。旧日本军部策划"藏匿石井"的背后，有参谋二部的指使吗？如果没有的话，在当时的东京，藏匿在自己家中是不可能办到的事。这一点从石井被美军控制配合汤普森进行细菌战调查时，多名情报员对石井周围的人展开调查这一情况便可得知。

1946年2月15日，参谋二部给民间调查局鲍尔·拉修中校的报告中写道，关于石井的审讯"虽在进行，但至今为止并未得到关于人体实验的任何有用消息"。随后，报告中列举了知道石井在伪满洲国进行实验的20人名单，要求他们据此展开调查。在这份名单中，除北野政次、内藤良一、八木泽行正、北条丹了等细菌学者，以冻伤实验知名的吉村寿人等前731部队队员以外，还包括吉村的老师，京都大学为细菌战部队输送"人才"的生理学者正路伦之助，另外，石原莞尔、被称为"皇室通"的出资人实业家西胜藏等人也在名单中。

因为石井并不是迅速出名，除公务之外还涉及多方面，报告又说"这个名单中至少有一人以上与石井关系不好，从那些人身上或许能找到石井细菌武器开发和进行人体实验的线索和情报"。期待得到民间调查局解答的有如下四方面：

（1）政府高级官员中，谁是石井的后台？

（2）石井自由支配的巨额资金究竟是如何得到的？

（3）在出生地千叶的评价如何？

（4）将石井发明的滤水器卖给普通民众，这是怎么运作的，是谁在运作此事？

针对这些问题，1947年6月9日的报告书中，时任民间调查局调查官员的鲍尔·拉修中校以"从非常值得信赖的情报源处得来的情报"，对石井在战时的活动进行了调查。

犬养内阁时期，还是少佐的石井就判断，要用普通的办法从和平主义者大藏大臣高桥手里取得研发细菌武器的巨额预算是不可能的。他将霍乱菌倒入长颈大烧瓶内带入大藏大臣高桥是清家中。但高桥并不畏惧，反而以将烧瓶中的霍乱菌倒入洗脸池冲走来威胁石井。意识到行动失败的石井在高桥府邸客厅中静坐了一天，从强迫的口吻变为采用科学化说辞，将许多国家都尽全力进行细菌战研究的进展告诉高桥。最终说辞奏效，石井最后获得了约一亿日元的秘密资金。

得到了东条的亲友、陆军省医务局局长小泉亲彦的信任后，石井就开始全力进行细菌研究。他表面上伪装成饮用水杀菌的专家，将大本营设立在"新京"和陆军军医学校，往来于大陆和本土时甚至动用了6架飞机。为了使人相信他是净水研究的专家，他还向人们提出了将日本皇宫前的沟中水进行过滤的方案。但被宫内厅长官松平拒绝，此后石井一直憎恨松平。

不久，野心勃勃的军医石井四郎不满足于将活动

领域限制在细菌学，而是试图扩大到所有军事秘密中。他和东条英机等结成了亲密的友人关系，还参加了政府高官中的极右翼组织。石井手中掌握着巨额资金，并用这些资金掌控建立了特殊医学部队，以及独立的航空部队、步兵部队等陆军部队。当然，他的大规模部队的名字不会出现在任何公文书中。因为有了这些战斗部队，所以他手中掌握了巨大的政治权力。

石井从各地的大学和研究所筹集了50多名科学家和医学者，设立了研究所。虽然实现了疫苗和血清的量产，但主要目的在于军事目的的细菌的量产。为此，石井明确提出了要研究以在中国东北使用为目的的耐低温烈性细菌。

石井还计划将细菌和毒虫装进气球炸弹中，向美国本土放飘，但由于日本战败比他想得要早，所以没有实现。登户研究所就从事该种类的研究。

石井没有实现全能的细菌战，倒不是他从人道主义中觉醒，而是像最初在高桥大藏大臣家失败那样，当时细菌战还没有考虑好自己方的防御问题而已。

美军的公文书中石井的经历被反复提及，可见他们的各种目的。其中一件文件中以国籍开始的简历书中，第八项为所属团体，第九项则为政治系列。在这些项目中均为"无"，这一点非常令人质疑。第十项的性格项中，被填入了"学究型""诚实""富有慈善心"和"亲切"等，

第十一项对美态度中，则被填入了"亲美的，并尊崇美国精神文化和自然科学"。本应信奉"现人神"天皇和神道神话的石井，据说在临死前10天接受了天主教的洗礼。其洗礼名为"约瑟夫"。对此，其女儿春海说："父亲是天国中的强盗。"

在其后至1948年间，石井一边注视着远东军事法庭的审判情况，一边接受了费尔等第三次和第四次的细菌战专家的调查，以战犯免责为条件，将庞大的人体试验和实验性的实战等细菌战数据资料交给了美军。对于美军而言，石井并不是唯一的渠道。其间，他们对多渠道同时开展调查，有无数个疑惑可以窥见的资料和证言，但细菌战的全部情况至今没有解开。

以下，因以战犯免责为借口，石井的动向就成了人们关注的焦点。

（六）对石井的威胁

1946年6月3日，731部队的姊妹部队，原细菌部队南京"荣"1644部队中，自称为原石井部下的三人联名给石井寄来一封信，要向石井商借5000日元。《石井文件》中还附有信的原文和英译文。信中写道："南京六栋勤务期间，接到了令人恐怖的命令，不顾一切终于努力完成了任务，战败后又把那么多的材料苦心埋掉了……"这里的六栋，按照"荣"1644部队军画兵石田甚太郎的回忆，就是

细菌部队的中枢第一科的建筑物，其中还有所有的细菌研究室、标本室、囚禁"马鲁他"的"笼"等房间。信中的"材料"明显地在指向"马鲁他"。

1947年6月10日的文件中，情报部马库路中校所收集的情报概要中，报告了1939年至1940年担任石井副官石山金三的活动情况。根据这位中校的报告，石山"为卫生少佐，所有的记录档案均为此人管理，了解全部情况，但不熟悉技术方面情况"。石山在战后将石井研发的滤水器卖给了想垄断该行业的日本特殊工业，换来石山进入该公司，但由于石山态度蛮横不受欢迎，不久就被解雇了。失去生活来源的石山，在接受日本共产党的50万日元购买人体试验情况，讲出一部分情报付费5万日元的利益劝诱下，对石井和宫本（日本特殊工业社社长）进行了威胁。石井和宫本为了让石山封口，支付了他数额不详的现金。

接着，该份报告书还写道："石井一直收到要求他支付巨额现金等的恐吓信或电话，声称如果不支付现金的话，他在战争中的行动可能就会被曝光，也许还会受到人身危害""远东军事法庭的国际检察局（IPS）也收到了石井是战争罪犯，应进行公诉等的匿名信件""石井在一连串的威胁中感到了生命的危险，卧床不起。以至于恐惧被作为战犯带到法庭，所以想出了伪装死亡举行葬礼的主意。"

在该份报告中，关于石井还感叹道，"石井是一个审讯时难以询问的人物""一直炫耀医学知识""但今天已经陷入了恐惧中"，因石井家位于狭窄的胡同里，"难以

观察"等。

这份长文报告书，还有一个重要人物也登场了。此人因有留学美国的经历，英语好，是美军细菌战调查和日本当事人之间重要的沟通型人物。报告书中又写道："关于人物还有一个，就是龟井贯一郎。龟井原在社会主义者团体中非常活跃，但被剥夺了公职身份。龟井向对敌谍报部提供了许多反共活动的情报。另外，他还使得人体试验相关的日本人打破了封口誓言，这都是龟井的努力。"

总之，这份报告书中还记述了龟井提出的建议，根据报告书，龟井向参谋二部建议说，如果以战犯免责为条件，日本人会说出真相的。

（七）华北特务机关与中国的接近

汤普森的调查，以1946年5月的《汤普森报告》的形式完成。对于把人体试验、攻击性的细菌战研究开发的事实进行彻底隐藏的石井部队干部和队员来说，苏联要求对于石井、菊地以及大田等骨干队员进行讯问，引发了他们的危机感。在第二次赴日调查中，费尔博士将被拘留在苏联的细菌战部队队员的人体试验、实战以及细菌量产等情况的供述摆在了他们面前，并提出了战犯免责的交换条件。在他们看来，在美国庇护下，进行交易可能是最好的方法。

但是，关键人物石井可能是受到了部下的威胁，和对金钱要求的恐惧，对于接受美国的庇护不敢完全信赖，于是

急于同当时的中国南京国民党政府进行接触。1947年6月到7月的CIC档案中就记述了躲藏中的石井的这一动向。

细菌战部队中进行了人体试验。用于试验的则是中国战俘。还对中国军队投放了细菌炸弹，其效果是经过其后的特殊技师来进行调查的（秘密情报显示，石井命令部下对于在奉天的美国战俘也进行了以人体试验为目的的鼠疫菌注射）。当然这些试验的结果带有最高的情报价值。

石井从1939年到1940年一直在南京。从1940年到1942年在哈尔滨的平房。试验分为野外和实验室内进行。细菌战的准备性研究则是在20世纪30年代已经开始。这一时期中的研究，均是基于石井的强烈主张进行的，并要求相关参与人进行了严守秘密的宣誓。

众所周知，苏联关于此件事情表示了强烈的关心。但他们似乎对从日本人手中能收集到有价值的情报不太有信心。苏联只是抓捕了知道相关这方面研究的少将和少佐，但是实际上这些人只是知道细菌培养的环节，与实际的人体实验并没有直接关系。由此这些人在苏联不会有太多的贡献。

我们美军直接询问了20名直接进行人体试验的日军人员。由此我们获得了有关这一研究的所有详细情报。从而对这20余人进行保护，以使得他们接触不到任何人。

这里所说的苏联捕获的少将和少佐，是指在伯力审判中的被告川岛清军医少将和柄泽十三夫军医少佐，川岛为柄泽的上司，负责制造部的细菌量产。

1947年7月26日的报告书中，作为10天前关于石井动向调查指示书的回答，记录了以下情报。

（1）石井公开身份是率领军医部队，但事实上也操纵了华北情报网。具有与日本陆军"光"情报机关匹敌的权力。担任石井华北情报网的头目就是丰田法教。另外我们也掌握了其他7名人员的名字及地址。

（2）石井最初与华北谍报网的成员相互联系的理由，是他们认为日本未来要与中国建立合作关系。为了解决可以预想到的日本人口过剩的严重问题，将日本人移民到中国，可以防止日本的人口爆炸。作为回应，石井和华北谍报网的成员，将美国的情报交给在东京的中国代表部。石井希望同中国缔结合作关系，为此想得到中国方面的许可，把日本人当作中国人送到中国移居。

（3）久原（名字不详）为石井集团和美国的中介者，与特务机关没有关系。久原可能在为中国收集情报。

（4）基于上述理由，石井正在与负责同中国代理人进行谍报活动的日本人接触。

令人注意的是，4月来日本的费尔博士，与石井的心

腹、那些了解到细菌战中枢机密的专家成功进行了交易，也使得石井感到了危机。将装扮成中国人的日本人送到中国的手法也是日美谍报活动的主要手法，也打开了美国和中国双重间谍的道路。由此我们看到了石井为求自保，拼死寻找逃生之道的身影。

日本战败投降后的仅仅两年时间，中国人对日本践踏本民族的憎恨和愤怒还没有消失，但令人吃惊的是，以统治和控制中国民众的谋略为己任的日本特务机关，竟然考虑以中国为舞台复活其组织。实际上，这一时期里，尚有许多日本人还滞留在中国。这其中既有想回日本却回不去的日本人，也有被亲人抛弃、历经生离死别的日本遗留孤儿，还有同中国人结婚决定留在中国的日本人。其中，也有按照朝枝参谋起草的"大陆指"那样，"考虑到战后将来日本帝国的复兴和再建，关东军总司令官应尽力尽可能多地将日本人留在大陆的一角"。这样考虑的话，如果在中国大陆地区存在着接受这一指令而以公务的身份滞留的特务机关的话，也不是非常奇怪的事情。

在这样的命令下，就有陆军中野学校锻炼出来的、忠实地滞留在菲律宾丛林中的谍报员小野田。小野田被救出时，非要等到早已扔掉了武器，脱了军服，变成民间人士的当年上司正式下达命令，才解除武装。

日本陆军中最见不得人的代表人物辻正信参谋，战后逃离了任职地泰国曼谷，从法属越南潜伏到中国，并在国民党政府的保护下，协助其参加了与中国共产党的作战。

石井大概也想像辻正信一样，能够寻找到活路。

1947年7月31日的报告书文件中，出现了美军占领军寻找石井动向的指示。在这份指示中需要"秘密地调查"的事项中有：（1）列出名字的8人"丰田小组"，也就是石井属下的医生团体，到底是"石井团伙"的一部分还是特务机关的一部分；（2）石井的动向及其与"东亚研究所"的关系；（3）石井的背后有何政治势力；（4）"Kihara"（木原）与中国情报机关的关系；（5）木原虽然在GHQ经济科学局（ESS）的价格流通部工作，但其在工作中和占领军其他部门的哪一位比较亲近等。

而到了8月5日，文件中则记录了"基于本丘恩中校的口头命令，本项调查正式结束"的指令。该文书系本丘恩中校作为GHQ对敌谍报部第25地区司令官员及盟军总司令部（SCAP）参谋二部的代表，在出席东京第一生命大厦举行的会议时，下达的命令书。会议出席者中也出现了第25地区A区所属特别谍报员4678号的名字。

出席此次会议的这位特别谍报员，一般认为不会是日本人。但我们有理由相信，这位谍报员可能是会英语的日本人，或者是一位"日本通"的美国民间人士，也许是伪装成民间人士的日裔二代的谍报员。这一动向的背后，可能就是一直不让远东军事法庭的国际检察局暴露石井部队犯罪情况的参谋二部在运作。

在9月6日的备忘录中，对久原这一人物作了详细报告。

久原家住东京都杉并区高圆寺，现年34岁。毕业于日本东京帝国大学，现为东亚研究所所长，受雇于盟军总司令部经济科学局价格流通部，担任价格专家。

据我的调查，此人就是其后担任东京经济大学经济学部教授的木原行雄。

同一天的备忘录还记录说，"石井将中国人和美国人作为试验材料，用于细菌学上的实验的罪行，也许一直是中国调查的对象。为此，民间情报局（CIS）应以1947年7月24日的情报概要为蓝本，起草一份可供中国调查的参考报告交给中国""本丘恩中校又指示，关于石井四郎的动向及居所的情报，属于绝对机密条款，故此不得向参谋二部以外的任何机关汇报"。

此外，该份备忘录还记录说，"7月31日，起草了关于石井的最新动向报告草案，并通过（经布朗中校转交本丘恩中校）情报渠道提出。同时希望得到有关KIHARA YUKIO（木原行雄）的相关信息""布朗中校也传达了本丘恩中校不希望继续调查的意向"。

与此同时，在中国出现了报告石井动向的秘密情报，美国在设法封锁不利情报的同时，在某种程度上他们的态度一直在游离，采取了任其揣测，能利用则尽力利用的思路。

9月22日，民间情报局起草了关于"丰田小组"中的8名成员以及KIHARA YUKIO的身份调查报告。关于丰田法教了解到了其在京都的住所地址，但"根据当地警察的

调查，尚不知道本人行踪"。关于其他7名成员，报告书中记述了这7名成员的现职业、现住所、简历，复员时间等情况。从"丰田小组"的这份调查报告上看，8名成员都不是医学相关人员，大多是自愿或被征兵到中国东北地区从军，在日本战败投降时也只不过是下士官级别的人物而已。关于"丰田小组"我还没有进行详尽的采访调查。

《石井文件》的奇怪之处还在于，日期记述从1947年9月突然进到了1948年4月9日。该日期为一份题为《关东军防疫给水部731部队》的文件，是由谍报员提供的报告书概要。情报来源的可信赖度为B级，即"通常情况可信"，情报的准确程度为3，即"可能真实"。

下一份报告书的日期为4月15日，题为《苏联的细菌战研究》，情报来源的可信赖度为C级即"相当可信"，情报的准确程度为"难以决定"。

《石井文件》的这个空白时期（即1947年9月到1948年3月），应该是细菌战部队的研究者决心交换所有情报，和费尔博士等人一起整理归纳了有关人体试验的情报的时期。当然，这一动向可能就是为了牵制远东军事法庭的国际检察局一直想调查细菌战部队犯罪的东西，而临时冻结了民间情报局对石井的调查。这一时期是收到细菌战部队相关大量情报的时期。这份文件中首次使用了"731部队"这样一个耐人寻味的词。

4月26日，对敌情报部对上述两份报告书，整理了题为《关于731（石井）部队》的内部文件阅览备忘录。

前述的两份情报为绝密级文件。该件也是最近华盛顿来日的两名特别调查官的调查对象。（两个人）调查当日，来到现场的所有日本人均签署了保守秘密的誓约书。关于本件的两份报告书几乎同时得到的，因此，必须马上与情报提供者联系，在此基础上不要扩散。

另外，对涉及本件情报提供者的所有情报，尤其是身份调查以及相关情报需要马上调查。

需要告诫负责本件调查任务的谍报员，收集到的情报具有国际意义。本件为高度机密事项，需要采取为保密的所有可能的警备措施。本件涉及人员也需要降低到最低人数。

这里提到的两位调查官，可能就是从美军细菌战部队德特里克堡来的艾迪逊·希尔和约瑟夫·皮库塔。《石井文件》在谍报部门内部都是机密，是为从报告内容上确定谍报活动的对象。

1948年7月30日，《星条旗报》中，一个来源于莫斯科AP通讯社的题为《日本细菌战被审判》的报道引起了人们的关注。该报道援引了苏联的报纸《红星报》特派员的报告，在该份报道中报告说"我们了解了日本陆军军医中将所领导实施的细菌战特殊部队的存在""腺鼠疫菌和其他细菌被用作于军事目的进行了研发""细菌战部队本部系在关东军防疫给水部的伪装名义下，位于中国东北的哈尔滨附近"。

该报道旁还附有一个备忘录性质的便签，写着，"该份新闻报道恐怕是关于一直从事细菌战研究的石井四郎将军的活动的报道。据说，石井四郎在中国设立研究设施，并使用中国人和美国人战俘作为人体试验材料。参谋四部（G-4）一直对石井及相关的细菌战研究以及相关人员进行调查，文件视为对外保密的机密文件。"该份报道可以说明的是苏联参战后，苏军从捕获的日军士兵中找到了与细菌战有关的人员，并进行了审问和调查。

一年之后的1949年11月25日的谍报员报告书显示，情报源为福冈谍报区一个叫SHIRAISHI ISAMU的人，在注释中则使用了"与共产党关系不清楚"的"U"来进行了记述。

1948年9月，原属于战争中日军负责化学战和细菌战的实施部队的哈尔滨石井防疫给水部队的9名俘虏，从伊尔库茨克32-1号集中营被紧急移送到了伯力地区的集中营。9人中有饭沼（名字和在日本地址不详）和24岁的生野正登，其户籍地在长崎县谏早市。

在他们出发的几天后，集中营的战俘间流传着这样一种传言说，饭沼等人并不是去伯力，而是被苏联当局带到了当年设在中国东北的石井部队所在地，进行实验室的发掘。实验室位于地下，在日本投降前夕被日军破坏了。

饭沼等人从此以后就再无消息。以下的这个人可能掌握着关于石井部队的情报。他是今村某，35岁，

> 原卫生部队准士官，宫崎县延冈市人。1947年1月至1948年6月，被关押于太协特（音译）7-38号集中营，1949年8月复员。

大约半个世纪以前的《石井文件》，页面的右端有两行字迹模糊，也可能丢失关键的话，但大意应该还能够读懂。我们为了揭露历史的黑暗面，为读懂这些文件，消耗了大量时间去理解。

文件的其他内容中有关于今村重好的身份简历。可能是在上份文件后，其他谍报员的调查内容。从内容上看，既然已经知道他已经复员回家，可能是在这样一个时间点上调查出来的文件。宫崎县延冈市的户籍地也可能是这位谍报员的目的地，军阶为卫生队准士官，学历为中学毕业，工作经历中有会计事务所，太协特集中营关押期间为1945年至1947年，在该集中营的厨房工作。复员的时间为1948年8月30日，乘"爱桑"号船回国，值得注意的是，从集中营到复员有近两年的空白期。

（八）失踪的石井四郎：
赴美，还是指挥了朝鲜战争细菌战

下面的《石井文件》日期又到了1950年2月。有一份题为《苏联告发的细菌战军医总监行踪不明》的共同社电文。

因第二次世界大战中准备了细菌战，和裕仁天皇一起出现在了苏联起诉状中的石井四郎前军医总监，从位于东京新宿的自己家中突然失踪了。前军医总监的妻子清子说："1948年春天，包括苏联代表在内的盟军一行人到访了我家，并对石井进行了长时间的问话。"

她还说："去年12月27日，在日本军军官因发动细菌战而被伯力审判中宣判为有罪这一报道后，他说，'时机到了就向世人说明情况'，说'要去收集证据'就离家了。"根据清子所言，石井对参禅很感兴趣，很可能在某地过着僧侣一般的生活。清子讲得很认真，但又称对石井的一切不清楚。在对她进行严肃教育后，并没有发现她有包庇石井的嫌疑。

战争结束时，关东军净水部负责人石井复员后在新宿经营一家旅馆。与石井一起被告发的还有前关东军参谋长笠原幸雄中将、前军医总监北野政次少将，以及前兽医少将若松有次郎。

日本最大的通讯社在这一节点上，都无法接触到美军与石井部队干部战犯免责交易的情况进行报道，因而只记述了同石井妻子清子的谈话情况。这份记录原为向全世界发布用的英文记录，还是将日文报道经GHQ情报部英译的，我尚不清楚。 在知道文中有不让媒体接触内容的前提下看到这份文档，我更加强烈地感受到占领军新闻管制与战时日本军部对新闻的管制一样，新闻采访受到强大阻力。

中华人民共和国成立后，朝鲜战争爆发前夜，火药味儿弥漫的时期里，美国中央情报局（CIA）秘密工作队抵达了日本，人数由100人增至200人（注85）。这种情报活动环境的变化可能也影响到了石井及其周围的人。

这一时期，石井藏身的地点还未能确定，出现了石井已被美国引渡等传闻。各个时期的说法还不尽相同。在战后数年间，因为有组织的监视网，有些联络关系浮出水面。有一些人从石井那里得到了数量可观的封口费、劳务费等。从某种意义上说，这些是因为出于对有必要隐瞒军籍，应该得却又不能够从政府得到军人待遇的人暴露秘密的担忧和不满而采取的怀柔政策。石井的专车司机越定男就曾得到过一笔劳务费。

帝银事件（1948年）发生时，越定男内心对前队员的罪行产生了怀疑，有队员秘密运回强力细菌菌株已成事实，加上对氰化钾和鼠疫菌了解越多也越使得他感到恐惧。战后生活特别艰难的队员为钱出此下策，能从某种渠道赚钱。据说当时石井一年拥有2000万日元，如此巨大的金额到底从哪里得来还不明确。

战争结束后第二年，越定男被人叫到长野站前的青木旅馆，拿到了这笔钱。还有人5年间不间断地收到钱作"封口费"。越定男认为，这恐怕是石井等人为了防止底层工作人员因为生活过于艰难，出于对生活奢侈的军队干部仇富的心态把秘密泄露而采取的怀柔政策（注86）。

战争结束后直接来到日本的最初的细菌战调查官桑德

斯中校虽然没有与石井四郎直接接触过，但他证实了曾有石井去美国的间接证言。

> 石井去美国是在美军占领日本后的六个月到一年之间（因为苏联态度强硬要求审问，也可能是在1947年前后）。美军为了掌握包括石井在使用传染性微生物进行人体实验的做法在内的一系列做法讲义，请石井去美军特殊部队，详细叙述了注射方法和犯人的反应，展示了实验结果。这是我在承诺不暴露军方高官姓名的条件下得到的情报（注87）。

原731部队队员、在大连负责疫苗开发工作的目黑正彦，1948年得到石井给的"退职金"，他有相关消息的证言。

> 昭和二十三年（1948），石井去美国之前，731部队每个人好像都得到了"退职金"。石井部队的原嘱托东京大学的老师，"传研"（东京帝国大学传染病研究所）每人都得到了钱。好像是聚集到东京领的。
>
> 如果石井选择自己成为战犯，让其他人都不承担战犯的罪名，我认为这一点他就非常完美了。名人的志贺洁的儿子在台湾热带科学研究所当教授，因为母亲去世，乘飞机回国途中遭遇坠机死亡，他曾是石井部队的嘱托，我母亲同他很熟，与石井接洽后得到慰

问现金200万日元。我当时觉得，石井这一举动非常了不起。以为他用的自己的钱而不是国家的钱。至于他的钱从哪儿来我就不知道了。

据说麦克阿瑟曾要求石井带着研究数据到华盛顿去。好像石井确实带着大量数据去了，带去了从昭和八年（1933）开始的所有石井部队的成果数据。（注88）

在战争末期有名的镇压言论事件"横滨事件"中入狱，战后一直坚持再审申诉的木村亨，在日本战败后创办了杂志《世界画报》。东京审判下达对东条英机等甲级战犯有罪判决后的一天，木村接到了在佐尔格事件中深受牢狱之苦的旧相识安田德太郎医师的电话。

"木村，我有个京大医学部的前辈石井四郎军医中将，好像在中国进行了人体实验，因为有战犯的嫌疑，所以想去美国避难。这两天好像就在自己家中做去美国的准备。你马上带着摄影师去石井家里看看吧。"

我迅速联系了公司摄影田村茂和助手渡部雄吉，带着他们赶往石井的住所。那是一栋古朴的日式二层建筑，我推开玄关门进去，问："石井先生在家吗？"里面有一位穿着长款和服的貌似石井身影闪现。我们率先发问，"听说中将要去美国了？"听闻问话，石井露出一副大事不好的神态，嘴里说着"讨厌，讨厌"，急忙转身进里屋。在躲进屋前田村问石井可否拍照，身长六尺容貌怪

异的石井猛一转身向手持照相机的田村扑去，田村倒在地上。我和渡部一起追着石井进了客厅和书房，相没有照成，只好从摆放在书房的相册中抽出一张石井的照片。这就是我总为此次采访石井而懊恼的原因。

田村这次在石井真人面前没能拍照的失态常常被我和渡部取笑。即便如此，对于当时抢到独家新闻我多少还有些骄傲，但同时也对为何大公司大报社的记者们当时并没有追踪报道石井感到费解。当时是禁止追踪报道战犯，如今我也没有遗憾。（注89）

（九）《石井文件》中的最后一份文件及在日本国内的美国细菌战中心

这份《石井文件》中最后一份文件日期是1951年1月9日，一件小的新闻事件的复印件。另有手写有"Japan News"字样，是一份AP电，"《真理报》报道美国细菌战中心在日本建成"。

莫斯科电　《真理报》于星期日接到AP电称，美国在前日军中将石井四郎指导下，在日本国内建立了细菌战研究中心。

1949年2月，苏联将对在第二次世界大战中企图进行细菌战的日本陆军军官12人进行起诉，将石井四郎作为主

谋列入被告名单。

苏联把石井列为战犯进行制裁。共产党机关报称，石井把日本的研究记录提供给美国马里兰州德特里克堡的细菌战研究中心。

《真理报》此前一直批判美国故意包庇战犯嫌疑人石井及其同伙。

这里提到的"日本国内细菌战中心"应该是美军406部队。这一时期的406部队在日本国内订购了大量试验用老鼠。埼玉县春日部的农户在战时供应日军细菌战部队试验用老鼠，战后订货人换成了美军部队。

这一时期，美军还因为朝鲜战争的"特需"，向与前731部队队员相关的疫苗制造商订购伤寒疹疫苗等。据此可以推测，向前细菌战部队队员和受嘱托的医学者们支付的慰劳金或者封口费从何而来。与前作战参谋服部卓四郎、前情报参谋有末精三受雇于GHQ而拿高薪的情况类似，石井作为细菌战的顾问，也从美军处拿到俸禄。20世纪70年代，国会在野党质问中，针对给了石井多少"恩给金"一问，政府的回答是约2000万日元。

在《石井文件》中关于石井的最后记载是在三年后（1951），石井四郎患喉癌失声，死去，葬于新宿区若松町自家附近的新宿区河田町禅寺月桂寺石井家的墓地里。1995年，经月桂寺同意，我随同参拜的目黑正彦拍摄。石井家的墓志上依次刻有石井四郎、石井次男、1980年去世的石井四郎的妻子清子、1992年去世的石井四郎长子的名

字。石井的戒名为"忠诚院殿大医博学大居"。

目黑正彦头脑非常清晰，仰慕豪放、不修边幅的石井。他认为当年石井非常关照优秀的年轻人，他对石井没有任何坏印象。日本战败一年后，他从大连卫生研究所借了一艘渔船撤回国。之后，目黑并没有再与石井见过面。站在石井墓前，他泪水止不住流下，双肩也在微微颤动。

第五节 朝鲜战争

（一）美国咽喉中的第二根刺

美国记者约翰·鲍威尔（John Powell）是出生在上海的"中国通"。战争结束后，继承了其父在1917年开始撰写的*China Weekly Review*。朝鲜战争爆发后，鲍威尔支持中国军队参战。而后，因报道"美国军队在朝鲜战争中使用生化武器"而在回国后被诉以叛国罪、煽动罪名与大陪审团交涉。国家撤销诉讼后，鲍威尔在信息公开法的支持下寻找对自己的判决资料的过程中，无意间找到了细菌战部队干部战犯免罪交易实录的公文档案。

他将所得资料整理汇编后发表，与森村诚一的《恶魔的饱食》一起造成了舆论的轰动。鲍威尔为将这一事实大白于天下作出了巨大贡献。中国方面关于731部队活动和实战的被害人相关的资料，多数在朝鲜战争这一时期被发现和整理出来。卡在美国咽喉中的第二根刺便是朝鲜战争。

朝鲜战争爆发已经过去了60多年（本书中文版出版时，译者注），其间出版了许多相关书籍。英国的Hodder & Staughton出版社出版的*Unit 731 Japanese Army's Secret of Secrets*（注90）中有50页是关于朝鲜战争的一个章节。但该书在美国出版时这一章节却被删除了。这是与美国出版社达成的出版条件。该书原作者在得知英国出版社与美国的这一条件后十分愤慨，甚至考虑过提起诉讼。

至于为什么会这样，这本书中花费了50页的篇幅论证"朝鲜战争中美国有没有进行细菌战"。美国媒体还不能从正面获取"朝鲜战争中使用的细菌武器"的信息。曾经被中国俘获的空军飞行员25人曾自述被卷入细菌战，这里面还有曾在北京广播的短波广播中进行证言的人。但这些人回国后除了担任发言人角色的马夫霖大校外，很难与其他媒体接触。就像伯力审判的被告供述，也被视为带有政治意图的宣传，甚至被称为是全员受到拷问和强行接受洗脑后的供述。

在我采访过的前731部队队员中，在朝鲜战争时期和作为美军细菌战顾问的石井四郎见过的人不在少数。在731部队战友会"房友会"中甚至有人说这是"常识"。

1949年，中华人民共和国成立了。二战后，在以北纬38°线为界分治的朝鲜半岛这一舞台上，美中关系因朝鲜战争急剧恶化。1950年6月25日，朝鲜内战爆发。杜鲁门总统下令派美军赴朝，麦克阿瑟将军被任命为"联合国军"总司令。当年秋天（10月19日，译者注），中国人民志愿军入朝参战。战局进进退退反复拉锯，1951年3月，

在三八线附近形成了胶着态势。

1951年6月23日，苏联代表提案建议停止战争和休战，"联合国军"和中国军队开始进行谈判。谈判过程迂回曲折，1952年初，中国和朝鲜开始在中国共产党党报《人民日报》中大篇幅谴责美军进行细菌战的行为。中朝称，美军飞机几次在朝鲜和中国东北上空大范围散播注入了细菌的物体和被病原体污染的虫类。中国和朝鲜还在世界各国招募了7名科学家组成"国际科学委员会"，以找出美军进行细菌战的科学证据。

国际科学委员会视察了中朝受到细菌武器攻击的区域，听取调查了当地从事保健防疫工作的工作人员的看法，提取了医学的、昆虫学的相关证据，还与承认使用生物武器的美军飞行员进行了面谈。

科学家还同在平壤的中国鼠疫专家陈文贵医师进行了交流。陈医师曾在1941年11月受中国国民政府委托，对731部队在空中播撒跳蚤导致的常德鼠疫大流行进行调查。在朝鲜战争中又协助朝鲜保健省控制在朝爆发的流行鼠疫。他指出，在朝鲜战争中使用细菌的技术与日军在细菌战中使用的技术极其相似，使用鼠疫跳蚤这一独特做法在朝鲜得到确认，"为什么美国要保护日军进行细菌战的战犯这一问题可以找出答案了"。陈医师的所见对朝鲜战争中出现的传染病患者和731部队细菌战的病患症状极其相似这一现象的确认起了决定性作用。

1952年8月31日，在北京发布的国际科学委员会最终报

告书末尾明确做出结论，认为"朝鲜人民和中国人民确实被当作生化武器的攻击对象。这是美军所进行的攻击，其中根据目的不同采用了不同的手段。其中有几种是基于第二次世界大战中日军曾使用的方法发展而来的"。（注91）

（二）流行性出血热

1951年6月，以美军为主力的"联合国军"在对峙的三八线附近突然遭遇了流行性出血热这一原在中国东北等地的流行病。731部队的研究者以最初发病的地区将之命名为"孙吴热"。病原体是比细菌还要小的病毒，以附着在老鼠身上的壁虱为媒介传播，引发肾脏出血（流行性出血肾病），后被命名为"流行性出血热"。

这一时期的朝鲜战争中，在日本的美军406部队即生物战研究所，针对流行性出血热，积极从曾任731部队队长的北野政次、北里大学笠原四郎博士以及东大出身的病理学者前军医中尉所安夫手中搜集流行性出血热的情报。只有尚未确定媒介动物、尚未开发疫苗的新发现的传染病，才能作为生物武器引发关注。

1985年，抱着被拒绝的心态，英国ITV的纪录片摄制组提出了见面采访要求，所幸笠原和所安夫同意接受采访。之后反思，申请获准的原因或许是将一开始"拍摄731部队相关素材"改为了"进行流行性出血热相关的采访"的原因。日本战败后，由于受到美国军医和情报部尊

敬相待，仰仗自己提供情报，加上对于未知领域进行尖端研究的科学家独特的自负，又确信他们并不是战犯，所以犯罪的意识和良心谴责慢慢地消退。但笠原还是坦率地说出对于进行人体实验的内心苦涩。"秘密地在实验室内设置祭坛供奉被用作实验的人。并没有其他医师这么做。"说到这里，他稍微挺了挺胸。

> 北野邀请我一定要参加"孙吴热"的研究。虽然我很厌烦，但还是在1941年去了"满洲"。那毕竟是一个一亿国民总动员的年代。我无法拒绝。石井从大学和研究所搜罗了大批优秀的人。遇到不听从命令的人，石井就下军令状把他送到"满洲"来。
>
> 我到达孙吴镇后，成立了由军医将校和大学、研究所来的医生和研究者组成的研究班，将以孙吴地名命名的传染病流行区域的老鼠身上的壁虱溶液注射到在"满洲"被捕的间谍身上，进行研究实验。
>
> 当时我只知道在大学实验室里进行研究的方法，在进入石井部队前都不知道现实中可以使用活体实验。我甚至都不知道"马鲁他"的意思。完全是无知的状态。我使用的"马鲁他"总共有五六个人。（注92）

当时，尽管良心的谴责和医学伦理纠结在一起，但使用人来做实验对于医学研究者来说是更宝贵的体验。对此，在《费尔报告》中有这样一节关于笠原博士的内容。

询问多人得到的情报除了笠原四郎外都是靠回忆得到的。笠原博士在孙吴热相关的三个实验中，保管着温度表相关的临床试验数据。

许多医师都将可以当作战争犯罪证据的截至1947年的人体实验数据丢弃或者藏匿起来。与此相反，笠原公开提供给费尔博士，这种行为或许不是出于犯罪意识薄弱，而是出于自己研究的医学成果想要获得承认的展示欲和功利心。根据《费尔报告》，"孙吴热"的病理标本101页，第三项最多，针对鼠疫、霍乱。

当时，北野政次发表的《流行性出血热病原体的确定》（注93）等医学论文中，可以看出他们是如何草菅人命进行研究的。北野将在孙吴捕获的40只老鼠体外的203只刺螨捣碎，制成食盐水乳剂，通过过滤管除去其他细菌。然后将这种制剂注射到"马鲁他"大腿的皮下组织中使其感染，在第十九天，在被试验者发热至39.4℃时提取血液，注射给二号"马鲁他"，潜伏期12天后发热，显示尿蛋白阳性之后解剖，证明为"定型流行性出血热肾病"。之后，"把发热期的血液和脏器材料进行多次接种，确保病原，进行多种实验"。作为必须要牺牲人体的"多种试验"的结果，得到各个脏器的感染力和病理特征，在这篇论文中如下报告。

我们强调发热期（非病程期）进行局部检查（解

剖）的话，是能够看到本疾病独特的解剖结果，但并没有检出流行性出血热肾……但是，感染时期的肝、肾、脾等感染力极大。与此相反，退热期体温趋于平稳后，局部检查首次确认流行性出血热肾，但此时感染期病变严重的各脏器的感染力已经消失。

上文可以看出，对脏器的第二次感染实验中，需要使用被试验者在感染初期的脏器，在平稳后取出"出血热肾"用于实验，但此时，已经没有感染力（注94）。为取出发病初期的脏器，要进行活体解剖，要确定"出血热肾"，要在平稳期确定此时的脏器没有感染力。由此看来，仅仅为了写作这一篇论文，到底要牺牲多少人的生命。

位于热海的所（地名）纪念医院院长所安夫，一直坚持自己是病理学者，没有任何反省的迹象。美军取走后一直没有归还的流行性出血热显微镜病理标本是"日本士兵的"，到最后都没有承认人体实验。

"下次与福特联系时，会尝试地索要回从所医生取走的病理标本。"当我这么说时他非常高兴。我提出"不仅仅想采访，而且还想拍摄其医师的工作场景"，他便从因患癌症昨天刚去世的40岁左右女性的尸体中取出还鲜活的肝脏进行解剖。这对他来说好像乐在其中，但我仿佛看到了恐怖的恶魔一般，现在想来依然浑身汗毛倒竖。

（三）美军试验用鼠的供给来源

731部队的研究被美军所继承，在朝鲜战争中得到实施的说法有众多的情况证据佐证，但这些证据不足以成为决定性证据。

小泽市三郎是日本埼玉县春日部的实验动物销售商。在战争期间饲养实验用的白鼠，并将其垄断性地供给到陆军以及与陆军有协作关系的研究所。如731部队以及100部队等在中国东北、中国南方的细菌战部队。战后，他在盟军总司令部特许下，对美军的细菌战研究部队及TLC的406部队也提供实验用动物。

进入朝鲜战争时期，来自美军的实验动物订单增加，小泽成为埼玉县贩卖农协联合会科学实验动物交易所所长，同时并设了日本实验动物综和研究所，进行了以往没有大量生产过的仓鼠等繁殖工作。战前小泽的生产以白鼠为主，但美军的实验动物需求种类繁多，有家鼠、仓鼠、白鼠、鼠、兔、猫、鸡、龟、蛤蟆、螳螂、山羊等。

战后移居春日部，并与小泽一家较为亲近的高木一郎，针对当时的情况进行了以下叙述。

日本实验动物研究所的职员在午休时间经常打台球，我也喜欢，所以他们常带上我一起打。有一天看见美国兵在那里打台球。那是朝鲜战争前不久的事。后来整个镇子里传闻说日本实验动物研究所大量生产

着美军开发细菌炸弹所需要的试验用的鼠类和兔。

那时老鼠需求突然增长，饲养鼠类的农家不仅在农闲期养鼠，连农忙期都开始养鼠了。小泽他们那儿的集货人增加到了20人左右，他们跑到各家收鼠。一家农户少说也每周出货一回，供给50～60只鼠。自打朝鲜战争开始以来，载重量4吨的卡车也来过。

朝鲜战争结束，订单就逐渐减少，最后小泽先生的实验动物研究所关门大吉，小泽本人也搬到了大阪。（注95）

曾做过陆军卫生兵长，而后从中国复员并加入日本共产党的田口新吉，于1947年就职于GHQ的技术情报部。通过那时的工作，田口了解到731部队相关人员协助着GHQ，并对此产生了兴趣。田口共产党员身份暴露后于1949年被情报部解雇，他回到了出生地与春日部接壤的埼玉县北葛饰郡川边村，并产生了对小泽与细菌战部队的关系进行调查的想法。当时美军订单激增，小泽正忙于增产，因而当田口提出在河边村成立实验动物饲育组合的想法，这种想法受到了热烈的欢迎。小泽的研究所是由曾经在731部队做石井的副官的小林孝吉担任会计主任，他为田口饲育组合的成立提供指导。

美军士兵开着卡车来取实验动物。那些卡车上写着"美国陆军医学研究所"的字样，其下写着406的字样，我看见这些字，明白了他们来自哪里。一定程

173

度上熟识了农协的职员以后，我若无其事地问他"今天这批送往哪儿？"回答有"朝霞""座间""根岸"等很多地方。

忙的时候，我每月经手的白鼠有20万只，豚鼠1万只左右。朝鲜战争那会儿经常被催货。增加了集货人，是因为集货区域也扩大了吧。

昆虫什么的也进货了。他们要出货一个高2米、宽2米左右的像浴桶一样的东西，所以我问了一下它的用途，得到了答案说"这是水槽，是在里面养孑孓，拿来繁殖蚊子的"。（注96）

我收集到一份标有1949年9月16日GHQ公众卫生福祉局的带有"豚鼠"标题的文件。根据该文件，为确保豚鼠的供给量，埼玉县、神奈川县、静冈县的实验动物的生产商与厚生省生物科的代表举行会议。

此外，报告中还提到"尽管上述团体对在今年5月前生产满足国立预防卫生研究所（NIH，"预研"）需要的量的可能性进行了谈话，其结果辜负期望，豚鼠生产远远低于预期""新产地岐阜县于9月13日对'预研'进行初次收货，但在395只豚鼠中，有3只死亡；多数豚鼠体重不满300克，因而退货"。国立预防卫生研究所，即是将向细菌战部队送出众多医学者的东京帝国大学的"传染病研究所"的一部分，作为表面上预防传染病，致力于公共卫生的研究所，是置于厚生省之下、大学之外的机关。

　　此次会议的出席成员，恰好将当时美军（GHQ）、厚生省（日本政府）、"预研"（原731部队相关人员）的关系体现得清晰明了。厚生省担任着在研究现场（预研）和美军占领军，以及豚鼠生产者之间进行协调的中间人的角色。

（四）处于朝鲜战争特需中的731部队相关人员

　　战败后第四年，日本经济恰逢美军占领军出兵朝鲜的特需，得到了从烧疆败土一口气恢复实力的契机。对于在美军庇护之下，无一被作为战犯问罪的细菌战部队相关人员来说，朝鲜战争是千载难逢的复活良机。趁着这个时机生产美军士兵输血用的人工血浆而大赚一笔的是石井四郎的"番头"内藤良一建立的"日本血库（血液银行）"，即绿十字社。

　　内藤在开战前的美国学习"冻结干燥"的技术，对关键的真空泵施加了独特的改良。这种冷冻干燥的技术能够通过将破伤风以及瓦斯坏疽等各种细菌的免疫血清"冻结干燥"，使得长期保存和输送成为可能，具有划时代的意义。在此之上，该技术也是可以应用到作为武器的细菌的培养液上的重要技术。内藤作为在这个领域的尖端专家向公众卫生福祉局呼吁，并请福祉局资助了血液银行的创立。

　　此外，细菌战部队重要组成部分的疫苗生产者也获利满盈。在从属于731部队的疫苗制造部门的大连卫生研究所担任副所长的目黑正彦药剂少佐，战后继承了父亲兴建的目

黑研究所。目黑少佐针对朝鲜战争时期进行了以下证言。

在战争结束后不久，卫生情况正恶劣的状态下从国外回来了那么多人，自然日本到处有传染病流行。传研（东京大学传染病研究所）的田宫猛雄先生将疫苗的研究人员聚集到了传研的讲堂，做了号召成立制造疫苗的公司的演说。家父从巴黎的研究所学习疫苗回来的。战前能制造疫苗的，只有目黑研究所和北里研究所。

战后复员的731部队的人带回了疫苗的基础数据。厚生省成立了疫苗部门，在GHQ的公众卫生福祉局的指导下还成立了细菌制剂协会。即使想成立生产企业，也没有技术人员。除了那时已经复员的731部队原队员再无他人。所以原731部队队员与疫苗生产企业的成立直接相关。他们每月在传研聚集一次，对疫苗制造的未来进行了各种探讨。

战争年代，至1944年为止经常举办医学会。有一段时间731部队在细菌制药的学会上率先公布了研究成果。问到为何如此，那是因为兔、鼠等实验动物都送往"满洲"，国内没有办法进行动物实验了。因此在细菌学会上所发表的研究成果，要么来自731部队，要么来自大连的卫研的关联者。我相信GHQ十分了解这个情况。

我于1946年从大连归国，受大阪市委托做了500万人份的疫苗。现在算来品质还不算好，但在那时相当受重视。公众卫生福祉局经常来我们这里。因为那时斑疹伤

寒和疟疾一个接一个地发生着。他们说援助金从复兴金融公库出，让我向厚生省申请，多多提高疫苗的生产能力。就在这个时候，731部队队员一个接一个地创立了疫苗制造公司。因为GHQ在背后推进，到了昭和二十四年（1949），已经有10个左右的公司能够生产斑疹伤寒的疫苗了。这些疫苗是利用受精卵制造的鸡卵疫苗。

不久朝鲜战争打响，美军发来大批订单，我们前所未有地忙碌起来。几乎所有订单都是斑疹伤寒疫苗，仅我们公司在当时就收到了价值1500万日元的订单。其他的生产公司也收到了相近量的订单。在当时仅仅是我们的研究所，多的时候每天就能消耗受精卵1万个。当时包含临时工共有80人，24小时地进行生产。厚生省有三四个检查官轮番来所视察。他们在入孵蛋器的时候和将疫苗注入瓶以及密封的过程中进行监督。那时真的是没日没夜地制造哇。平均起来，两个月内，我们生产了约1000万人份的疫苗。（注97）

斑疹伤寒是病毒性的传染病，自古就在由朝鲜到中国东北的土地上不断暴发。因而，中国东北难民以及朝鲜军队被认为包含相当多的带菌者。目黑认为，盟军在向朝鲜进攻时，对斑疹伤寒抱有一定的恐惧心理。即便这样，若将以亿计数的疫苗算作给盟军全体士兵进行预防注射，其疫苗数目仍然过于庞大。目黑认为，盟军所订疫苗是基于向韩国全体居民注射疫苗的考虑。

然而，在中国东北与朝鲜交界附近发生了怪事，传到目黑耳中。目黑得到了美军从新义州附近急速撤退时，将从日本带去的疫苗全部烧毁的消息。随之，麦克阿瑟将军和华盛顿政府之间，在对朝作战问题上再三对立，于1951年4月11日，被杜鲁门总统罢免。这位连天皇都能够随心操纵的权力者的突然解任，对于日本国民是一个很大的冲击。第八军司令官李奇微被任命为后任人选。从李奇微被任命为日本占领军的最高司令官那一刻起，流向日本疫苗制造公司的庞大订单终止了。

我们制造商已经装好订单份量的疫苗，在李奇微将军就任前，已经为下一次的订单做好准备了。在传研每月的月会上，厚生省的人说："撤兵几乎完成，朝鲜战争终结，已经没有了斑疹伤寒流行的风险。已经不会有GHQ的大量订货了，所以今后请各运营公司独立贩卖。"GHQ最后一批订单是在1950年12月，订单约持续了两年时间。

我们的研究所（目黑研究所）辞退了约一半的人。我们与内藤（日本血库）关系非常紧密，因此通过帮助他们分担种种工作，存活了下来。像大阪的血液检查这样的工作，完全是由敝研究所承包下来的。其他的制造商开始从事诊断药这样的与疫苗相关的工作，但最后曾经的40家疫苗制造商，此时只剩下了7家。

麦克阿瑟的下台和细菌战究竟有着怎样的联系呢？甚至连进行钚放射人体实验和战犯免责交易一事，作为过去的错误，其部分文献都进入了信息公开法的范围，那么为何美国对于朝鲜战争中的细菌战一味地否认？这也许关乎日本细菌战部队的历史，由此，美国档案中相关之处，遍布涂黑的页面。

（五）战栗的新种出血热

《奇病流行性出血热》（新潮社，1985年）是当时《每日新闻》的记者朝野富三和常石敬一教授基于绵密的调查出版的关于流行性出血热的力作。即便是这本书对于美军是否在朝鲜战争进行了生物战，也得出了"无确切证据"的结论。

孙吴以及西伯利亚等黑龙江沿岸具有典型特征的流行性出血热为何突然跳跃性地传播到65公里以外的朝鲜半岛，至今仍然是一个谜。到随后的20世纪70年代初为止，韩国全体出现了患者，流行性出血热逐渐被"韩国出血热（KHF）"的称呼所取代。

在距离朝鲜战争已有20年之久的1976年，韩国高丽大学的季镐汪教授在解剖从流经汉城北部的河流附近捕获到的朝鲜鼠时，从其肺部和肾脏分离出了病原病毒，因而这种传染病被重新命名为"汉坦病毒"。此病毒得到持续研究，在日本各地的大学医院引发了实验室感染，几度成为热点新闻。

进入20世纪90年代，在阿根廷出现了导致肺部出血、致死率达到三分之二的传染病，被命名为"汉坦病毒"。此出血热被认为是"汉坦病毒"出现的能在人与人之间传播的变异种。

一部分学者以及媒体人认为是日本人在战争中通过人与人传播强化的病毒，并通过转基因等人为操作而变化的更加恐怖的病毒，从实验室中泄漏并袭击了无辜的居民。其元凶，是美军细菌战部队福特部队。也有观点认为同是出血热的埃博拉出血热并不是地方病，而是通过基因操控制作出来的恐怖的疾病。同样的观点也适用于艾滋病。

当然，这并不是基因操作，而是遗传基因水平移动的结果所诞生的新种类的病毒，又或是病原性得到强化。此外，"常用于治疗感染性疾病的抗生素正在逐渐失去效力的现象"正在发生。或者说是"病原体逐渐持有对于抗生素的耐性"。"具体说来，对青霉素、阿司匹林具有很强抵抗力的细菌在1952年前后几乎不存在，而到了1995年，有95%以上的细菌对二者具有耐性。"（注98）

此外，新兴感染性疾病（emerging infectious diseases）、曾一度得到克服的古老传染性疾病再度流行，这样的复发性感染性疾病（re-emerging infectious diseases）时有发生。在细菌学者之间，有生物科技是这种现象背后根源的假说。也有说法认为，在新的病原体被导入新的环境时，通过超乎人类认知的机制，能够诞生新型的传染病。

不论如何，被判定为"孙吴热"的此种传染性疾病，其毒性以及对人的感染力得到强化，是确凿的（注99）。

讽刺的是，这正是在军国主义统治下的日本，细菌战部队的科学人员和军医们欲达成的目标。以侵犯、吞噬人类的健康和性命为目标的大规模杀伤性武器（ABC武器），以一种不允许倒退的形式完成进化、侵犯地球，正欲令人类饮下自己种下的苦果，将人类导向毁灭。制造出元凶的那一代安享天年，直到去世；后续的一代代人受着这样的遗产的困扰。在其光辉业绩背后，现代医学的发达背负着能够使其所有成果颠覆于一旦的巨大灾祸。

注释

注1. 森村诚一：《恶魔的饱食》，角川文库，1983年，第255页。

注2. Ralph Blumenthal记者。

注3. 1942年末至1944年11月，曾任奉天战俘营军医的桑岛恕一军医大尉，在战后作为战犯被判处了死刑。其保管的影集最后送还给了家属。笔者从其中进行翻拍，并在本书中使用。

注4. 伪满洲医科大学，现中国医科大学。

注5. 详细请参见末永惠子：《战时医学的实际状态》，树花舍出版，2005年。

注6.《公判记录——731细菌战部队》，不二出版社，1982年，第321～322页。

注7. 引自《破伤风毒素及芽孢接种研究》，松村高夫、田中明编：《731部队作战资料》，15年战争极秘资料集29，不二出版社。

注8.《脏弹射击之皮肤伤害及一般临床病状观察》，同上。

注9. 关东军命令书内容为：自关东军补给监向奉天战俘营

派遣军医1名，卫生下士官2名，卫生兵10名，合计13名，防疫给水部部长向奉天战俘营派遣将佐5名，下士官5名，士兵约10名，以对防疫业务进行指导。

注10. 引号为笔者所加。

注11. 我们对十多名原奉天盟军战俘营关押的战俘进行了采访。其中，对于"白衣一团"的记忆和印象大体一致，当时这些战俘并没有细菌部队这样的认识，均理解为军医和卫生兵。在这些采访中，战俘们只记住了这些人戴有白色口罩，遮住了脸的下半部，对于脸的特征并没有特殊记忆。

注12. 原奉天盟军战俘营英军战俘亚瑟·库里斯的证言。1995年5月于美国波士顿。

注13. "巴丹死亡行军"发生于1942年4月菲律宾半岛。当时，已经投降于日军的美菲士兵以及菲律宾士兵以及民间人士合计80000余名，在前往战俘营的100公里的道路上，在酷热天气及日军士兵刺刀的监视下，徒步移动。其间，因疾病、饥饿、疲劳等各种原因而病倒在道路两旁，或被日军枪杀。护卫的日军试图用刺刀强行保持队形，盟军战俘屡受虐待，战俘死亡。二战结束后，在菲律宾马尼拉军事法庭上，当时的日军司令官本间雅晴中将因此被判处死刑，执行枪决。

注14. *Human Lab Rats: Japan's Bio-war Secrets* by Ralph Blumenhtal, *Penthouse*, May 1999.

注15. 亚瑟·库里斯的证言。

注16. 原南方军防疫给水部队士兵大块良明的证言，于2000年6月。

注17. 田中利幸：《人体实验中使用的盟军战俘》，《季刊·战争责任研究》第3号，1994年。

注18. 同上。

注19. 1984年在大阪的电话采访。

注20. 同注6。

伯力审判，因在美国占领下的日本细菌战队与美国有交易，并没有一个人受到审判，故此，当时在西伯利亚拘禁的日本人并不知道这些，日本也由此认为是苏联捏造的事实而被忽视。伯力审判的《公判记录》日文版于1982年出版，从后来的研究者和新闻工作者的调查、访问证明，当时的人体实验、活体解剖等令人战栗的当事人陈述都是真实的。由此，该书也成了731部队研究的必用资料。

注21. 原美军军士长亚瑟·堪培路（Arthur Cam-pbell）的证言，1995年5月于美国波士顿。

注22. 原美军驻巴丹陆军第三十一步兵联队工兵军士哈曼·卡斯特证言。1995年5月于美国底特律。

注23. 1985年11月6日，皮蒂致斯莫鲁函。

注24.《皮蒂日记》于2015年由沈阳大学的杨竞翻译成中文，由沈阳出版社出版。

注25. 1943年5月，当时被称为Tokyo Pow Camp的很可能就是现在位于东京品川区东品川了丁目的东京战俘营（品川本所）。

注26. 川崎市大岛町川崎第一分所。

注27. 横滨市中通横滨公园的第二分所。

注28. 横滨市鹤见的第五分所。

注29. Neal R.Smith, 1st Lt., Legal Section GHQ, 4 April 1947 Title: Motoji YAMAGUCHI alias Honji YAMAGUCHI Yujiro WAKAMATSU, YASAZUA(fun), Yasutaro HOSAKA alias Yasutara HOZAKA, Shiro MATSUSHITA alias Shiro YAMASHITA, Shiro ISHII alias Hajime TOGO. April 4, 1947 RG 331, MFB, WNA(Washington National Archives).

注30. 关于冈本副教授自杀真相，在朝野富三、常石敬一《细菌战部队和两名自杀的医学者》（新潮社，1982年）中有详

细记述。

注31. 桑岛治三郎：《殉国的军医大尉》，日本医事新报社，1974年。

注32. 大气寿郎军医中尉，在日本战败投降后成了苏军战俘被送往西伯利亚，9年后归国。布朗曾在1955年去东京杉并，拜访过大气。

注33. 巢鸭法务委员会编：《战犯判决的实际状况》，槙书房，1981年，第260～267页。

注34. 详见朝枝繁春手记《追忆·53年前》，1998年。

注35. 同上。

注36. 茶园义男：《关东军防疫给水部队的真相 22》，《德岛新闻》1982年9月11日晚报。

注37. 滝谷二郎：《杀戮工厂：731部队》，新森书房，1989年。

注38. 日垣隆：《被忽视的地下工事——松代大本营的战后责任》，载于《世界》1991年3月号，岩波书店。

注39. 沟渊俊美证言，1997年10月9日于西宫。

注40. 越定男：《日章旗充满红色泪水》，教育史料出版会，1983年，第154～157页。

注41. 筱原鹤男：《731部队的破坏和证据隐蔽工作》，731部队研究会编《细菌战部队》，晚声社，1996年。

注42. 同注40，第148～149页。

注43. 沟渊俊美：《燃烧的平房》，《房友》第103号。

注44. 同注1，第十一章。

注45. 茶园义男：《关东军防疫给水部队的人们》，《历史与人物》，中央公论社，1982年。

注46. 石井春海证言，1987年4月于东京。

注47. 军医少佐池川重德：《航空班撤退记》，《房友》第

103号。

注48. 同注43。

注49. 同注40，第169页。

注50. 同上，第171页。

注51. 同上，第173页。

注52. 同上，第131页。

注53.《细菌部队的战犯免责：麦克阿瑟的保证》，《朝日新闻》1983年8月14日。

注54. 日本特殊工业公司垄断了石井发明的石井式滤水机器，并供应于日本陆军部，获取了巨额利益。

注55. *Unit 731* Wiliam & Wallace.

注56. 同上。

注57. 电视采访，1985年3月于美国佛罗里达州。

注58. 桑托斯·特朗斯库采访录。

注59. *Unit 731*，Wiliam & Wallace，第134页。

注60. 英国电视制作，1984年8月12日，ITV电视以*Unit 731—Did Emperor Know?* 向英国播放。

注61. 同注58。

注62. 同注46。

注63. Interrogation of Shiro Ishii, May 8 and 9, 1947, Fort Detrick ref.006.详细的分析请参见*Unit 731* Chapter Ⅱ Ishii Investigated Willam & Wallace.

注64. 同注58。

注65. 同注46。

注66. 太田昌克：《731免责系谱——细菌战部队和秘藏文件》，日本评论社，1999年。

注67. Interrogation of Shiro Ishii May 8 and 9, 1947.

注68. N.R. Smisth. April 18, 1947, RG331, MFB, WNA.

注69. SEF 188/2, State-War-Navy, Co-ordinating Subcommittee For Far East，August 1, 1947, RG153, MFB, WNA.

注70. 同注46。

注71. 1995年于美国波士顿。

注72. 青木富贵子：《731部队和美国战犯免责的秘密》，《新潮》2001年10月号。

注73. 《朝日新闻》2000年9月9日晚报。

注74. *Unit 731*, Chapter 10, Murray Sanders, Willam & Wallace，第125页。

注75. Interrogation of Shiro Ishii, May 8 and 9, 1947.

注76. 常石敬一编译：《目标：石井》，大月书店，1984年，第339～340页。

注77. 同注59，第176页。

注78. CnC FE to War Dept, June 7, 1947, RG153, MFB, WNA.

注79. 春名干男：《秘密文件》，共同通信社，2000年，第73～78页。

注80. 郡司阳子：《证言·731石井部队》，德间书店，1982，第226～235页。

注81.同注79，第312页。

注82. Fort Detrick ref. 013, S.E. 怀德大校等在东京对北野政次中将中的讯问笔记。

注83. 同注79，第320页。

注84. 常石敬一：《消失的细菌战部队（增补版）》，海鸣社，1989年，第46页。

注85. 同注79，第212页。

注86. 同注40，第178～179页。

注87. 同注58。

注88. 目黑正彦证言，1991年于东京。

注89. 木村亨：《石井部队长——致免除战犯的美国》，《月刊731展》第19号，1994年5月23日。

注90. 日文版由笔者翻译，于2003年由鸭川出版，书名为《731部队生物武器与美国》。

注91. Report of the International Scientific Commission for the Investigation of the Facts Concerning Bacterial Warfare in Korea and China, Peking, 1952（关于在朝鲜和中国进行细菌战的事实调查的国际科学委员会报告书，北京，1952）。

注92. 笠原四郎证言，1984年于北里大学。

注93.《日本病理学会会志第34卷》，1944年。

注94. 同注84，第147～149页。

注95. 高木一郎证言，1991年11月于春日部市。

注96. 田口新吉证言，1991年11月于春日部市。

注97. 目黑正彦证言，1991年11月于大阪。

注98. 本庄：《生物科技的危险性》。

注99. 约翰·鲍威尔，1997年赴日访问时的演讲草稿。

第二章　细菌战部队的内幕

Chapter II Unit 731

Japan's Biological Warfare Program

第一节 陆军军医学校与731部队的
产生地——背荫河

（一）背荫河的"东乡部队"：
珍贵的证人栗原义雄

接受采访时89岁高龄的栗原义雄，已经在东京郊外的老人之家居住了近20年。栗原是一个瘦高的说着轻妙的东京方言的老人。对于活过那个年代的人来讲，他是一位难能可贵的、有精神自由的人。当讲到21岁征兵检查为甲类合格，作为卫生兵被分配前，在竹桥附近的近卫步兵第一连队所接受的训练时，栗原称之为"杀人培训"；问及石井四郎是什么样的人，他直视我的双眼回答："是一个疯子"。他自由的精神在这样的回答中，体现得再明了不过了。

1995年5月，我为日本电视台采访栗原时，他说子孙完全不知道他的事，所以拒绝在节目中暴露姓名和样貌。两年后我一个人再度访问他时，他展现了心态的变化，对我说："公开也没有关系。"

在栗原所说的"杀人的基础培训"之后，1932年，他作为卫生兵被分配到新宿区户山的第一陆军病院。一年半后满期除队，他想复归学业，却因为父亲过世没能实现。那时，九一八事变已经发生，周围的年轻人接连应召入伍。栗原做好了某天也被召集入伍的心理准备。听第一陆军病院的同年兵说到陆军医院工作，"就能免除召集"，于是，栗原就

进入了同样在陆军病院所有地内，由石井四郎领头的防疫研究室。1933年，防疫研究室刚刚落成，栗原便开始与五六个同僚一同每天打扫卫生。

随后，栗原被分配在庶务科。1935年，与5个同伴一起，抱着"想见识一下没见过的地方"的想法，按要求转职到了位于哈尔滨近郊五常县背荫河、代号"东乡部队"的关东军细菌战部队。在他们之前，作为"军属"已经赴任的年轻人有70人左右，军医有10多人，在被称为"笼"的监狱的地方，被作为人体试验用的戴着铁制脚镣中国男人有50人到100人。赴任的栗原及同伴还去"留着邋遢胡须"的石井队长的房间打了招呼。在"东乡部队"，栗原最初的工作，是只给予三个"马鲁他"水和蒸馏水，做他们能活多久的耐久试验。其他的班有二三十个"马鲁他"，没什么机会变得亲近。因为只负责三个人，"不论如何都会移情在他们身上"，栗原伤心地说。据说当时"马鲁他"穿着被抓来时候的衣服，胸前佩戴着胸牌。

　　那时候运气不好，有个名叫左光亚的医生，那家伙居然不是盗匪，是个医生。我真不愿意让他们死。结果他们衰弱下去，在第四五天的时候就死了。因为什么也不让他们吃，只给喝水啊。

栗原在那之后调任马鼻疽、脾脱疽（炭疽病）班，作为军医的助手监视从监狱拖拽出来即将接受注射的"马鲁

他"，或是做分配馒头和肉汤等食物的工作。他说，夜班时，"马鲁他"的脚镣在他们走动时锒铛作响，很可怕。

（二）"马鲁他"的逃跑：周边村民的证言

栗原对于戴着脚镣的"马鲁他"逃跑的时间记得很清楚。他轻声说，那天值夜班被杀死的两个人之一的大冢"是个好人"，并告诉我"是用像铁锹那样的东西打死的，血溅得到处都是。逃跑的我想有10人左右，第二天早

栗原绘制的二人用"笼"简图

晨我们也被派出门去找了，但是一个人也没找到。"

在当时周边的住户里，有一位老人证言说，他曾经将一伙人的脚镣打开，他们自称是抗日地下工作者，从被称为中马城的、令人畏惧的"东乡部队"逃出来。寻找出这位证人的，是731部队罪证陈列馆的首任馆长韩晓。在中国长大，并有八路军从军经验的山边悠喜子，自1993年9月以来两次访问了背荫河镇富有村，进行询问调查。在从据称是"东乡部队"所在地遗址的地点，向西步行能够到达的距离内，有一个村落，名为程家岗。1993年，当时84岁、腰板挺得笔直的吴泽民老人对着山边等人，回忆起60年前的那个晚上。

　　程家岗当时只有十几户人家。我清楚地记得和哥哥两个人，把那天夜里逃来人的脚镣拆下来的事。那应该是有了中马城以后二到三年之后的事。应该是6月份，高粱已经长到有一尺高了。半夜听到外边有哗啦哗啦的铁链子磨到一起的声音。以为是匪，正跟哥哥一起拿了枪，听到有人压着声说："我们是从中马城逃来的。求你把我们的脚镣卸下来。"往外看，有衣服破破烂烂的汉子30人左右。"我们是抗日地下工作者，被抓到中马城。好几个人被放干了血死了。我们是撞大运，好容易闯出来的。"大哥听了这些话，就让我带上了斧子，把他们带到家后面的土坑里，在这个坑里把他们的脚镣砸碎了。没办法把所有的都拆下来，有几个只把铁链砸断了。他们讲："谢谢你

们！真是救命恩人啊。要是我活下来了，这份恩我一定报！"说着就往东面山里跑了。第二天听说中马城遭到爆破，村子里到处都在讲这个事。拆下来的脚镣埋在了家后院柳树下。（注1）

另一个证人付连权老人在1992年过世，生前住在背荫河镇富有村新发屯。付老在生前曾经证言："1934年中秋节那天，我帮着从日军的细菌工厂越狱出来的抗日英雄拆了他们的脚镣。怕被发现，拆下来的脚镣扔在井里。后来，埋了那口井。"从时间上来讲，这段证词与从高粱耕作情况、和田里的高粱的高度来判断断定在6月份的吴老的证言是相矛盾的。

此外，通过附近居住的刘连芳老婆婆说过的"越狱发生了好几回"来判断，或许从背荫河"东乡部队"越狱的事件发生过不止一回。山边等人调查发现了付老将拆下的脚镣投入的古井，位于新发屯村中间位置的李宪章家旁边菜园的一角。与纳粹的强制收容所不同，由日军作为实验动物囚禁的人们，至今没有出现活着的证人。

不知是否从这样的越狱事件中得到了教训，1938年，搬迁到哈尔滨郊外新设平房的细菌战部队（731部队），将被称为吕号栋关押"马鲁他"之地，建成了仿佛不允许抱有一丝越狱希望的防守严密的监狱。山边等人真切地希望挖掘脚镣出土，同时在屯的正中央让那口井复活，作为日本政府没有正式承认并无视国际法，进而研制细菌武器和使用战俘

做人体实验的证据。其实，这口井只是想在65年后的今天证明，当时明知道帮助这些囚徒逃跑，被日军和宪兵队探知后会是什么结果的农民的勇气。

依据栗原的想法，逃跑事件，并不是"东乡部队"移到平房的契机。由于背荫河的设备既狭小又不完全，而从进行细菌战研究的必要性出发，（移驻平房方案，译者注）立刻得到了陆军省及参谋本部认可，获得了庞大的预算。因此后来形成了大规模的细菌战部队。

第二节　视石井部队长为再生父母的少年队第一期毕业生　镰田信雄的证言

（一）最初的少年队人员搜索

1937年，镰田信雄15岁时，瞒着父母，拿着柜子里的钱，报名参加了胜冈的少年航空兵募集考试。在县工会堂的考场上，被负责身体检查的增田美保药剂大尉以及降旗武臣军医中尉看中，他们邀请道："不管是飞机还是什么都让你坐，跟着我们一起来吧。"东京来的这两个人，是细菌战部队的核心将校。不久，镰田收到通知，降旗军医中尉亲自到一关迎接他。

镰田就这样寄宿到了东京新宿户山町的陆军军医学校，并服役于石井四郎军医的防疫研究室，同年6月至10月，镰田进行了基础性与一般性防疫规则学习。后来被称

为"梦幻的少年队"的十几个同僚都没到20岁，但比镰田年长。幼小的镰田那时完全认识不到自己为了什么在做什么。

（二）在部队的厕所与石井四郎相遇

在防疫研究室，镰田同石井四郎只遇见了一次，接受了他"你要好好学习"的训话。与后来在东北遇见的胡子乱七八糟、让人感到难以接近的石井相比，那时的石井给镰田留下胡子剃得干干净净，很有男人味的印象。

同年10月，镰田等人从新潟坐船出港，经由朝鲜罗南，到达哈尔滨。乘船的有120人左右，一同到达哈尔滨的约有20人。平房的部队还在建设中，镰田等人被安排在哈尔滨市吉林街5号的特务机关的二楼。最初的三个月，镰田等人每天乘车赴距离30分钟左右车程的石井部队南栋。南栋也被称为给水部，在那里主要学习石井式滤水器的使用。1938年7月下旬，731部队移驻到了新建设的平房基地。至此，还没有什么事直接联系到细菌战上。但在这以后，他听说在哈尔滨这个南栋里，除实验动物以外，也关押着人体试验用的"马鲁他"。

少年队在平房被分为各班。刚刚从寻常小学校毕业出来的仅有15岁的少年镰田，不久之后出于极其偶然的原因被石井队长看中，并受到特殊关照。那是一天夜里，刚过9点的事。到了厕所，打开了门，里面有人大喊："喂！谁啊？"回答说："我是镰田。"那个人就说："过来！"所

以镰田就过去，看到了石井队长。队长一边用厕一边说："军人敕谕对你来说也许太早吧，军人五条记住了没，背给我听！"然后命令镰田到副官太田澄那里取来"便所纸"。太田副官把纸拿给了镰田。接着，在厕所等着的石井夸了镰田，"拿来了？真乖"，并许下约定说，不论镰田想学什么，都由着他学，还激励了他，说要努力。

镰田在两年两个月的时间内，上午学习一般学科，下午在研究室做实务。此外，他还得到个人授课这样的机会，并收到了化学武器经手员的任命书。在一般军人月工资只有8日元的年代，镰田自打在平房从事实务以来，月工资有12日元之多。镰田说，正是同石井队长在厕所的相遇，才有了今天的自己。

后来，镰田被分配到进行鼠疫菌研究的高桥班，甚至还从京都大学出身的病理学者石川太刀雄丸那里，接受了包含活体解剖的手把手的指导。

1940年，在长春流行鼠疫时，镰田被作为防疫班的一分子派遣到当地。仅有一次，他在郊外宽城子设置的马疫研究所进行老鼠是否携有鼠疫菌调查。将从周边收集来的老鼠的腹部剖开，他说，在这个时候他染上了鼠疫。防护措施只有胶皮手套，事实上那些老鼠里，确实有患鼠疫的老鼠。镰田成了昏迷不醒的重患者，好不容易脱离生命危险，被送返日本。此后，就再也没有回到细菌战部队。

第三节 活体解剖和人体试验的少年辅助要员 筱塚良雄的证言

（一）对秘密的全部进行证明的原少年兵

筱塚良雄，出生于石井四郎的乡里，千叶县。1939年春，筱塚满15岁，受实业学校前辈推荐，志愿参加"石井部队"。在形式上的考试合格后，从1939年4月1日起，在新宿户山的陆军军医学校内的防疫研究室接受了教育。教育的内容是石井式滤水器过滤管监测试验的参观学习，以及寒天培养基的做法，还学习了中文。那时筱塚初次遇见了当时还是大佐的蓄着髭须的石井四郎。那时石井说："只要你们少年队员肯学习，我就送你们上大学。"

被称为后期少年队的筱塚等29人在一个多月后，赴哈尔滨郊外平房的秘密细菌战基地——731部队。年幼的他们，作为忠实而熟练的细菌战部队的使役要员接受了教育。他们接受了防疫给水的任务、消毒法、灭菌法、人体构造学、血清学、细菌学等的讲座，但随后就被没收了教材，连记笔记都不被允许。

学习毒物的管理时，他们将砒霜等注射到兔子体内，被要求凝视兔子痉挛直到死去的样子。如有不觉闭上了眼睛的，就要挨鞭子。这样以使他们习惯于直视死亡，成了不会动摇于活体解剖及人体实验的辅助要员。此外，以用死菌会使注意力下降为由，在涉及细菌的实习时一向使用活菌。

保密教育十分彻底。他们首先从部队附属的宪兵处，接受了军机保护法和陆军刑法的教育。他们被告知："此处被指定为特别军事地域，日军的飞机也不允许飞过上空。""勿看，勿闻，勿言，是这支部队的铁则。""从这里逃跑与'敌前逃亡'同样，要接受处决。"

就这样，筱塚的工作开始与731部队细菌武器的开发、制造、细菌战的实战三个任务，全部直接、间接相关。借他的话，那是"接连不断的残虐行为"。

在731部队度过了约4年生活的筱塚，即将到兵役年龄，归国后，又于1943年再度被征召来到中国东北。筱塚被送进了关东军54师团山形联队，在日本战败时已经成了125师团的军医部兵长。日本战败后翌年，收到国民党资金的筱塚所在部队，对苏联撤退后进军的八路军进行了迎击（通化事件），失败后，筱塚被捕。原日军参谋藤田实德自杀，兵士被释放。

其后，筱塚应邀加入中国人民解放军。在中国人民解放军中，筱塚的工作依旧是利用在731部队获得的卫生、医学相关知识。然而，731部队的残暴行为和日军所犯下的累累罪行，在中国广为人知。筱塚一直隐藏着自己是原731部队队员这件事，与在日本的家族也没有进行任何联络。

1952年，筱塚作为原731部队队员被中国政府逮捕，作为战争罪人被送往辽宁省抚顺战犯管理所。与筱塚关在一起的有经历了5年极寒的西伯利亚拘留后，经由苏联当局，与伪满洲国皇帝溥仪一同引渡给了新中国的日本战犯

千余人。

相对于将军国主义下的斯巴达式教育付诸实践的日军，中国共产党实践了被关押人员不敢想象的宽容主义。中国共产党给了战犯们温暖清洁的住处和衣物，还有充分的食物。他们没有强加一切劳役，还给予了战犯们直面内心，进行学习、思想改造的时间，给战犯们纸、笔、书和资料，敦促他们记下自己对于日本军国主义思想的批判和针对历史的反省。

筱塚说："审视自己像鬼一样，反复施行残暴行为的事实，自觉、深化反省的过程，难以用语言形容的痛苦。"那时，筱塚初次直面了因为731部队被害身亡的受害者的苦痛。失而复得人心的筱塚同其他日本战犯一样，在抚顺战犯管理所详细供述了自己犯下的种种战争犯罪行为，作为自己的亲笔供词上交了。

2000年11月15日，筱塚作为加害的证人，站在了中国6个地区的细菌战受害者180人（两次诉讼，1997年8月为108人；1999年12月为72人，译者注）请求日本国家赔偿诉讼的法庭上。该诉讼是1997年在东京地方裁判法庭发起的。在此以前，与向裁判所上交的陈述书一同，提出了当时用在抚顺改名前的姓名田村良雄写出的自己罪行的坦白书。

筱塚的坦白书分为细菌战相关的罪行和日军在中国及其他占领地犯下的众多相同种类的残暴行为。

（二）最初的细菌战——诺门坎事件

筱塚等少年队队员到达哈尔滨的1939年（昭和十四年）5月，诺门坎事件发生。6月，筱塚在资材部山口班进行着在用于榴霰弹的铁片上制造出X形的凹槽，并在凹槽中涂布止锈液的工作。山口班主要负责制造用于实战的细菌弹及散布器，后来，筱塚听说这些榴霰弹在诺门坎事件得到实际应用。自7月末起，平房的部队变得繁忙，在部队到处都能够看见穿着军装的人。部队开始大量生产细菌，少年队也被动员起来。少年队担任着植菌作业，并负责将菌株运往培地班等工作。

此外，筱塚还做过将稀释的菌液灌装到煤油桶中，再将桶盖密封，装入木箱，运往前线基地的工作。领队为下士官，实际搬运由少年队完成。从哈尔滨到海拉尔坐夜行火车，从海拉尔站通过卡车走到了叫将军庙的地方。在那里，将物品交给由石井部队派遣来的挺进队的难波准尉。完成后，筱塚他们很快踏上了归路，但能驾车的两人由于参加实施作战的部队，被留在了那里。后来听说，出于污染敌人饮用水的目的，装在煤油桶里的菌液倒在了河上游。（注2）

调查记录发现，日军在诺门坎战役中死伤惨重、被俘众多，战争惨败。但是，筱塚等人因将细菌搬运到前线的功绩获得了从军徽章和奖金。

诺门坎战役是缺乏现场确认与实际经验的事实，仅凭

自负和纸上的经验进行指挥，并在众多场面招致日军溃败的作战参谋辻正信指挥的又一场失败的战役。被俘的将校归队后被迫自杀，伤病者遭到隔离，在宪兵监视下监禁在医院里。侥幸生还的将士收到了严格的缄口令，并被送往了偏僻地区。这是一场日本陆军欲将之从记录中永远抹去的惨败。与这个事实正相反，石井部队却受到了嘉奖。不过，从大本营得到公开，在新闻上得到报道，已经是翌年5月份的事了。

虽然，在诺门坎惨败的1939年对于日本陆军来说是屈辱之年，但对于石井细菌战部队却是飞跃之年。在这一年，由于天皇的敕命，石井部队得到了再编和强化。那也是因为在诺门坎战役中表面是执行净水给水，在暗地里由挺进队执行的细菌战任务而得到了一定评价。这个作战得到了在实战中也能够施行的判断（注3）。诺门坎事件对于石井部队，是利用从自己亲手撒下的细菌保护友军这样自导自演的勇武传说，使得防疫给水部队的存在价值得到关注的机遇。同时，也是在反省败得一塌糊涂的关东军的机械化、迟缓的思潮中，彰显作为新武器的细菌武器的价值，并使其把握了再编、强化契机的绝好舞台。

（三）搬运鼠疫杆菌的活武器——跳蚤的繁殖

1940年（昭和十五年）5月，少年队几乎所有人都被动员到了第二部的田中班（昆虫班），从事跳蚤的繁殖工作。

跳蚤的饲养在被称为吕号栋的坚固建筑的三楼暗室进行。出于种种理由，着眼于鼠疫菌作为更加有效的细菌武器的石井，在鼠疫的媒介动物跳蚤上倾注了大量精力。石井同时饲养鼠类，因为鼠类的鲜活血液是增殖跳蚤的饵料，鼠类也是运载跳蚤的活着的武器。

暗室排列着同煤油桶同样大小的罐子。在罐中投入带壳的小麦，后放入了关在笼子里的黑色老鼠……湿度超过了70%，室温超过了40℃。暗室作业虽然里面什么也不穿，只套着一件白大褂，但因为臭气和热度，室内作业至多只能坚持三四十分钟。我们对罐中的老鼠有没有死亡进行确认，如果死了就拿来活的老鼠与之交换。

那年的8月末，在同一个暗室里，我们将跳蚤从小麦中分离出来。向大人进去容得下的很大的陶瓷材质的浴槽中倒入小麦和跳蚤。浴槽底部有孔穴，那里放着玻璃制的液量器。我们时而用棒子搅拌，时而用吹风机送风。这样，跳蚤呈团状，逐渐在液量器里积攒起来。（注4）

关于鼠疫杆菌同跳蚤的关系，原林口支部的伍长小幡石男在我的电话采访中做了如下说明。

距今53年前，据说跳蚤有17种。因为必须繁殖抵抗力强的跳蚤，所以我们从中选了最强的印度鼠蚤。即使不进行任何营养补给，这种跳蚤也能存活44天左

右。关键在于如何在短时间内大量生产这种跳蚤。将这种跳蚤毒化，指的就是种下鼠疫杆菌的事。在这个作业过程染病死亡的人也有。

最初，用金属制的像普通炸弹一样的东西做了武器的尝试。这种武器击中、爆炸以后发出高温，跳蚤死亡的概率非常高。经过各种改良，最终采用了石井发明的石井式净水器使用的硅藻土，做了陶器制的炸弹。是那种能够过滤细菌的硅藻土。这种材料经过投下后破裂，能把跳蚤散布出去。

但是，我最终制造的是硬铝合金的容器。将毒化的跳蚤投入其中，从飞机上以低空飞行的状态投下，风压能导致小门打开，不论是第一线，还是后方部队，又或是一般居民所在，都能够散布。

跳蚤这种生物，如你所知，喜好阴暗又潮湿的地方。还有就是它会飞。我们的目标是，不论是军队还是居民，哪怕仅有一只跳蚤咬上去就好。被咬之后，大概两到四个小时就能发病。

当时针对鼠疫的消毒法，除了焚烧再无其他方法。不论是衣物还是尸体，都只能烧。但是鼠疫既能接触传染，也能飞沫传染，也就是说防不胜防。进而，可以说这种方式用来打倒敌人既省力又迅速，还可以大范围进行。（注5）

（四）细菌的大量生产

筱塚最初所属的少年队于1941年（昭和十六年）7月，以出席关东军特别大演习为机解散，留在部队的人被分配到各班。这个时期关东军意图攻打苏联，在东北集结了70万兵力。同时期内，以731细菌战部队为本部，在中苏边境线的牡丹江、林口、孙吴、海拉尔4处，以防疫给水部为名目建立支部。这些部署与已经设立完毕的北京的"华北防疫给水部"、南京的"华中防疫给水部"、广东的"华南防疫给水部"一同，意图针对苏联和中国强化细菌战的攻击网。

在这一时期，筱塚被分配到了731部队第四部第一课柄泽班。柄泽班的主要任务是细菌的大量生产。柄泽班班长是柄泽十三夫军医少佐，战败时被苏军俘获，是1949年在伯力审判时被审判的12名"参与准备和使用细菌武器的日军士兵"之一。

根据伯力审判《公判记录》（注6），柄泽对下列罪行具体坦率地进行了供述：（1）731部队的主要任务是细菌战的积极准备；（2）使用活体人类进行实验，以研究最为有效的细菌武器以及增强杀人能力；（3）在中国将量产的细菌投入实际使用，等等。他被宣判监禁20年，但在获准归国的1956年11月上吊自杀。

筱塚在柄泽班就职期间，被任命为"化学武器管理者"，每月能领到25日元的危险补助。至1943年为止的3年间，筱塚一直从事着细菌的量产这样令人汗毛倒竖的工作。

细菌的大量生产使用了石井式培养罐，在吕号栋的一楼进行。我参加了伤寒菌、副伤寒菌、痢疾菌、霍乱菌、鼠疫菌、炭疽菌的大量生产。将部队的设备全部动员起来，能够操作1000罐石井式培养罐。将培养时间算在内，全程约需30小时，能够生产10千克以上的庞大数量的病原菌。

在培养基上经过大量生产的病原菌几乎全部都有着透明感，十分漂亮。鼠疫杆菌像纳豆一样，能够拉丝。痢疾菌发出的臭味像是放久了的黄瓜。将疟疾菌刮取下来的时候有干燥的摩擦感。只有炭疽菌稍显浑浊。

操作过程是十分危险的。操作后必须进入甲酚池里泡一下。然而，不习惯于流程的人会感染细菌。染病身亡的队员也不在少数。

（五）"马鲁他"的人体实验与活体解剖

筱塚知道，在那个因为形状像是片假名的"ロ"而被称为吕号栋的731部队坚固的监狱建筑里，监禁着被用作实验材料的人，被称为"马鲁他"，是筱塚作为少年队队员入队后不久的事。1939年6月的某夜，筱塚因为车的灯光和声音被惊起，听到内务班班长说："不要出门，不准进入走廊，正在搬运'马鲁他'呢。"

有一天，筱塚被叫去在此前不允许进入的吕号栋的屋顶做体操。那时他探头探脑地看，也没有挨骂。从屋顶上能看见吕号栋的中庭有人。每次在吕号栋楼上做体操，都能看见带着孩子的苏联女性，或者是用绳子连着脚镣的中国人。这个吕号栋内部的七栋和八栋，是日本宪兵以及特务机关将作为"特移（特别运输）"带到731部队的专门监禁中国人的场所，他们在人体实验后被虐杀。

筱塚证言的柄泽班最为骇人听闻的罪行，是以试验疫苗的抗病防御力和柄泽班所制作的鼠疫菌的毒力测验为目的，对5名八路军战俘进行的人体实验，以及试验后的活体解剖。

那是1942年10月中旬。在实验的第一天对囚禁于特别班的五名中国爱国军人进行了采血，测定了免疫值。翌日，将四种鼠疫疫苗分别注射给了其中4个人。用作比较的对照者一名不予注射。

我们使用的疫苗是731部队开发的包膜疫苗和外国产的疫苗。一周后，再次进行了预防接种。在实验开始的一个月后我们将进行了菌数计算的鼠疫杆菌菌液1cc注射给了这五个人。这次注射导致这五名被实验者罹患重症鼠疫。

最初遭到活体解剖的是没注射疫苗的那个人。那是个给人头脑明晰印象的、带着知识分子气质的人。随着鼠疫的发展，那个人的脸和身体真的变成了黑

色。我明白了鼠疫被称为黑死病的原因。那个男人瞪视我的时候，我什么也做不到，只得低下头。

这名男性还有气息的时候，就赤裸着，被特别班用担架运来放在解剖台上。班里附属的军医命令我将解剖台上这名男子的身体洗干净。我从胶皮管里放出水来，用甲板刷清洗了这个人的身体。因为是第一次跟随解剖，所以我手忙脚乱的。我还记得他们叫我把那人的脸也洗了，但是我那时对用甲板刷刷人的脸的事，心理上怀着强烈的抗拒感。拿着解剖刀的课长对我说"给我快点"，所以我闭着眼睛，刷洗了那个人的脸。

军医将听诊器贴在这个人的胸前听了他的心跳。听诊器一离开那人的胸前，解剖就开始了。我依照命令，将那人被切了口子的脏器放在容器里，或是在准备好的培养基上涂抹。这样，在不足两个月的时间内，我们杀害了那5个人。第三个人的活体解剖结束后，班长对我说："连你也终于向独当一面迈步啦。"

活体解剖同时在几个班进行。夜深在宿舍的浴室里遇见其他班的人，他们经常在进行"今天你们那儿打倒了几根？""我这儿是两根"这样的对话。活体解剖中被害人的尸体，则在有着高高烟囱的焚烧炉里烧得连灰都不剩。（注7）

与筱塚同乡、同期的须藤良雄在鼠疫菌的大量生产工作中感染了鼠疫。他是筱塚作为少年队队员，从千叶一同

来到平房的好友。那时筱塚以为，须藤正住院接受治疗。然而，实际上他同囚徒一样，被收容在"特别班"，排序等待解剖。谈起全身赤裸着上了解剖台，一边喊着"救救我"，一边被活着解剖了的友人，筱塚的话突然变少了。筱塚嗫嚅道，战后须藤的姐姐曾经来看望他，但他怎么也没能说出事实。

据筱塚所说，鼠疫感染者进行活体解剖的最佳时机是在"死亡瞬间"。因为是为了确认在活体上发生什么样的病变的解剖，在死后进行就没有意义了。然而，如果进行得太早，解剖刀入刀的瞬间血液大量喷溅，很容易导致实施解剖者淋到大量遭到鼠疫菌污染的血液。那可是731部队经历数次研究开发的强化毒性的特制的鼠疫菌。因而，解剖也是赌上性命的行为。筱塚所说"军医用听诊器听那人的心跳，听诊器一离开那人的胸前，解剖就开始了"这句证词的意义，就在于此。

（六）日军的战争罪——包含强奸在内

筱塚在1954年提交给中国政府的坦白书内的爆炸性内容不止于此。他在作为细菌战部队的少年兵任职的4年期间和作为现役军人再度在东北期间，犯下了对一般居民的残暴行为。这一件一件的事，在记录中详细地供述都像是筱塚在惩罚自己一般。虽然这些事实的残暴令人难以将它们与今日沉稳的筱塚联系在一起，但让我们不禁联想，如

果连筱塚这样小块头、不起眼的年轻人都是这样，那么以权力与武力为傲的上级会是什么样子。

众多受害者的证言使得我们确信，筱塚所说绝不夸张。我们不得不想到那些没有得到证言的机会就被残杀的无数生命。批判筱塚的反思为"自虐"，那么，我们就是在批判犯罪的自白与反省。从受害者的立场来讲，这是一种任性的、错误的、令人愤怒的想法。

一直以来，筱塚对于在细菌战部队的残暴行为进行了积极的证言。但理所当然地，他对于其他的暴行缄口不言。不难想象，即便是已经77岁的今天，作为勇敢的内部告发者而备受尊敬，公开承认包含强奸在内的年轻时的罪行，对筱塚老人来讲也是相当令人痛苦的事。

筱塚在供述中，与肇事逃逸事件、使用中国精神病人的腰椎穿刺的练习、为军事演习切断18岁的痴呆症患者的双腿的事件、拷问、殴打、酷刑等一同，进行三起强奸案的陈述，三起都是他成为现役军人以后的事。

（1）我1943年12月初旬，在伪满奉天市富士町伪满洲医科大学精神神经科科室，强奸了该科轻症病室住院治疗（癔病病名下）的22岁中国妇女马某（时为伪满洲医科大学精神神经科技术员）。

（2）我在伪满奉天大西街奉天同善堂病院，强奸了同院病理实验室19岁的中国妇女季某（时为伪满奉天同善堂病院技术员）。

（3）我在1945年8月初旬，在伪通化省通化市
胜利街，强奸了居住在伪通化市的在旧关东军125师
团受奴役的中国人王某的妹妹，她是23岁的中国妇女
（时为关东军125师团军医部兵长）。（注8）

日军士兵在战中因为满期除队等原因归乡时，将其作
为对后辈和同辈吹嘘的材料这种事经常听到，但是战后强奸
加害者进行主动证言的事，除去中归联（中国归还者联络
会）的成员，极为少见。筱塚所说证言中，除了第三条以
外，都是在作为医院技术人员任职之同时，袭击了患者或是
在实验室工作的中国女性。

2000年12月，召开了将二战期间日军从军慰安妇制度作
为性奴隶制度进行审判的女性国际战犯法庭。法庭第三天，
两名原日军士兵作为在中国强奸罪加害的证人站上了法庭。

铃木良雄是从南京大屠杀60周年的集会（1997年）
起，以一种对我们来说非常唐突的形式，开始在公众面前
公开强奸、杀人证言的人。虽说他是中归联的成员，我仍
然想向他的勇气致敬。铃木依据自身经验确言："在中
国服役的日军将士里，没有实施性暴力的人一个也不存
在。"

另一个证人金子安次，我对他的认识是，他是使用毒
气弹的证人。我十分想知道是什么让他做了如此需要勇气
的证言。于是，在女性国际战犯法庭后去见了他。金子对
于杀人的证言想要采访多少都会说，但到了强奸的话题，

他说，他想到他的妻子和女儿，很难讲起具体的事实。

> 即使在抚顺，关于强奸的事我也没有提及很深。像是强奸这样（战犯）管理所一方没有证据的问题他们没有追究，所以想要不说是很容易的事。当然，那时作为人的良心开始恢复了，所以我在某种程度上坦白了，但是那也只有"我犯下了强奸"这样的内容，并没有写具体信息。当曾经是"慰安妇"的人报上姓名，这个问题也浮到表面的时候，我开始想，我必须说出来了。在那之后，有一点也不知道战争真实情况的人，对于慰安妇问题开始胡说、说谎，我就想，真相不说出来哪行。战友会那群人紧闭着嘴什么都不肯说不是吗？毕竟他们年龄大了，这里面还有面子的问题。然而事实就是事实，必须说出来。这件事只有去参加战争的我们才能做到，是我们的责任。只要我活着，就接着说原原本本的事实。（注9）

我恳求他，就算是为了被杀害的中国女性们，为了某天能把这些证言留在记录上，希望他能够做证言。我不松口，请求他告诉我，一个士兵强奸了几名女性，这样大致的数量。

> 战争中有"生吧，增加吧"这样的口号。生出来的，只要是男性，就能做劳动力，就能做战斗力了。生下的只要是女性，就能生孩子，能再生产。所以那

时候国家要求女人必须不断地生孩子，生了10个以上的政府还给表彰。

上了战场，这个方针就变了，说中国女人要多多地杀，她们能生孩子所以要多多地杀，孩子大了就要反抗我们所以要多多地杀，变成这样了。所以我们觉着，强奸中国女人是理所当然，没什么大不了的，当时是这样想的。当时在陆军刑法里，对强奸判处四年到七年的刑，放着法律不管我们还是这样做了，其实那时是将中国人看作劣等人了。

日军的小队长、中队长因为关乎自己的成绩，就算部下强奸了妇女，有对方不过是卑贱的"清国奴"（注10）这样的心理，就睁只眼闭只眼了。所以在我所知的范围内，因为强奸受到陆军刑法处罚的士兵一个也没有。那时多数情况与其说是强奸，不如说是轮奸，五六个人强奸一个女性。

我们那时队里最大的是五年兵，一二年兵基本上不强奸。那是因为他们这么做就会挨打。他们连慰安所都不让去。或许3年兵还能偷偷摸摸来几次。但是四五年兵就一副了不起的样子搞这事。去了慰安所，还得花上1日元50钱不是？强奸可是免费的。就算是上等兵，每月才只有10日元多一丁点儿而已呀。3日元50钱到5日元是预扣存款，所以到了手头顶多只有5日元左右。买烟草或者是甜食，买着买着就不剩了。所以有强奸。

不听话的女人基本上都杀了。四个人左右把手脚压住，往那个地方塞上棉花，浇上汽油，然后点上火烧死。带着一半好玩，做了这样的事。

关于数目，没有数过。这也不是一次两次的问题了。也不是10次或者20次，而是更多。那时还年轻，二十二三岁，多说也就二十五六岁吧？每天基本上行军20公里，那时连这样的事都还能做到。

军队是有作战计划的吧？在一个月的时间里能宽松休息的，只有不到一周的时间。在这之外的时间都在行动之中。夜袭的时候监视严格，不做那事，其他的日子几乎每天都有。夜里基本上都进行部落扫荡。这时一年兵、二年兵筹备食粮，或者是确保当晚睡觉的地方。四五年兵就去找女人。没人制止。中国的女人都缠足，想跑也跑不得。她们走路只能小步小步小心地走。进入部落，多数情况下女子都聚成一团藏在某处。我们从这些地方找出女人，然后做事。所以说一年有100人也不为过。两年就有200个女人，都是不一样的人。

在女性国际战犯法庭判决中，主审官加布埃尔·柯克·麦克唐纳（Gabriel Kirk Macdonald）女士曾经说，当她听说了曾被迫做慰安妇的女性们的证言，不得不思考"人对人能做出这样残忍的事吗"。细菌武器的开发、实验、实战，也是在这样的战争的疯狂日常中展开的。

我不得不反思，今天对关于被害者的记忆不断风化，加害者、杀人者们过着安稳的生活有悖常理。家族遭到日军的虐杀，或是受到暴行的抚顺战犯管理所的工作人员，在其记忆仍然清晰的当时，遵照所里的命令，对日本战犯"不骂，不打，尊重人权"。在此，我向在长达6年的忍耐和宽容政策的指导下，对约1000人的军国主义"鬼子"们给予原谅和治愈的宽大的中国之心脱帽致敬。

第四节　原731部队飞行员　松本正一的证言

（一）细菌战部队的航空班

松本出生在埼玉县的一个农民家庭。帮学校做事换来了接受中学教育的机会，在19岁时进入了仙台的陆军飞行学校。在用练习机进行8个月的训练后，在熊谷飞行学校接受了半年时间的战斗机的实用训练。

正常情况下，松本的命运像多数同期生一样，是在战争结束前"玉碎"。但是，在同样接受了飞行员训练并加入731部队的平泽正欣军医中尉（后成为少佐）的推荐下，与铃木、樱永两名同期生一起，作为731部队的从军工作人员参加了工作。从此时到7年后他26岁时战争结束为止，一直担任731部队航空班的飞行员。他的工资是当时其他20岁上下的年轻人工资的两倍。在航空班，除了石井四郎的亲戚增田美保药剂将校（同时是班长），只有获

身着航空服的松本正一（松本影集）

原周夫一个驾驶员。

赴任731部队的3名年轻人属于从军人员，因此实际战斗时就算驾驶飞机到达指定地点，也不会直接经手细菌弹的空投。据他说，只有一次在安达实验场上空向被称为"马鲁他"的，被夺去人身自由的囚徒投下装满肠伤寒菌的陶制炸弹（宇治式炸弹），但没有看清地面的情况。

包含投下原子弹炸弹的美军飞行员在内，飞行员的罪恶意识薄弱，这是因为他们不必要也不容易看见投下炸弹

后地面的惨状，难以形成犯罪的直接感受。从这个角度来讲，能够平静地将自己所知道的事全部讲出来的松本很是难得。虽然松本的身体因为高龄相当虚弱，但在1998年8月收到细菌战受害者的国家赔偿裁判辩护团邀请后，坚持出发去平房的731部队遗址进行了参观。曾经是少年队队员的筱塚良雄也同行参加。当时在囚禁"马鲁他"的特殊监狱遗址拍摄到两个人的照片十分耐人寻味。其中在深深低头、瞑目、双手合十的筱塚身边，松本虽然撑着腰，低下头，但是表情中多少有些困惑。

据松本说，在东北地区的细菌战部队中，只有731部队有飞机。也就是说，731部队作为细菌武器研究、开发的总部的同时，也是实战部队。平房的航空班所有的机型有八八式二型（双人侦察轰炸机）、九一式（单人战斗机）、九四式（侦察机）、九七式轻型轰炸机以及用来运输的重型轰炸机等。

航空班平日里除了利用飞机的细菌作战试验以及实战之外，还有其他任务就是从日本本土运输老鼠。在埼玉县的春日部，有超过一万户的农家作为副业饲养鼠类。运输目的地除哈尔滨之外，还有新加坡和爪哇。

娶了石井队长侄女为妻的增田少佐受到石井的信任，为石井驾驶他的专用飞机。当航空班班长、细菌战实战飞行员增田少佐离不开平房时，松本也曾经代替增田少佐驾驶飞机载石井队长飞赴东京。松本说，这时石井的飞机常降落在立川的机场。每次赴东京，石井大约会住两晚，然

后回东北。

（二）实战部队出动 "杭州作战"

或是不处在作战的核心，又或是没有被告知作战的详细内容，致使虽然松本强调"多次"参加了作战，但关于场所和时期，松本的记忆模糊不清。似乎在实战中驾驶飞机的，从头到尾只有增田少佐和平田少佐。然而，关于实战时的队列我有幸得到了松本的详细叙述。

用重型轰炸机作运输机输送人员和器材，以及使用九七式轻型轰炸机空投炸弹之外，还通过陆路输送了器械和兵力。为散布带鼠疫的跳蚤，在轻型轰炸机的机翼下装上了细长的笼子状的容器。这种容器内部分成五个舱室，由细菌武器的山口班负责人装填跳蚤与麸等谷类的混合物。当飞行员在空投地点的上空扳动空投用的扳机，这种容器的头部和尾部安装的带电磁石的门就会打开，在自然风压作用下，内容物就被吹散。从下方观察就像是吹着烟雾一样，这一点同受害地的目击证言是一致的。

在称为"雨下"的方法中使用重型轰炸机。在前端将带有压榨机的近四米的四根筒状物里装满细菌的培养液，搭载在重型轰炸机上。在空袭地点上空，重型轰炸机机身的一部分打开，这个筒状物伸出机外，释放压缩空气使得筒内液体一起出来。在一次增田大佐飞行时，压缩空气在机内爆开，一整筒的培养液喷在了飞机内部。机上搭载的3个人吸

入了舱内空气，患上了肠伤寒。其中，一个叫铃木、与松本同期的飞行员住院，最后因这次事故不治身亡。

战后，松本代替体弱的双亲从事农业，再没有乘上飞机。

生于1920年的松本，2001年时已81岁高龄。5年前还出席航空班的战友会"波空会"，但不久由于会议失去担任干事的人员，例会也停止了。松本上电视节目进行证言后，"房友会"的干部曾经访问松本的住处，要求他不要再讲起部队的秘密。松本在此之后依然同此前一样，淡淡地进行着证言。2000年11月15日，松本接受邀请，在细菌战的中国被害者的国家赔偿请求诉讼上，作为原告证人站上了法庭，对731部队的航空班及其实战进行了详细的证言。

第五节　以"特别移送"名义在细菌战部队进行的死刑　三尾丰的证言

（一）逮捕抗日"间谍"的大连黑石礁事件

1939年，"新京"的关东军宪兵队对支援中国军民抗日抵抗运动和抗日活动的"苏联间谍"十分头痛。作为对策，日本人在"新京"设置了"科学防谍班"，旨在扫清间谍和反满抗日分子。

1943年，"科学防谍班"拦截到了从大连市星浦海水浴场附近黑石礁的村落中发出的可疑电波，并确认了其发

信源来自"兴亚照相馆"。10月10日，60余人包围了兴亚照相馆，逮捕了电报员沈得龙及其妻子、摄影技师等三名同住人员。沈得龙是一名朝鲜族青年，沈的父亲厌恶日本吞并朝鲜而移居，在移居地病死；母亲被日军杀害。因而沈得龙对日本抱有深深的仇恨，继而参加了金日成的朝鲜独立抗日义勇军，也加入了中国共产党。其后，在莫斯科接受了为期两年的谍报活动训练，学习了无线电、俄语、《资本论》、摄影技术等内容，并接受了苏军参谋本部在大连建立情报组织的命令。

富足的小老板王耀轩曾经住在天津，为了日本侵略下境遇悲惨的中国民众参加了抗日运动，并将自己所有的兴亚照相馆作为地下组织据点，用以开展抗日活动。

沈得龙在被捕后，在想要反过来利用苏联情报员的宪兵队的怀柔政策下，将同谍报活动有关联的活动家、合作者的名字供述给了宪兵队。由大连宪兵队派遣到天津的三尾丰、末本宏尾两名宪兵，乔装成邮差和电修工进行连日搜查，将王耀轩和王学年以间谍罪逮捕，带到了大连宪兵队。此外，在奉天的合作者，李忠善、吴宝珍也遭到逮捕。被捕者合计有十数名。这就是沈得龙为首的国际谍报事件，亦称大连黑石礁事件。

（二）逮捕、拷问、"特别移送"至731部队

担任调查王耀轩、王学年的三尾在审讯中厉声追问了

同苏联支持下的沈得龙合作的，身为纺织工厂主的民族资本家王耀轩同中国共产党的关系，但王耀轩对此给予了坚决否认。

> 于是，我决定带着赵宪补和年轻的宪兵拷问王耀轩。我指挥两人把王耀轩仰放在六尺桌上，缚住手脚，在鼻子上放上手绢，从上方让水呈细流状流下，叫作"水拷问"。王耀轩逐渐没法呼吸，于是喊道："我说！"他说："介绍沈得龙给我的人是党员，但是我既不知道他住哪儿，也不知道他叫什么名字。"于是我就问，为何党相关人员去你家里，于是王耀轩又不说话了。后来我对他持续施加了用烛火灼烧脚心的拷问，但是并没得到期待的回答。（注11）

日本宪兵队对其他被捕者也进行了同样严厉的询问和拷问，但并没有得到希望的供述，因而将沈得龙、王耀轩、王学年、李忠善四人作为"特移扱"（指转送到731部队做人体实验品，译者注）送往了731部队。

王耀轩有6个儿子。失去了生活支柱的这个家庭被迫过着困苦生活，还讨过饭。王亦兵自1990年以来，开始寻找不曾有一刻忘记的父亲，最终发现的是宪兵队写着"特移扱"的文书。

三尾丰是自从抚顺战犯管理所归国以来，成为反战进行证言活动的中国归还者联络会的成员。三尾听说王耀

轩的儿子报上了姓名，受到了十分大的冲击。虽说是50年前的事，但曾经是伪满大连市宪兵的自己逮捕、拷问并亲自护送到哈尔滨，亲手送到了731部队宪兵手中的男人的名字，他不可能忘记。三尾将自己所知的，关于王耀轩被逮捕、拷问、哈尔滨护送的事实尽可能地写信送给了王亦兵。以下是三尾写下的关于王亦兵父亲王耀轩等人的"特移扱"的经纬。

1944年3月1日早晨，我对4名部下交代："被护送者是重要的犯人，如果他们逃走或者自杀，我们就要人头落地。他们去厕所也要一起进去。禁止他们同其他人进行任何对话"等注意事项。对4名被护送者，为了从外面看不出来，在衣服下面束了捕绳才出发。"亚细亚"号特急列车后部车厢的9席分配给了我们，所幸乘客不多，厕所附带在后部车厢里。

因为沈得龙受到了他称为反面间谍一样的怀柔调查，所以一副不知要被带往何方的困惑的神色。（在奉天遭到逮捕的）李忠善像是完全放弃了一样。我已经5个月没见到王耀轩等人，但他焦躁的样子看得很清楚（注12）。

晚上8点钟，超特急"亚细亚"号抵达了哈尔滨站。下车有总管车站的宪兵点亮手电负责警戒，将我们引导到了一般客人不能通过的通道。过了一阵子，到了一个完全没人的广场，那里停着一辆漆黑、硕大

没有窗子的车，有3名便服宪兵等着。我将4个人的送达书交给其中的宪兵曹长，接收了人犯收取书。文件交换结束后，在曹长的命令下被护送者每人都被铐上了手铐。宪兵打开了铁门，像对待猪一样粗暴地把他们踢进了车里。最后，当四人都上了车，曹长对我打了个冷淡敷衍的招呼就走了。（注13）

（三）对王耀轩儿子的谢罪

后来，每当到了中国，三尾就请求说要当面向王亦兵谢罪，但是没有实现。1995年8月，战后50周年去哈尔滨参加"731部队国际研讨会"的时候，他想与同在会场的王亦兵见面的请求得到了允许。当时也在场的馆长韩晓对那时的场景进行了描述：

能看出来，王亦兵先生见到当年的仇敌三尾先生的时候，因为抑制不住的愤怒，颤抖着。想必三尾先生也预测到了这种情况，虽然仍然显得有些困惑，但是整理思绪，对着王亦兵深深鞠躬，流着悔悟的眼泪对对方说了道歉的话："是我，将你的父亲和表兄王学年送到了731部队手中，我是罪人。今天见到你，向你致以衷心的道歉。请你原谅我的罪行。我对中国人犯下的罪行，怎么道歉也是不能被原谅的。不过，只要我活着，就会对中日友好尽力。"（注14）

三尾自身对这件事留下了以下的记录：

我在同曾经被自己送往731部队的王耀轩的儿子王亦兵直接对面谢罪的时候，异常的氛围持续了很久。王亦兵在遇到了将父亲从他身边夺走的罪人本人的那一刻，想必需要很多时间来整理心情吧。过了一会儿，"跟你一起站在这里是一种折磨"是他说的第一句话。"你想没想过我们失去父亲以后的生活"，听到这句话的我，感觉像是被锤头砸了一样。我一直认为，是731部队杀了王耀轩，并不是我杀了他。他家族的事我完全没有想过。从王亦兵先生的心情，我深深了解到受害者遗族的悲伤是不会因为时间发生变化的。此外，我清楚地认识到憎恨731部队以后，他对将他父亲抓住的我的愤怒和憎恨的心情（注15）。

"如果你不逮捕我的父亲，他就不会被杀。是你杀了他。"我真切感受到了这样愤怒的心情，什么话都说不出来，连道歉的话也没法说出口。

每每想到被送往731部队，惨遭杀害的3000余名中国被害者的家属，我都怀着同样的心情过着悲伤的日子。（注16）

（四）"人类白鼠供给""马鲁他"的构成
——宪兵队"特移扱"

1978年中日和平友好条约缔结后，在中日邦交正常化取得进展的背景下，中国战争受害者为原告，对日本政府及日本企业提起了9起损害赔偿诉讼。其中，1995年11月12日，3件同时起诉到东京地方法院的，为731部队、南京虐杀、无差别爆炸事件。本件的原告是作为"特移扱"被宪兵队送往731部队的抗日运动活动家的家属共计8人，其中有王耀轩的儿子王亦兵。

三尾撑着自己做了癌症手术后消瘦如柴的身体参加了各种集会，为了对自己作的恶做出补偿，拼命追查着731部队的秘密。1997年10月1日，作为王亦兵等人这样的原告一侧证人站在了东京地方法院法庭上的三尾，将包含拷问在内的宪兵时期自己的加害行为全部进行了证言，并向原告的遗属们谢罪。其后，三尾就像是用尽了最后一丝力气，卧床不起，于1998年7月去世。

以下是三尾倾注心血写出的陈述书中，对自己在战争中从事宪兵工作时，对给细菌战部队供给被称为"马鲁他"的"人类白鼠"而"特移扱"的介绍。

宪兵本来是维持军队秩序的军事警察，在战时，本来以在战争地区防谍、察查民心动向为主要任务。此外，在内地的宪兵指挥系统属于陆军大臣

管辖，宪兵也被称为"敕令宪兵"；在战地，宪兵
归军司令官管辖，被称为"军令宪兵"。"军令宪
兵"由于是在战地执勤，其所有行动都属于战斗行
动，是无视法律的暴力行为。

当时，"满洲"的治安警察完全处于宪兵队的掌
握中。也就是说，关东军宪兵队司令官是"满洲国"
的警务统制委员长，统制指挥着傀儡国家"满洲"的
警察、铁道警护以及"满洲"军宪兵队。当时的"满
洲"有相当于日本县这个概念的18省自治体，除兴安
西以外的各省都有宪兵队本部，此外，在租借地关
东州也设有本部，因此在全伪满洲国有18个本部，将
3000万中国民众置于暴力支配之下。

我认为关东军宪兵队的主要任务在于，同关东军
作战行动相关联的防谍活动和防备从傀儡国家"满洲"
的内部、外部思想的渗透。具体而言，宪兵队在傀儡国
家伪满洲国统治的15年里进行的活动是应对从苏联不间
断地派过来的间谍，应对从"西南国境"浸入的中国共
产党，以及积极配合细菌战部队731部队，和关于化学武
器部队516部队和526部队的防谍活动。（注17）

（五）"还我祖父"的诉求

在这起"大连黑石礁事件"中，在奉天被逮捕的杨学
礼、在本溪被捕的刘万会、与沈得龙同住的李为风三人至

今去向不明。日本战败后，三尾成为苏联的战俘，在1950年被转交到了抚顺的战犯管理所，在接受关于"大连黑石礁事件"的审问时，他供述说将4人送往731部队后，余下的几十人在一个月左右的审讯后释放了。事实上，他们到了战后也没有回到等待着的家人身边。看到刘万会的孙子刘兴家"还我祖父"这样的控诉的三尾说，"不是自己直接释放的，但在写坦白书的时候，出于一时的虚荣心，虽然什么都不知道，应该写'大概'，却写了'全部得以释放'"字样，为此，他感到有责任。

刘万会的儿子刘忠勋到了今天还记得父亲被强行逮捕那一天的事。

那天下午父亲被带走时，母亲哭着，拽着父亲，想从宪兵手中把父亲夺回来，但被宪兵用枪托打了。妹妹们也哭着，想要离父亲近一点，但没能做到。我抱着妹妹们目送父亲被带走。过了一个多月，姑姑刘亚兰被释放，回到了家里。她说，估计丈夫（沈得龙）回不来了。当然我的父亲也没有回来过。我没想到，父亲被捕那天是我最后一次见到他。

因为父亲行踪不明，政府不能承认我们是烈士的家属。我家所有人在政治上都受到了（不利的）影响。孙子刘兴家也没能当上解放军战士。特别是在"文革"年代，为了这个还受到了迫害。很明显我的父亲被日本宪兵抓走后遭到杀害，但是因为三尾先生，你说释放了父

亲……我想对你说，请你还我的父亲。（注18）

三尾在这样同"大连黑石礁事件"的家属接触的过程中，想到"如果自己这样的宪兵没有实施'特移扱'，没有把抗日战士们送往731部队，731部队的研究就不会成立"，陷入了深深的自责，度过了许多不眠夜。关于731部队和宪兵的工作——"特移扱"，三尾在供述书中说：

当时细菌武器被认为是对苏作战必不可少的武器，因此作为其实验手段的活人被认为不可或缺。为此，出于关东军司令官植田谦吉、参谋长东条英机、军医石井四郎、关东军宪兵司令官田中静壹等的协商，为充分确保731部队的活人实验材料而产生的手段就是"特移扱"。

客观地看，当时伪满的宪兵队得到了将不能通过法律手段判刑的"被疑者"在没有经过任何法律程序就处分的特权。宪兵无论何时都将被捕的"被疑者"作为"特移扱"上报给宪兵队司令官，并通过得到司令官的许可，将"特移扱"的人作为活体试验用人送往731部队。

宪兵队在何时何处都能够将"被疑者"实施逮捕，交送731部队，从而抹杀其存在。

宪兵将人送往731部队，比起本需要审问或意见书等烦琐文件的案件送至手续相比，能够通过更为简

单的一封意见书进行申请就可以办到。对于日本宪兵来说，这种省步骤的"特移扱"容易为自己争得更多的功绩和评价，因此他们更加积极地投身其中。

　　731部队的石井四郎，对部队所属的军医自不用说，对从日本的大学带来的医师也蒙骗说，作为"实验材料"的"马鲁他"全部是死刑犯。医生们则自顾自地认为"死刑犯横竖都是要死，能为科学作贡献也算是死有所值了"，没有任何踌躇地实施着极端残忍的人体实验。事实并不是这样。被强行带走的人里，几乎没有死刑犯。如果能将死刑犯用在人体实验上，那么就没有必要想出"特移扱"这样的办法了。通过法院的流程得到审判，并判处死刑的人用来作"马鲁他"，说到底是不可能的。

　　我认为，"特移扱"是非人道的、世界其他任何地方都不存在的癫狂的产物。可以说，如果不是在傀儡国家伪满洲国，它绝对不可能存在……对此采取合作的，将众多无辜中国人用作实验材料送往人体实验室的宪兵的"特移扱"手续以及制度上的利用行为，也同石井四郎的人体实验一样，是在国际法上不被原谅的重大犯罪行为。石井四郎以及关东军的首脑们将化学武器、生物武器的生产归入计划，为了生产以及测定生产出来的化学武器、生物武器的效果，有组织地进行了人体实验。超过3000人作为实验材料遭到了"处理"。

　　承担将如此多的人作为实验材料并送往实验室

的职务的，就是在伪满洲国的日本宪兵。从这种意义上来讲，将王耀轩等三人交给731部队的我的行为是杀人行为，不得不说，通过这样的行为，我也成了杀人犯。（注19）

据曾经是关东军宪兵队司令部第三课课长的吉房虎雄所说，宪兵以获得"功绩"和"出人头地"为目的，利用"特移扱"的情况此后延续着，一直没有断绝。宪兵队有时是任意编纂的逮捕，还顺便逮捕了周围不相干的亲戚和友人等，在施以严刑拷打后，将拷问伤显著的，以及已经不能行走的人作为"特移扱"送往石井部队。

施行这样"特移扱"的宪兵队，拿着"送多少根'马鲁他'"，或是"送多少包行李"的记号，与哈尔滨宪兵队进行联络。约定数量的"马鲁他"们在哈尔滨站被引渡给哈尔滨宪兵队，随后被送往哈尔滨特务机关。深夜，在夜幕掩映下，他们又通过盖着特殊帘子的输送车被运往最后的地狱"石井部队"，无人生还。

（六）另一名原告敬兰芝

1941年7月，在牡丹江的一支抗日组织被日军宪兵队逮捕，其中拷问时保持沉默的人被送往了731部队。

731部队赔偿损害原告之一，那时在火车站工作的敬兰芝，被带到了丈夫朱之盈被关押、监禁的宪兵队所在地

的建筑里。在那里，她遭到了包括用皮带抽打在内的严刑拷打，意图让她说出叔父——抗日活动家敬恩瑞的情报。从第二天开始，她在戴着手铐脚镣的丈夫面前遭到棍棒和鞭子的毒打。朱之盈为了护着妻子，说："她是家庭主妇，所以什么都不知道。要打就打我。"他声音微弱。

这个时候，敬兰芝为了躲避挥下的棍子抬起了手，棍子打到手上，导致手骨折，耷拉下来。敬兰芝在拷打下失去意识，头上被浇了水醒来，看到丈夫在自己面前遭受着毒打。敬兰芝最后见到丈夫是第四天夜里，丈夫那时被捆在十字架上，遍体鳞伤，满身是血。敬兰芝本人在第七天被释放了，但自打那次拷问，就一直没法直起腰来。

敬兰芝想见丈夫一面，就去听说丈夫被转移到的哈尔滨宪兵队看了看，在大门处被刺刀步枪拦了下来，赶出去了。后来从宪兵队的翻译那里听说，丈夫被送到了平房的监狱，就过去探望。然而在车站向一个老人问路时，老人说，接近那里她也有生命危险，于是就逃回了家。

20世纪90年代，在苏联解体后的原苏联国家档案馆及特殊档案馆（前克格勃资料馆）发现伯力审判的起诉准备文件，在本书也引用了的伯力审判文件《公判记录》得到可信性很高的确认。从这所特殊档案馆里发现了牡丹江宪兵队的报告书，记载着遭到"特移扱"，被送到731部队的抗日运动家的姓名。这份报告书上记载着朱之盈的姓名，正式证明了其妻敬兰芝是被作为"马鲁他"用于人体实验的牺牲者的家属。

（七）"马鲁他"的命运：关东军宪兵队司令部课长吉房虎雄的证言

等待被送往731部队的"马鲁他"们到底是什么样的命运呢？关东军宪兵司令部第三课课长吉房虎雄将他在1942年1月出差赴石井细菌战部队时，由石井四郎部队长亲自介绍参观特设监狱时的情况，如实地记载在了自己的笔记上：

从石井部队的大门进去之后，要打开好几扇厚重结实的门。在宽1.5米、长15米左右的走廊的中间地带有一条向右走的通道，在通道的两侧排列着带有铁栅栏的拘留所。其中有让里面的人感染鼠疫的地方。

第一个拘留所里，有一个穿着浅蓝色衣服，中国劳动者样子的四十岁左右的男子仰面躺着，接受鼠疫感染。那人闭着双眼，面色青白，在昏暗的光线下看着像尊蜡像。分不清是捆着使他不能动，还是用药让他睡过去了，他看起来像死尸一样。

隔壁的房间有一个三十五六岁，瘦到皮包骨的男子，手被背在背后绑着，坐在那儿。

一个军医戴着胶皮手套，身着外罩穿着靴子，戴着口罩，按着那个男子大约只有一握的大腿，让跳蚤咬，来让他感染鼠疫。透过几乎能从那人消瘦的肩膀滑落下来的又破又薄的衣服缝隙，能看见那人瘦得只剩骨头的胸口有五处直径接近一寸的溃疡，结了痂，

整个胸口都红红的，看起来非常疼。"这是让他感染鼠疫留下的痕迹。"石井这样说道。

随后石井补充说："鼠疫患者的特征是足下不稳，步履踉跄。"

男子被军医用皮鞭子抽打，站了起来，摇摇晃晃地走了两三步，就突然像枯树一样"砰"地倒了，发出了闷长的呻吟。

走到走廊尽头向右转不久，有三名像是农民的男子，三十五六岁，戴着手铐脚镣，手腕搁在双膝上头，坐在那儿。三个人都消瘦衰弱，但是燃烧着憎恨之火的六只眼睛像是要射穿我们一样看着我们。

那些目光在昏暗的窗里透出的光的照射下，伴着鬼气，向我逼来。我像是在后背上浇了凉水一样发着抖。石井说明道："这是在进行冻伤实验。"他们每只手的五根手指头从第二个关节往下已经冻掉了，手余下的断面上混着红色和乳白色，黏糊糊的，糜烂、耷拉着。这是在试验冻伤后，把他们的手泡在零度左右的水和接近体温的温水进行"救治"处置的结果。

像是忍受着无限的痛恨和难忍的痛楚，抱着双手坐在那里的三个人，他们瞪视着石井，就像马上要扑上来一样。

走廊里有个三米见方的空间，有一个巨大的解剖台，它的上面放着人的躯体，肋骨一根一根清晰可见，血从上面滴答滴答地滴下，黑乎乎的，闪着光。

头盖骨被割开、脑浆暴露着的人头，就那样滚在躯干的右侧。被切割得乱七八糟的手和脚随意扔在房间右面一角。腥臭的气息刺激了鼻子。"解剖后的尸体就放在那个炉子里烧掉。为了不散出臭味，烟囱修得特别高。在这个解剖室工作的军医中，还有被逼疯的人。"（注20）石井泛着冷笑，对我做了这样的解说。（注21）

（八）发现关东军宪兵队"特移扱"新资料

现今在中国国内仍有新的关于日军犯罪的资料逐渐被发现。1997年，731部队遗址——侵华日军第七三一部队罪证陈列馆的副馆长金成民花费3个月，用心搜查了黑龙江省档案馆里堆成山的侵华日军相关的记录文献，找到了关东军宪兵队"特移处置"资料31件，共计43人份。资料是1941年（昭和十六年）7月至9月之间，因抗日运动的"苏联间谍"嫌疑被宪兵队逮捕，当作"人类白鼠"送往731部队的人们的日语记录文献，文字数达到了共计1万字。其中唯一一份附有正、侧面黑白照片的是一个叫王振达的男性的文件。事后，追加发现了资料，共计52人份。我从2002年秋来日的金成民那里，接受了关于这份档案资料的概要说明，因此想在这里进行介绍。

这份资料记载非常全面，将被捕人的姓名、逮捕地点、住所、籍贯、出生地、职业、年龄、拘留时的情况、

活动范围、路线、伪满洲国情报收集的对象、教育水平、活动经费出处以及使用情况、提供情报的对象等都包含在内。最后一页则是关东军宪兵司令官的"特别移送"命令书，上有司令官签名、宪兵队作战课长印、宪兵印、关东军宪兵司令官的点检大印等。

文献中记载的人员全部是接受苏联的情报部，或是谍报部指令行动的"国际反帝情报组织"的成员，都是担任情报员、联络员职务的工作者。其中被认定为主犯的人有八路军、共产党地下党员、国民党、反满抗日活动家等；还有伪满洲国警察、杂货商、水果店店主、餐饮店店主、工人、农民等，职业各种各样。文献中还记载着"该人冷静、意志坚定，放他生路对'满洲国'极为有害，最佳处置是特别移送"等当事宪兵的描述。

由于几乎所有的此类机密文献，在苏联参战到日本战败之间的时间内，都在上头严令下遭到了销毁，即使是没有遭到销毁的，也由苏军当局押收，因此，金成民说，这些文件是证明以筹集人体实验用的活人为目的的宪兵队的"特别移送"机制极为重要珍贵的文件。

此外，通过判明52人的姓名，能够证明失踪60年之久的亲生父母作为反帝反日烈士遭到了日军虐杀，能使被害人家属感到巨大的安慰。这份资料已经在2001年12月，作为附带着专家解说的资料集，以中日两种语言同时分别出版了。在出版的共400页资料集中，有284页是将文献原文以彩页复原的图片（注22）。

（九）黑龙江省抗日军的战士

这份宪兵队"特移扱"资料得以发现后，从1998年初起，中国的新闻、电视就相继将这份重大发现传遍了全中国。此时的媒体只对已经翻译成了中文的5件资料进行了具体内容的公布。不久，居住在武汉的名为赵悦仁的男性（68岁），声明说记载在1941年7月12日的半截河宪兵分遣队公文书（半截河【县高】125号）上的"没有作为双重间谍的利用价值，预定'特移扱'"的赵成忠很可能是自己的父亲。听到消息后金成民与北京电视台合作，对这位"赵成忠"是否是赵悦仁的父亲，进行了调查。

据宪兵队审问报告记载，赵成忠的嫌疑是苏联谍报员，年龄33岁，职业是电焊工，无学历，文盲。

赵悦仁的父亲赵成忠在1931年决心坚决抗日，参加了违背蒋介石国民党军"不抵抗"命令并战斗到了最后的马占山率领的黑龙江省抗日军。在江桥抗战中马军败退后，日军进行了彻底的搜索，搜查反满抗日（注23）分子。赵成忠将家人送往苏联避难，自己继续潜伏。后来归国的家人好不容易找到了赵成忠，得以再会，却因为日军的严问搜查和同伴的背叛，1935年被捕，被投入齐齐哈尔的陆军监狱。当时还年幼的赵悦仁对于父亲的记忆，来自他在1964年已经过世的母亲宗菊香生前的话和自己仅有的一点记忆。

那是我五六岁时候的事。母亲背着当时只有一

岁左右的妹妹到监狱去探望父亲。走过来的父亲从头
到脚用铁索相连，因为我怕得连正视父亲都做不到，
因此不知道母亲说了些什么。这是我最后一次见到
父亲。

后来，听说齐齐哈尔监狱发生了越狱事件，很多
囚犯逃了出来。听说这件事后过了几天，警察和日本
宪兵来家里搜家，将我们赶到家门外，在家里乱翻，
将工具和水缸敲坏，搞得乱七八糟。据说越狱者后来
被捕，遭到枪杀。但据有些学问的伯父所说，猜是逃
走了，不然他们不会来搜家。（注24）

金成民认为，如果这时赵成忠成功逃跑，那么他日
后加入国际情报组织，并参加抗日活动的可能性很大。
进而，考虑他在宪兵队的拷问中装作是"没有学问的瓦
匠"，是为了不被发现自己是马占山军的生还者和越狱者
就十分合理。此外，金成民在齐齐哈尔市地方志办公室调
查得到的1936年发生那起陆军监狱的越狱事件详情如下。

事件发生在1936年12月31日，由韩登、陈桂林组织。
韩登当时44岁，是抗日军军人。陈桂林则是26岁，是曾在
苏联受训的谍报员。韩、陈策划了逃亡，同其他囚徒103
人破坏了监狱门，打开了武器库，夺走了步枪15把、子弹
900余发，手枪10把、子弹200余发，军服25组，杀了3名
狱警，分散逃开。

随后齐齐哈尔宪兵队在动员军队、警察、宪兵、特务

机关的同时，在各地组织了自警团开展搜索。至1937年1月7日为止，逮捕了63人，枪杀3人，8人冻死，陈桂林等29人越狱成功。遭到再次逮捕的63人两天后在北边墓地被处决。

在这份简洁的记录文献之间，浮现出侵略者施加的巨大压力和遭到虐杀的人们的身影。在现阶段，关于越狱事件还没有更多的信息得以发现。还有必要调查赵成忠的名字是否在遭到再次逮捕的63人中，或是否包含在8名冻死者和3名被枪杀者之中。此外，如果赵成忠是逃亡成功的29人之一，那么他在4年后作为抗日运动的谍报员被捕，受到"特移扱"被移送731部队的可能性就十分大。金成民代受害人家属们表达了他们的心情。

战后经过了半个世纪，在沦为战场的中国大地上，受到危害的中国平民开始寻找音信突然断绝的亲人直至今日。抱着"万一"的心情，同时抱着期待和绝望，接受着这一类的报道。他们的亲人在未通知这些家属的情况下被处决，又或是被捕送往日本，又或是被用于凄惨的人体实验，这半个世纪遗属的思念没有得到任何回应。

对于家属，即使时间过去再久，也没有办法忘记亲人。更何况，加害国政府并没有积极地说明事实，这种不讲理的犯罪没有遭到惩罚。

迎来九一八事变70周年的2001年9月，吉林省长春

档案馆将同样是关东军宪兵队机密文件277人份进行了公开。这是基于1955年关押在抚顺战犯管理所的日本战犯的供述，是从当年关东军宪兵队司令部（现吉林省政府所在地）地下发掘出的3600件文件的一部分。

作为细菌武器的人体实验所用的"马鲁他"，"特别移送"至731部队的这277人中，除了中国人，还包含苏联、朝鲜的战俘。资料是在自1939年5月至1945年5月之间，由关东军宪兵队司令部及各分队所作，计80件，共630页之多。据文件，在这些因间谍嫌疑被捕的战俘之中，有三四成遭到了"特移扱"，用作人体实验。文件的内容包含"特别移送"的联络文件以及"战俘处置一览表"等，其中还有附有照片的文件。在识别出的277个姓名之中，34个是同黑龙江省档案馆发现的资料相重复的。（注25）

宪兵队相关人员的姓名、所属等信息在文件上一清二楚，因而这些文件提供给我们许多线索。我认为，应早日进行被害者的身份调查。

（十）同人体试验材料"马鲁他"家属的会面

2009年9月6日，我参加了"15年战争与日本医学医疗研究会"的访华调查团，作为访华团的一员，我同被731部队作为"特别移送"对象，且再也没有回到家乡的被害者的3位家属见了面。地点就是哈尔滨平房的侵华日军第

七三一部队罪证陈列馆。

最初提供证言的就是李风琴。李风琴是在2006年第一次得知其父亲李鹏阁是被送到731部队的抗日战士。据她说，这是69岁的她第一次见到日本人。她用颤抖的声音回忆道：

你们不会知道惨遭日军杀害的被害者家属，蒙受了多大的痛苦和心酸的回忆。

我们一家经历了无数不该经历的痛苦和永远抹不掉的心理伤害。

父亲原在牡丹江铁路局工作，是牡丹江站的副站长。父亲自1941年春被日本宪兵逮捕，就再也没有回来。我的父亲是一位爱国者，曾坚持抗日运动，是一位非常优秀的人，会英语。这张照片一直在祖母的怀中保存着。

父亲被逮捕时，母亲还怀着我。2006年，在研究731部队的研究人员的帮助下，我终于找到了父亲的名字。我花费了67年，终于找到了父亲的足迹。

听说，自父亲被抓后，祖母一直以泪洗面，每天到家门口的路口等待儿子归来。失去了作为家庭支柱的父亲后，我们家就陷入了痛苦的生活中。在我出生后的一个月，我们家就徒步从牡丹江回到了辽宁省。母亲、祖母、哥哥和我，不得不寄身于寺庙，食物则是靠别人的施舍，有的食物甚至连狗都不吃。我们就

是过着这样的生活，一直到解放。

当时，日本宪兵队将所有抗日人士都称为"马贼"或"土匪"，将他们视为犯人。实际上这些人是当时社会中坚分子的人才或是在资本家中隐藏的活动家。他们为摆脱日本帝国的统治甚至不惜舍去身家性命地战斗着。无论如何我们不能抹杀对于侵略者进行抵抗的民众的力量。但是，日本却在侵略之地虐杀了无数个担负国家未来的人才。

丈夫被逮捕，生活陷入无底深渊，受到精神和生活双重打击的李风琴的母亲，在食物都不能保证的情况下生下了李风琴，也使得李风琴从生下来后身体就不好。李风琴患有先天性心脏病。2008年，李风琴接受了3次心脏病手术。

69岁的李风琴是在丈夫李季的搀扶下来到现场的，在诉说了一家的不幸后，她说："我一直努力坚持活着找到父亲，在得知父亲的死讯后，我一直期望得到日本人的谢罪。坦率地讲，我想起诉日本政府。日本政府太狡猾了，根本就不想负责任。不承认战争犯罪，不谢罪。这一点令人感到愤慨。"为此，李风琴将准备好的诉状交给了我们。

也许是第一次见到日本人，我们看出她比较紧张，甚至表情都很僵硬。当我们约她和我们一起吃午饭时，起初她一直在拒绝。直到在我们的一再邀请下，李风琴才放松抗拒的表情，最终坐在了饭桌旁。在饭桌上，我们观察到，一开始李风琴就好像食物堵住了食道一样不大动筷子，直到最后才开始动筷子，心情好了不少。也许这是对

1936 年于沈阳铁路学院毕业的李鹏阁（前左）

她而言的战争已经结束了。但是对她的身心上的伤害远没有治愈。我们真心希望她能够通过与我们的见面，来缓解她心灵上的伤痛。

日本民主党政权成立后，人们看到了日本政府从补偿和人道主义的立场出发对侵略过的国家、受到虐待的战俘等进行谢罪和补偿的希望。

直接被害者的孩子那一代也步入60岁后，他们已是儿孙满堂，儿孙们一表人才，都很出息。他们说，"我们一只脚已经踏进坟墓了，并不想要钱""想要针对践踏了我们作为人类的尊严的正式道歉"。如果说一边承认着残暴行为的事实，一边通过说个人并没有请求损害赔偿的权利这样欺骗性的法律论调，打擦边球逃过了关，最后仍然逃

不掉的疑问是"作为一个国家的道德"，那么，我希望日本能够直视问题，并持有谢罪的勇气。

（十一）宪兵队"特移处置"文书

我在2003年采访了从黑龙江省档案馆的关东军宪兵队"特移处置"文件中辨明的受害者家属，并将题为《曾被称为"马鲁他"的英雄们》的报道分两次发表在了《季刊·中归联》第27号、第28号上。在黑龙江省档案馆发现的"特移处置"文件共计66件，52人份中，由黑龙江省社会科学院的两名研究员花费2年时间，经过查找和调查，找到了23名被害者家属。

我在这两人和日语流利的王希亮先生的陪同下，乘坐从哈尔滨出发的卧铺车经9个小时的行驶，来到了哈尔滨东南方向的鸡西市。我们租用了从前干部等在出差以及会议时使用的"招待所"中的一室，3个家族来这里，接受我的提问调查。其中有与李先生一同来过侵华日军第七三一部队罪证陈列馆的朱玉芬女士。2003年见面时，她从宪兵队文件中找到了父亲（朱云彤）和叔叔（朱云岫）。朱云彤和朱云岫被宪兵队作为"苏联间谍""特别移送"到了731部队。她说着说着就落泪了。朱玉芬1941年11月出生，因为是在父亲被捕后不到两个月时出生，她同李先生一样，在没有父亲的情况下长大。我看得出，因为长年没有父亲的线索，却突然被发现，她胸中充满了平

日里对父亲的思念。她说话时嗓门大，有股中国老太太特有的开朗劲儿，但马上就感触万千，声音有些哽咽。从那时过了6年，接近70岁的她老了几分，添了几分安静。然而，她说的以下这番话深深刺在了我们的心里。

> 父亲在战争中被枪杀或者是炸弹杀死了还好，他是被当作细菌武器的人体实验材料杀害了。这对我们家属来说是过于残酷的事实。来到这个陈列馆我就会想，父亲死前遭受了多么大的痛苦，心疼，所以真是不想来。先是叔叔被宪兵队抓走，然后是父亲被捕。祖父担心两个儿子的安危就去了宪兵队，宪兵说"喂狗了"，祖父伤心消沉地回到家，没到3天就死了。
>
> 祖母的弟弟是伪满洲国铁道局局长，在苏联留过学。学历很高，家里是有地位的大家，但因为父亲和伯父都参加了抗日运动被捕，全家陷入了底层的生活。

在黑龙江省档案馆发现的宪兵队"特移处置"文件，是1941年5月至9月被宪兵队逮捕，因抗日运动的"苏联间谍"嫌疑，当作"人类白鼠"送往731部队的人们的记录文献。这份日语的记录文献配上中文翻译和专家解说后，已经出版。在出版的共400页资料集中，有284页是将文献原文以彩页复原的图片。名为《"七三一"部队罪行铁证》的这本书又大又重。宪兵队档案由誊写印刷、打字

和钢笔书写制成。这份资料记载非常全面，将被捕人的姓名、逮捕地点、住所、籍贯、出生地、职业、年龄、拘留时的情况（人像、服装、特征等）、活动范围、情报收集的对象、教育水平、活动经费出处以及使用情况、提供情报的对象等等都包含在内。可以看见以各地宪兵队、分队长名义写下的"如左记移送付报告以通牒"或是"无逆利用价值、认为'特移处置'为妥当"等文字。此外，能够看见原司令官作为"关于苏谍之处置指令"回复的"×××应'特移处置'"这样的指令文书。

（十二）"东安宪兵队高一七二号朱云岫"

朱玉芬的父亲朱云彤是朱云岫的兄长，一同参加抗日运动。1941年，比弟弟朱云岫晚4个月被宪兵队逮捕，再也没有回来。2000年，发现了朱云岫的"特移处置"文件，朱玉芬第一次知道叔叔不是像她小时候所听说的那样"被扔到狗圈里喂狗了"，而是被"特移处置"，送往了平房的731部队。后来，她了解到吉林省档案馆有父亲朱云彤的"特移处置"档案，亲自到长春，拿到了那份文件的复印件。从土中掘出来的这份文书似乎是慌忙焚烧后掩埋的，整体被熏成了棕色，边缘烧焦，参差不齐。文书日期是昭和十七年一月三十日（1942年1月30日），封面标题是"昭和十六年度苏联谍者捕捉一览表"。第二十三号是朱云岫的名字，第七十二号是奉天省朱云彤，25岁。号

同宪兵队档案一起被发现的"苏联间谍"朱云岫照片（选自黑龙江省档案馆等编《"七三一"部队罪行铁证》）

1941年9月16日，写有被检举的奉天省朱云彤的名单（选自黑龙江省档案馆等编《"七三一"部队罪行铁证》）

码一直到第八十一号，在最下面的框里记载着"特移处置"的占大部分，但其中还有"利用中""放置""过境地带外流放""利用后'特移处置'"这样的记载。

朱云岫的俄语名字是"普拉托诺夫卡"，属于苏联红军谍报部。还记载着"由王振达之供述判明"。最下一栏写着"特移处置"字样。朱云岫与王振达自幼熟识，在密山县东安街同时被捕，依"王振达之供述"字样显而易见施加了拷打。

吉林省档案馆等编的《"七三一"部队罪行铁证：特别移送·防疫档案选编》一书中，收录的"特移处置"文书是1945年8月9日苏联攻入伪满洲国，惊慌失措的关东军在败逃前将没来得及焚烧处理的文件，埋藏在关东军宪兵队庭院的一部分，"20世纪50年代在建筑工程施工中被发现，于1982年移让给吉林省档案馆的"。吉林省档案馆馆长刘凤楼在序言中做了如此说明。

黑龙江省档案馆所藏"特移处置"文书较少损伤，较为完整，吉林省档案馆藏的这批文书一部分烧焦，又或是在地下濡湿受损，文字辨读十分困难的文件较多。因为是承载着长期毫无踪迹的一个个牺牲者的性命的记录，书中能够感受到编辑者"哪怕是一点线索都要留下"的执着信念。在收录名单的277人中，有34人同黑龙江省档案馆资料中发现的牺牲人员姓名一致。

在黑龙江省档案馆发现的52人份的"特移处置"文书中，有两个人附加了黑白照片。是像犯人入狱时拍的那样，

从正面和侧面拍的一组照片。其中一人是编号东安县高第164号"特移处置"的王振达（别名王明生），另一人是朱云岫。朱玉芬女士这次也将"特移处置"文书和叔叔的这份照片放大了，拿给我看。据朱玉芬的姑姑朱秀娴（朱玉芬父亲的妹妹）所说，在家人中已经没有直接了解父亲的人。听说父亲同比他小两岁的弟弟朱云岫十分相像，因此朱玉芬随身带着叔叔的照片，想从中追寻当时25岁的父亲的面容。

据说姑姑朱秀娴在兄长朱云岫被宪兵队逮捕后一个月左右，极为偶然地在火车上遇见了手被绑在背后，处在宪兵押送状态下的哥哥。朱云岫那时对妹妹说了句"别担心，回家去吧"。当然，那时朱玉芬还没出生，但姑姑对她讲了太多次，所以她能够像是在场一样，形象地模仿出当时叔叔手被绑在身后的样子，并比画着，一边擦着泪向我讲了这件事。那是家人最后一次见到朱云岫的样子。

对于朱家来说，王振达的家族是同时直接了解朱云彤、朱云岫兄弟的珍贵的渠道。同朱云岫自幼相识，又是抗日运动的战友，还跟朱云岫一同遭到了逮捕。2003年，我见到了王振达排行第二的妹妹，已经80岁的王秀珍和王振达弟弟的儿子王选才。

"特移处置"文书上写着，王振达的别名叫王明生，住在伪东安省密山县城子河村保山屯，但实际上他住在附近的哈达岗村金家屯。据他的遗属所说，王明生是真名，王振达这个化名连听都没听说过。就这样，唯恐家族受到牵连，被捕的抗日英雄们用巧妙的谎言隐藏着自己的身份

和出生地。宪兵队也没有注意到王振达和朱云彤是同村人，只以为他们是抗日活动的同伴。这种情况，也是被"特移处置"的人的家属们询问不到其消息的原因之一。

据说朱云岫参加抗日军是受到了好友王明生的影响。其后便不常回家，朱云岫偶尔回家也是为了同王明生的妹妹王秀珍相见。然而，问她朱云岫的事，她只说"是个个子高高，圆脸，十分帅气的人"，就不愿再多说了。朱玉芬悄声说："是在害羞呢！"但是这个像孩子一般娇小、安静的老婆婆的眼睛，像是在拒绝着忆起久远的过去失去的痛苦一样，呆呆看着别处。

王明生的父亲王兆金有3个儿子和两个女儿。1933年前后，二儿子王明生投身抗日事业，不常回家，日军的特务不断地来家里威胁其家人。1936年，王兆金带着一家老小，同其他家族一起参加了北山的抗日联军部队。三儿子王明德成了抗日联军士兵，王兆金和长子王明武在抗日联军的秘密驻扎地耕地务农。当时13岁的长女王秀清和母亲、兄弟媳妇在抗日联军第四军服装厂工作。后来，随着部队的转移，北山的秘密驻扎地被放弃，王家一族和其他的抗日家族照旧务农生活。但这里也因日军搜山被发现，他们被机关枪逼下了山。从此，王家人在回到金家屯为止过了两年的流浪生活。王秀珍说，在这流浪生活中姐姐王秀清患上了严重的冻伤，脚残疾了。

王明生的侄儿王选才身着人民服，关于叔叔王明生说了以下一番话。

叔父有学问，能力也高，是个强人。他还是抗日联军第三军连长。但是到了"文革"的时候，幸存的抗日联军的干部们都被怀疑是间谍和日本人的特务，都被投到监狱里去了。我是村长，但因为叔父在抗日联军里，被宪兵队抓走以后行踪不明，所以不让我做村长了，手被反绑在背后在村里游街。那时要是知道有"特移处置"这回事，就没有这事了。我恨日本军国主义，绝对不原谅他们。

胡乱制造出伪满洲国，对中国人进行了残酷压迫的日本人，杀害了众多将来能够支撑中国发展的优秀人才。这些事实又有多少日本人知道呢?

这些抗日英雄在宪兵队"特移处置"文件中被称为"马鲁他"，被用作实验材料遭到虐杀这些事得到证明，他们正式成为抗日烈士，其名字被刻在了侵华日军第七三一部队罪证陈列馆一角的殉难者名单上。

遗属们站在殉难者名单前，在感到骄傲的同时，又看了陈列馆展示的众多人体实验残酷的状况，站在被发掘出的监狱遗址前，感到彻骨的悲痛。

（十三）人体实验牺牲者的数量

细菌战牺牲者分两种：一种是由于日军实施细菌战的结果，感染了被播撒的鼠疫菌、霍乱菌、伤寒菌而死亡的

人们；另一种是死者的亲人、邻居，他们在看护和悲凉的埋葬过程中遭到"二次感染"而倒下。然后是过路人、往来的商贩，他们成了传播的媒介把致命的毒菌带往附近的城镇和村庄，导致大量的死亡。关于细菌战的致死人数，有很多至今未能解明，还需要今后的进一步调查。而三尾丰在陈述书中提及的为开发细菌武器而死亡的3000人体实验受害者的数字，来自川岛清军医少将的供述。1949年，苏联政府从关东军俘虏中甄别出12名从事过"细菌战武器的准备和使用"的人并加以起诉，以上数字就列入伯力审判公判记录。而川岛清供述的仅仅是："我不了解1940年以前的情况。"他进一步供述说，统计"马鲁他"的有效方法是："每年都有500～600名囚犯被送往第731部队""可以明确地说，每年在第731部队都要因实验而死掉600人"（注26）。

3000这个数字，仅仅是川岛所知道的后5年牺牲者人数（每年600人）的累计。在平房地区开设731部队的时间是1936年，而下达"特别移送通牒"的时间是1938年。算起来，3000这个数字仅仅是死于细菌战部队之手的人体实验受害者的一部分而已。以下，列举3000死亡人数之外的受害者数字的根据。

（1）731部队的前身五常县背荫河

1933年，在哈尔滨近郊的五常县背荫河成立的细菌实验所"东乡部队"日后移到平房，是因为空间不足和不止一次的"马鲁他"逃跑事件。据从1935年开始在背荫河

关东军防疫队"作战行动"的"防疫活动"。图中疑为 731
部队对当地居民进行疫苗的预防注射测试

"东乡部队"任职的栗原义雄所说，在被称为"笼"的监狱中，戴着铁质脚镣的人体实验用的中国男性，数量一直保持在50人到100人。在1940年以前的7年之中，即使最保守地估算，都有1500人左右在人体实验中被杀害。不仅如此，在北京、广东、南京，以及新加坡都有细菌战部队。

（2）南京"荣"1644部队

关于北京"甲"1855部队、广东"波"8604部队、新加坡"冈"9402部队的人体实验的实际状况，至今一个都没有被解明，但关于南京"荣"1644部队，有曾经是监狱牢房"松"的看守的松本博的极为恐怖的证言，在后文会进行介绍。松本所在的岗位是除了自己的工作以外，谁在那里做什么一点都不被允许的岗位。松本所监视的狭窄的7间牢房里的全裸的"马鲁他"在入狱后没多久就被注射了活菌，发病后在同一楼层的处置室接受了一直榨干到最后一滴血液的"全采血"，遗体则在隔壁的电力焚烧炉中烧成灰烬。作为看守任职的10个月间，松本见证了40人至50人的"全采血"。

（3）另一个细菌战部队、关东军军马防疫厂第100部队

考虑人体实验牺牲者数目不能忘记的是，位于伪满洲国"新京"郊外，1936年设立的关东军军马防疫厂。该部队别名第100部队，在"军马防疫"掩护下，该部队实际上是以家畜和植物为对象的生物战部队。它拥有以兽医为中心的700名队员，进行着马用疫苗及血清的制造，炭疽

菌、马鼻疽菌、类鼻疽菌等能够感染人畜双方的细菌，羊和牛的鼠疫的细菌战应用研究，属于植物传染病等的实验研究。

在伯力审判中，曾经是第100部队实验员的证人畑木章进行了如下证言。

> 在第100部队进行的细菌之效力实验，使用家畜以及活人进行。因此在同部队有马、牛及其他家畜，在隔离所亦有人类在押。我直接见到过，因此知道。

伯力审判中，被告三友一男证言说，在第100部队拘留的实验用的"活人"中有苏联人。三友供述说："在对其进行各类实验后，由我亲手对其中一名衰弱的苏联人注射了氰化钾使其死亡。此外，我遇见了另外两名被用于实验且极端衰弱的苏联人在家畜墓地遭到宪兵枪决的场面，他们被就地掩埋。"

此外，炭疽菌作为最容易使用的生物武器，在731部队也得到了重点研究。考虑炭疽研究战后被美军接手，导致至今第100部队的"马鲁他"实态不明，也希望真相能够早日查明。使用以美军战俘为首的盟军战俘的人体实验，在战后的美日交易中被用心隐匿，在奉天盟军战俘营以及拉包尔宪兵队战俘营的情况，仅有少量记录得到发现，全貌依然不明。

（4）沦为战俘的国民党军及八路军士兵

　　下图是将曾经在原731部队担任放射性班的队员的人物所持照片扫描后的影像。这份照片是同僚的队员在出差领取"马鲁他",并将其送回部队途中自己拍摄的,照片中的人是八路军士兵。在处置八路军和国民党军战俘的情况下,负责人是否开具了"特移处置"文件呢?至少,我从没有听说在"特移处置"文书中,有明确标注被捕者为"战俘"的情况。这位原731部队队员T先生直到1994年在

被当作"马鲁他"而移送731部队的八路军士兵

报纸上看到731部队的免责新闻为止，隐姓埋名地居住于长野的开拓部落里。在他的理解中，731部队是"玉碎"了，被从地面上抹杀了，所以连生病时都畏惧在病历上留下名字，没有去看过医生。

这位T先生说，他曾经接受领取一满货车"马鲁他"的工作。因为宪兵队护卫严密，他没能看到在紧闭的舱门里有多少名"马鲁他"。针对宪兵队的证言中，将"马鲁他"护送到哈尔滨的情况，由731部队亲自受领"马鲁他"到底是一种什么样的情况呢？

在南京，国民党士兵被捕成为战俘后，以数千为单位遭到了虐杀。经手"马鲁他"的原队员的证言中，也有证明说"马鲁他"中有国民党军将校和士兵。不过，这种场合下，即使没有"特移处置"文书，也能够认为战俘，也被包含在川岛所说的每年"600人"这个数字中。

据我在2015年采访的大川福松证言，他在731部队将一货车的中国人运达后不久，就通过在货车中灌注毒气杀害了他们。此外，他将货车同尸体一同结冰冻住，然后在停机场边挖了一条深沟，将尸体埋在了其中。据大川所说，731部队不仅为细菌武器的开发在人体实验和活体解剖中杀害囚犯，还负责将乘坐货车运来的战俘杀死的工作。此外，从川岛清所说平房的监狱的收容能力在200名至300名，至多400名的证言看来，也会产生送往731部队的人数相比收容能力是否不足的疑问。

这样想来，大川的证言就带有更多的可信性。

（5）细菌战野战部队的实战性实验

此外，"细菌战野战部队"的存在也得到认证。该部队是9人一组，开着卡车在中国各个村落之间行进，在水井中投入伤寒菌病毒，在村民发病时分返回村中，对村民施加活体解剖并带走标本。一位证人在1998年对我说："在两周内走了四处，包括孩子，解剖了30人左右。"这种行动尽管是日本战败前夕的谋略作战，但可以发现，这样游击战式的活动造成的实战性实验的牺牲者也有不小的数量。

（6）自导自演的"防疫队"

1940年在"新京"和其西北60公里的农安县流行的鼠疫，作为"田中技师及以下6名的既往实绩——1kg PX（鼠疫菌液）死亡500～1000人"，由石井四郎亲自在陆军省医务局会报（1943年11月）做了报告。《"七三一"部队罪行铁证：特别移送·防疫档案选编》中收录的长春、农安鼠疫"防疫"相关照片计25张，其中包含有凄惨的解剖照片，使得我们能够确认，在日本居民中也造成牺牲者的这次"疾病流行"，实际上是一系列为备战在浙江省的细菌战，提前在大城市人口密集地带进行的自导自演的"实地测试"。在石井率领下开赴灾区的"临时防疫队"，驱车抓捕患者，带去尸体，掘出密集填埋的因病死亡遗体，或者是当场解剖等，极尽凶残。在浙江省崇山村等细菌战受害地出现的身着防疫服的防疫给水部队也采取过同样的行动。对他们来说，如此行动的目的当然不是治疗或是防疫，而是以确认自己开发的细菌武器是否"作

用"正常的"菌检索"为最优先目的。

金成民以自己发现的资料为基准，对于在731部队作为人体实验的牺牲品，即被杀害的"人类白鼠"的数量进行试算的方法如下。

（在黑龙江省档案馆资料中发现的，译者注）这52人在1941年（昭和十六年）7月开始的两个月间被判"特移扱"，7月7日签署的"特别移送"令状的号码是672号，9月22日签署的移送令状的号码是935号和936号。"特别移送"的开始被认为是在1938年（昭和十三年）年末，但"送令状"的号码是怎样编排的并不清楚。金成民在此次试算中得出假定结果，至1941年为止，发生了936起"特殊移送"。

在至今查明的"特移扱"命令书中，有一次性移送了90人的案例。此外，根据原宪兵上坪铁一等的供述，一次性将数十人移送到731部队的情况并不罕见。此次发现的命令书中，一次性"移送"的最高人数是6人。尽管难以进行准确判断，将3年内936起移送案件中每一件的人数算作平均3人计算，仅这3年就移送了2800人以上。从而，金成民将"特移扱"制度化之前的时期包含在内，一直到日本战败为止的时间为范围进行计算，他认为即使保守估计被害者也不少于6000人。

关于生物武器的人体实验所杀害的"人类白鼠"的数目，从搬迁到平房前的背荫河时代（1933年）开始算起，将731部队之外的4处细菌战部队，以及为第100部队等以

兽疫为内容的细菌战部队军马防疫厂考虑在内，《死亡工厂》的作者谢尔顿·H·哈里斯（Sheldon H.Harris）教授估算的12000人这个数目看起来未必是错误的。

　　将以上事实结合起来考虑，就能发现有证言作为支撑的数字不过3000人，实际上远远少于真实数字。这种行为是当连死亡证据都被销毁得无影无踪的人们不存在，实际上与其说是因为没有证据，不如说是因为找不到证据，但因此就不反省自己一方的不尽力，这是再次将他们的存在隐匿起来的行为。

第六节　陆军军医以演习名义进行的活体解剖　汤浅谦的证言

（一）证言活动是生存下来的人的义务

　　对汤浅谦医生的采访，到现在为止已经进行了4次，包括电话长谈共有6次之多。汤浅是1942年开始以新人医生的身份进入山西省南部、长治市的潞安陆军医院工作的。到战争结束为止的3年半中，汤浅军医在中国以军医"演习"的形式进行活体解剖实验，一共夺去了14位中国人的生命。在新中国成立后的太原战犯管理所里，汤浅才第一次认识到这些事情是有罪的，如此汤浅军医才坦白了自己所犯下的罪行，并被新中国免除了起诉，于1956年返回日本。

而有同样经历的，从太原和抚顺的战犯管理所回到日本的千余名旧军人，在回到日本后，组织了中国归国者联络会，将侵略战争的实际情况告知世人，并为曾经犯下的残酷罪行继续进行证言。汤浅军医本人则在归国后重新学医，一边以医生的身份在东京进行诊疗活动，一边以讲师的身份被邀请参加所有聚会。汤浅认为，即便是以一名听众，一名战争的体验者，作为在中国政府宽大政策处理下活下来的生存者的义务，他都要出席并且进行发言。

东京军事法庭没有进行判决的战争犯罪有ABC武器、天皇以及从军慰安妇制度。生物武器（BW）的人体实验室是医学者所犯下的罪行，对像汤浅这样的对战争犯罪有认识的医学者来说是很沉重的。战后日本的医学界、药学界，还有教育界，甚至连政界的人，以及在细菌战部队曾经担任指导立场的原日军军官中，公开承认生物武器是属于背负着人道主义的战争犯罪，这样的公开发言也是极为稀少的。

最初的活体解剖记得特别清楚。1942年，大约在潞安陆军医院就职一个半月左右，院长就把我们这些年轻军医召集到了解剖室。

在解剖室里，集合了医生和护士大概20人。在一边有两个中国男子双手被绑在身后。其中一个人穿着便服（注27），大概30岁，体格健硕，堂堂正正，另一个大概40到50岁，则哭叫着。我在那一瞬间就有一种不祥的感觉。但如果露出厌恶的表情的话，就会被

当作非国民处置，也会变成家人的耻辱。那种心底深处的想法绝没敢表现出来，并努力地让自己处于一种积极的态度。

我不知道其他人是不是也因为同样的理由，在马上要把人解剖并要杀死他们的时候，日本的军医和护士一个个都笑嘻嘻地说笑着。在我看来，他们当时完全没有感觉到有罪恶感。

我们被分成了两组，我被分到了解剖年长的像农民一样男人的解剖组里。虽然很厌恶但还是勉强地想把他抬到手术台上，可却没有成功。于是有名护士便敲着手术台，笑着对他用汉语说，会给你打麻药的，一点也不会感觉到疼痛，你在睡着的时候就会结束一切的，老实一点。不知道是不是因为接受了这个女护士的建议的原因，那个男人听到后，就自己躺到了手术台上。那时，那个护士一副"看我厉害吧"的骄傲的表情，向我们这些新军医笑着伸了下舌头。到现在为止我都无法忘记那个画面。

很快，我们这一组，就给那位中国男子打上麻药，开始了"手术演习"，进行摘除盲肠，切断手腕，然后开膛切除肠子等。我最初是属于辅助，但中途开始为了练习气管切开就把他的喉咙切断了。

一个半小时左右，在"演习"结束的时候，年长的男子已经死了。年轻的男人还在那儿喘着气。我和另外一个军医两个人勒着他的脖子，但一时还没能致

死还能呼吸。于是我就给他注射了毒药把他毒死了。

就这样，第一次的时候还是很厌恶，第二次就变得心平气和，第三次开始已经变得自己很主动地去进行活体解剖，并且已经忘记了自己所犯下的是多么残酷的罪行。

在山西省省会太原战败的时候，在日军首脑的游说下，2700余名日本军人被国民政府军征用和人民解放军进行了战斗。汤浅军医作为其中的一员，则被指派到了为日本居留民开设的诊疗所里工作。5年后的1951年1月，被人民解放军囚禁在河北省永年的俘虏收容所里。收容所里的生活就是劳动和学习，以及要求坦白所犯下的罪行。汤浅在这个时候才开始反思自己曾经做过的活体解剖的事情。而且最初回忆的也无非是7次活体解剖中的二三次而已。

1952年12月，"像我一样重罪和反省得不够深刻的140人"被移送到太原战犯管理所。很讽刺的是太原监狱是汤浅对中国人进行"解剖演习"时，把4名中国俘虏作为"演习"材料虐杀的地方。汤浅军医在有关太原监狱的活体解剖的回忆中，这样写道：

这个时候从各地集合来的大约40名军医上完课后，军医部长说，"让你们做些好事"，就把我们带到了太原的监狱。到了太原监狱后，我就看到监狱中有两个人被蒙着眼睛蹲在那儿。我们到后，日军看守就不由分说，向两个

被蒙上眼睛的人的肚子"砰，砰，砰，砰"地打了过去。

我们一行十人左右将其中一个人抬到了隔壁房间里，开始了枪伤的手术演习。枪伤的手术演习主要就是模仿战场上的紧急外科手术的活体演习。这期间又听到外面"砰，砰，砰，砰"的几声枪响，可能是剩下的男子为了给二十几名日本军医进行"活体演习"而被枪击伤了吧。

在太原被拘禁的状态中，中国人专门对罪行的反省进行了调查。给予了日军军官充分的思考时间，以便让他们回想自己所犯下的一条条罪行。有一天，检察官给汤浅看了一封被汤浅本人亲手解剖的男子母亲写来的信。汤浅军医回忆道：

上面写着"儿子被宪兵带到了潞安陆军医院，听说是活生生被解剖，让我泪流不止"。到那时为止，我一直自欺欺人地想因为打了麻药所以不应该痛苦，这样地为自己辩解着。直到看了这封信，只是愕然，觉得惭愧与后悔的回忆涌上心头，哭得崩溃了。

从那开始，认真地面对起自己犯下的一个个罪行。承认自己是极其恶劣的非人道的人是非常痛苦的事情。之前所说的她的儿子就是我第二次进行活体解剖的两个人其中的一个。但是无论如何我也都想不起来他的长相。虽然最初的两个人的脸记得很清楚，但

从第二次之后的中国人的脸，完全没有印象了。

不只是这些，自称是曾养育过孩子的汤浅军医中尉在补给不充分的时候，好像日军谁都在做的一样，为了抢夺粮食，像土匪一样袭击村落；在作战出动时候如果出现伤者，像奴隶一样强行使唤着农民，让他们抬担架的事情被认为是理所应当的。但是作为军医将校的汤浅本人可能根本不知道或是受伤，或是因为消耗过度而不能动的苦力们的命运。这些中国苦力恐怕是马上被日军士兵们"处分"掉，或者是被遗弃。

但是，由于并没有意识到这种行为是有罪的，汤浅战败后马上可以从这种记忆中解脱出来。如果有一点觉得自己是在犯罪的意识的话，像着魔一样梦见活体解剖的画面也不是不稀奇的，但是却没有一次那样的情形。1951年1月，汤浅变成人民解放军的俘虏被拘禁在收容所，直到被要求坦白各自所犯下的罪行为止，他一次都没有觉得那样的行为是战争犯罪。日本军医们大多会认为，那不过是为了全面协助军事战争而已，对于医学的伦理一次都没有被追究过。这也是战后的日本医学界和制药业界的共同心态。

（二）汤浅军医眼中的"华北第一军" 军医部长石井四郎

1943年初，石井四郎将731部队的部队长职务让给了

奉天陆军军医学校的教官北野政次，石井本人则赴山西省省会太原，就任"华北第一军"军医部长。有关这一调动在当时有着各种各样的传闻。汤浅军医所听到的传闻是"石井是因为向参谋本部强行请求预算，又在女性关系上非常不检点的原因而被调离"。石井赴任"华北第一军"军医部长后，曾以检查军纪和风纪的名义，视察了日军潞安陆军医院。这样，在日军潞安陆军医院，汤浅军医见过石井四五次的样子。

汤浅对石井军医部长的记忆并不是很好。汤浅军医的记忆中，在一次检查中，石井军医部长好像在潞安陆军医院的内务班房间里发现了猥琐的书。为此，石井军医部长在之后的讲评里，曾大声怒骂了这家陆军医院。另外石井专门愿意殴打卫兵，如果卫兵躲闪，石井总会大声训斥。当谈到霍乱防疫的话题时，石井会突然倒在医院中，叫道："如果现在把沾有鼠疫跳蚤的老鼠投下来的话，军医应该怎么办？"石井自说自演地马上命令护士把装有石碳酸的消毒器拿来喷着演示给大家。

汤浅军医还记得石井曾经召集过潞安陆军医院的将校军医，讲授了关于冻伤的讲义。就讲义的内容而言，很明显就是通过人体实验而获得的对冻伤患者来说最有效的护理方法。实验中人慢慢地被冻起来，首先失去意识，然后停止呼吸。在脉搏将要停止的时候倒入热水让其复生，但是这个时候的温度要是37℃为好。这些冻伤医治方法固然很好，但实际上也不知道是已做了多少活体解剖试验才能得到那样的结

论。当然，当时的汤浅却并没有仔细地思考这些。

潞安陆军医院院长并不是很期待石井来医院视察，但却非常愿意讨好石井。石井每次来医院，院长总是再三叮嘱汤浅要好好招待石井，甚至到日本料理店亲自叮嘱饭店的女老板。当然，日本料理店的女老板每次都会派出漂亮的女艺人来伺候石井。漂亮的女艺人每次都甜甜地用"阁下"一词来恭维石井。当然高兴之余的石井每次对潞安陆军医院的评价都是"基本良好"。

已经变成军国主义死硬分子的青年汤浅，被富有磁性声音的石井四郎所吸引。当被石井问及"忠义为何"时，汤浅也会和其他军医一起认真地思考然后回答。几十年后，汤浅一边苦笑，一边自嘲地回忆说："如果石井要进行细菌战的话，我那时会愉快地听从其命令。"

石井在日美瓜达尔卡纳尔岛战役中，在日军几乎弹尽粮绝的时候，甚至打电报要求岛上的日军"食物不足的话吃死去人的肉就好"，当然为时已晚，日军开始从该岛撤离。汤浅曾经记得，石井曾要求日军忠于天皇，就是要坚持到最后。在当时，青年汤浅还认为石井是一个爱国者的榜样。

第七节 731部队林口支部部长
榊原秀夫的证言

（一）从八路军到战犯管理所

1945年日本战败投降时，榊原军医少佐是731部队林口支部部长。在此之前，榊原军医少佐等人曾受到了日军上层要求"就是死也不能被苏联俘虏"的命令，以此来隐藏731细菌部队的证据。为此，榊原军医少佐在经历了逃亡和潜伏之后，隐藏自己的身份，在八路军（后来的人民解放）部队中从军担任了军医。

从1945年日本战败投降到1950年，榊原军医少佐和一起行动的数名下属，主动承认了战犯身份后，被逮捕送往了抚顺战犯管理所。其后，榊原军医少佐同经苏联引渡的969名日军战犯，以及此前的汤浅等人太原组（1945年日本投降后参加了国民党军队的旧日本军人）60多人会合到了一起。这其中就有原731细菌战部队的8名旧日军军人。

在抚顺战犯管理所，榊原的代号为第1066号。曾经是日军关押抗日战士和中国军俘虏的抚顺监狱，如今很讽刺地变成了日军战犯生活的地方。他们面对自己，面对自己所犯下的罪行（认罪）不断地写着笔供。不断反复地回答审问官的问题，多次反复改写供词，其实真正的意义来讲开始忏悔自己的罪行是在1954年的时候，实际上花费了近4年的时间。

place CHINA

date

serial number 28

榊原秀夫

2015年世界反法西斯战争胜利50周年之际，中国各地档案馆陆续公开了一些档案。同年7月，中国政府通过网络向全世界公开了1956年，沈阳和太原特别军事法庭审判的45名原日本战犯的坦白书。这是在主审地沈阳审判的28名战犯之一，日本731部队林口支部部长榊原秀夫军医的照片和坦白书

270

榊原军医少佐毕业于冈山医科大学，曾经在金泽陆军医院、东京陆军医院、第十一军的军医部做过部员，参加过长沙作战等，1942年11月，调入第十师团防疫给水部，担任细菌战的准备和细菌武器制造工作。战争末期的1944年11月，榊原军医少佐被任命为位于苏联与中国东北国境线附近的关东军防疫给水部林口支部部长，到战争结束一直从事细菌战准备的指挥工作。榊原在抚顺遗留下来的供词和自白书，是非常稀少和珍贵的日军军医官的证言之一。

1945年3月，石井四郎再次接替北野政次成为731部队部队长。在石井到任的第二个月，为了准备细菌战，石井就召集了牡丹江、海拉尔、孙吴和林口各支部部长以及大连卫生研究所所长会议，下达了增加生产跳蚤和老鼠的命令。同年8月，731部队又接到大本营准备"跳蚤一吨或两吨"的命令，要求各支部全力配合。与此同时，石井还指示各部队，在捕获老鼠时要"特别注意防谍，要欺瞒他们说捕鼠是为了除掉鼠害"（注28）。

（二）石井队长和北野队长

对于731部队的部队长，榊原留下了以下让人深思的证言。

石井是大概有六尺高的彪形大汉，稍微有些胖，脸色苍白，细长的脸型。鬓角以及留着的络腮胡都是有些稀疏，像山羊胡一样。眼神尖锐，额头中央秃是其特征，肩

宽，是非常结实的一个人。

就石井的性格而言，榊原回忆说，石井的性格是非常残忍冷酷的，是非常强硬的一个男人。如为了争取731部队预算，石井甚至会把车停在陆军大臣官邸的门口，一直等到陆军大臣见面为止。另外，榊原还听说，石井在哈尔滨乘车时，因事晚到了哈尔滨车站，等石井到了哈尔滨车站时，列车已经开了。为此，石井甚至找到哈尔滨车站站长进行交涉，要求列车停下来让他上车。总而言之，石井就是必须按照他的想法去做的独裁者性格。

石井的性格特征就是对于"间谍"非常细心，非常注意。为此，石井总是最小程度地减少731部队中的技师、军医以及军人辅助人员的调动，并极力调入同属于千叶县出生的人。其中，石井的哥哥就在731部队动物班担任技师。

另外，石井属于没有时间观念的人，尤其是不注意他人的时间。如石井经常中午才上班，然后通宵工作，为此，石井命令其他人也像他一样工作。从表面看，石井还是一个喜欢谁讨厌谁非常明确的人。如果石井看好的人他会非常照顾，而对于非常讨厌的人就会立即将其调走。石井对于金钱也很懒散，而且毫无预算地使用预算资金。1942年，石井也因此在关东军的会计审计中被查出问题，从而被调离731部队。从这一点看，石井和北野完全不同，北野的性格是完全和石井相反。

在榊原看来，石井和东条英机以及近卫文麿等当时日本的高层保持着良好的个人关系。尤其是近卫文麿也是出

1942 年，日本第十六次微生物学会上聚集了日本当时有名的细菌学者。前排左五穿军服者为石井四郎。前排右四穿军服者为北野政次。第三排左二穿军服者为石井的心腹增田知贞（时为南京"华中派遣军防疫给水部"部长）

身于京都帝国大学。当然，石井毕业于京都帝国大学医学科，而近卫文麿毕业于法学科。石井和近卫等人的关系更可能是依靠东京的松风滤水机制造所。由于石井的军人身份，表面上并没有看出其中的关联性。石井本人也和特务机关，特别是哈尔滨的特务机关长之间经常保持密切的联

系，以此来努力搜集关于苏联的情报。为此，石井也和陆军参谋本部系统的人走得非常近，甚至可以说，日本陆军参谋本部的参谋中，不知道石井的人可能非常少。

在731部队里，有关石井的谣传中，石井要比北野坏，榊原甚至觉得石井留给社会的印象中，是一个非常粗暴没有教养的人的形象。榊原记不得是1938年还是1939年的事情了，总之在日本九州举办的一次日本细菌学会上，石井以"活跃在中国的防疫给水部"为题进行了演讲，原定是1个小时，结果石井的演讲远远超出了主办者要求的时间，演讲了近3个小时。石井大讲特讲给日本的同行留下了非常没有教养的印象。

石井在研究上基本没有什么业绩可言，除了在军医团杂志里看到731部队以石井四郎、笠原、二木以及技师等联名的《所谓孙吴热》（流行性出血热）的论文之外就没怎么看见过其他论文。有关细菌战的想法，则是在石井的命令下731部队所属的军医们进行的研究，其成果则被保存在石井的文件中，大多没有在军医团杂志发表。

北野政次中等身高，虽然肥胖但却是属于肌肉型，有强壮的肌肉。脸色普通，留有胡子，方脸，戴着眼镜，眼神看起来不像石井那么特征明显。北野出生于日本的兵库县，毕业于东京帝国大学医学科。北野自己非常热衷于研究，并且也很热心对学生进行学术上的指导。虽然性格残忍，但是表面上看起来比较温厚。

北野也和日本特务机关保持着比较频繁的联络。北野

和前关东军参谋长笠原幸雄陆军中将的关系很好。原因是笠原参谋长在任期间，北野代替石井，出任了731部队负责人。另外，北野和关东军军医部长梶塚隆二军医中将为同窗，关系也特别好。

在731部队里，北野的评价要远远好于石井。在社会上，北野的形象和评价也远远高于石井。北野也是结核的研究者，同时也对流行性出血热和"满蒙"地方风土病进行了深入研究，曾经在军医团杂志以及"满洲"医学杂志上发表过数十篇论文（注29）。

作为731细菌战部队的支部部长，并且担当军医，榊原从人道主义上来说虽然能够充分地理解自己的任务是多么残酷的事情，但是却并没有感觉到"残酷"，反而在侵华战争中，榊原却感觉"残酷得越强烈越好"。为此，在抚顺战犯管理所中，榊原在认罪的过程中才认识到那种残酷的实际状态，对石井和北野的性格，极端地使用了"残酷"这个词的地方让人深思。

虽然在731部队林口支部里好像没有"马鲁他"的监狱一样的设备，榊原也没有留下直接进行人体实验和活体解剖的证言，但是从731部队林口支部队员的证词里，我们知道了事实的真相。其中像在1956年5月2日榊原的认罪书中，则记述了731部队在安达演习场里，对中国人进行了炭疽投弹实验。从认罪坦白书日期来看是榊原被起诉之前两个月所写，榊原被中华人民共和国最高人民法院特别军事法庭判处监禁十三年刑罚。

从榊原的坦白书来看，731部队的安达演习场有"飞机跑道，完全看不到周围有人家，是非常宽广的演习场，在那里面有半土窑式的两栋兵宿舍和如地下囚禁室式的装蔬菜用的储藏室"（注30）。演习时间为1945年4月，由石井召集支部长会后，使用了4名中国人进行了炭疽投弹实验。

会议当天，榊原等人参加了在安达的杀人实验演习。当天下午1点，榊原和第一部肥之藤少佐（炭疽菌的研究者）、海拉尔支部部长加藤少佐、牡丹江支部部长，还有一名技师乘坐轻型轰炸机到达了安达。

不久，乘坐重型轰炸机的4名中国爱国者和日本军警人员抵达了安达机场。4名中国人直接被带到了与安达演习场间隔25米到30米的圆形的木桩上绑了起来。3点左右，石井四郎和第一部二木技师、总务部企划课课长田部中佐也乘坐飞机到达。3点半左右，轻型轰炸机在演习场上空150米投下黏土制的炸弹（陶瓷的一种），炸弹在投下50米的高度开始爆炸。

榊原当时穿着防护衣在距离爆炸五六百米的地方看着这样的残忍行径。这种炸弹的爆炸最令人害怕的是，在疽菌爆炸中人体通过鼻喉吸入在当时绝对无法生存的肺炭疽，或者通过残片划伤而引发皮肤炭疽，这是非常残忍的罪行，而榊原却参加了这样的行动。演习结束后，4点左右，榊原和其他支部部长又共同乘坐飞机回到哈尔滨。

榊原清楚地记得，他们离去时，安达演习场上的中国人实验品就这样被放置在那里，任凭中国人在那里呼叫。

其后这几名中国人又被消毒后送回了731部队的监狱里，继续观察并发症情况，之后被杀死进行解剖。

按照文献记述，负责操作飞机投掷任务的是731部队平泽少佐和增田少佐等（注31）。

1935年，在东京新宿户山的陆军军医学校防疫研究所工作的栗原义雄和埋头研究细菌武器的石井四郎，有过近一年的近距离接触。

在栗原义雄的印象中，石井近乎工作狂。石井的家就位于军医学校附近，但石井很少回家里住。石井在实验室里放了一张床，床下就放了个用于小便的便盆。更令人吃惊的是，石井完全没有时间概念，昼夜不分，晚上突然间想起什么就马上起来做。

其中有几次事情就发生在栗原义雄值班的时候。一天晚上9点，值班室的呼叫铃声突然响起。值班的栗原义雄为此特意跑到了石井的办公室，原来是石井肚子饿了，想吃寿司。夜里9点去买寿司，恐怕算是奇闻了。无奈之下，栗原义雄只好将摩托车骑手叫醒，在转遍了寿司店后，摩托车骑手终于在新宿的一家寿司店里买到了寿司。然后，石井就旁若无人地大口大口吃了起来。

在栗原义雄眼里，石井算是一个体格高大的人，在参谋本部进行预算的交涉什么的，应该有一定的优势。别人都认为石井是一个有些怪的人，但能争取到很多的预算，也算是陆军参谋本部对他很信任吧。

（三）关于安达细菌武器实验场的另一个证言

号称没有一个人可以生存下来，被当作"人间白鼠"的人们的苦痛，让人愤怒得超乎想象。在军事医学的冰冷报告书中流传下来的，关于毒气弹的人体实验，在本书序章中做了介绍。到达现场的加害者一方的证言成了唯一的直接证词。

在大阪的下町过着隐居生活的西岛鹤雄曾隶属731部队的航空班气象班。在安达实验场里，因为在雨中进行实验，风向、风速等都是非常重要的问题，所以西岛鹤雄需要经常参加这些实验，由此，西岛鹤雄便目睹了在实验场中被绑在木桩上的"马鲁他"，用于实验的中国人的实验过程。

将细菌的培养液装在轰炸机的炸弹仓内，从50米左右空中向下洒落。这样，在地面上大概有30名"马鲁他"，每5米左右一个铁路轨道一样的木头上有一个双手捆绑在身后的"马鲁他"。他们都知道那样的东西如果吸进去就会死，所以应该是闭上眼睛闭上嘴不呼吸吧。但是，由于这样的话实验就没有了效果，于是日军便拿手枪向他们射击，目的就是让他们张开嘴好吸进毒液。当然特别班的士兵都是千叶县出生的下士官等。

实验结束后迅速带他们离开。根据细菌种类的不同，两日到三日里他们都会病发。经过几日会出现什么样的症状，都会作为数据被记录下来。

"马鲁他"的来回输送都是装进用幌子盖着的卡车里。乍看上去就是普通的卡车，实际和宅急送的冷冻车一样，都是非常坚固的没有窗户的铁箱子，在外边盖上幌子。

像我等气象班的人都是穿着很完备的防菌服。平时都需要戴着口罩，新来的中尉因为一时疏忽摘下口罩便被细菌感染，结果死去了。我们却经常做那样的实验。（注32）

（四）榊原和被战犯免责的医学者

从1956年7月1日到20日，审判日本战犯沈阳特别军事法庭对1060名日本战犯进行了审判。其中，被起诉的只有28名，并对其分别判处了12年到20年不等的监禁。但是刑期却是从1945年开始，算是一个非常温情的判决。榊原可能是因为健康的原因，在第二年的1957年，没有等到满13年的刑期就被提前释放归国。归国后，虽然参加了后来由免除起诉和被释放的原抚顺战犯管理所的日本军人所举办的中国归国者联络会，却因为发言说从那个时期开始，在抚顺自己被洗脑，是被强迫的，而引怒了其他的会员被取消会员资格。为什么他要做那样的发言，我们至今仍然无法知晓其真相。

日本战败投降前夕，不知道是否知晓苏联参战，731平房本部将在监狱里关押的"马鲁他"一个不留进行了虐

杀，并在遗体上浇上汽油烧毁。其后，731部队还动用了工兵部的大炮对731部队的营舍进行轰炸和破坏，然后和部队家属一起坐车逃跑。另一方面，榊原的林口支部因为中断联络而变得孤立。正是因为在那3年的时间里，榊原在中国共产党军队中隐藏身份苟延残喘地活着，才真正看清了平静地舍弃友军的日本人的本来面目，从医学者的角度，冷静地对使用细菌的生物武器的残虐性提供了他的证词。

但是，早早就逃跑返回日本的731部队的军官们，却在战后用细菌战的数据与美国进行交换，并成功地获得了战犯免责。当有风头说要对乙丙级战犯进行揭发、调查时，美军占领军最终也只是把他们当作科学家一样很重视地询问一下，但并没有对其进行任何责难。朝鲜战争后的1957年，这些731部队的原军医军官又很风光地返回到社会中工作。

回到日本后的榊原参加了重新获得地位和名誉的干部队员们组织的战友会"精魂会"。对他们这些用数据换取生命，却没有认罪经验的人来说，曾经在中国服刑并向他们轻蔑、剥削和征服的对象——中国人认罪和谢罪的榊原，是一个麻烦。2001年1月，当时我们只知道榊原秀夫系原关东军军医少佐，并居住在东京，但他一直拒绝一切媒体的采访，安度晚年。从可能是刚刚回国后榊原所写的手记中，我们可以看到醒悟了的他在"医生的伦理"里所写的主张。这本手记中的主张和论调，绝不是被洗脑或者是在强制状态下的坦白，倒像是一个冷静的用鼠疫菌进行试验的科学家，理性地、科学地解释残虐对待被害者，进而大量杀死敌人的战争

的描述。

现在我们一起来看一下榊原的手记是如何写的。榊原在手记中写道：

跳蚤的毒化需要在实战前一周内进行。跳蚤用吸血器将含有老鼠鼠疫的血吸入唾液腺中，其后约在一周内会将唾液腺内的毒素分泌到肠内。当唾液内的毒素转移到肠内后，跳蚤即使叮咬人体，也不会将鼠疫传染给人类，进而人类感染其鼠疫的可能性就会大大降低。

四处散布的跳蚤，直接从地上跳到人的身上，通过皮肤将唾液中的霍乱菌注射到人体内，使人感染上鼠疫或者间接地潜伏在地上、家里等，等待攻击的机会后侵入人的身体，同样让人感染。如果说直接或间接地依附在人身体上的可能性是10%左右的话，人口在10万的都市的人们突发的依附被感染需要100万个跳蚤，也就是说大概需要40公斤的跳蚤。当然也要根据场合，依附着人体的跳蚤不但会转移到周围人们的身上感染其他人群，甚至不依附于人体，跳到地面上的老鼠身上使鼠疫流行，因为从老鼠身上也可以把鼠疫传播给人类，实际上的需要量会比40公斤的跳蚤还要少，就可以让10万人口的都市灭绝。

如果感染上这么恐怖的病症，历经一两天的痛苦后，便会因为肺鼠疫或者鼠疫败血症而死亡。感染肺鼠疫的人因为严重的肺炎一样的高烧和脑症以及吐血等症状

而忍受着痛苦，还会像得了结核一样通过空气作为媒介把鼠疫传染给周围的人。鼠疫中，虽然眼鼠疫、腺鼠疫、皮肤鼠疫被称为症状比较轻的，但是最终也会变成鼠疫败血症，进入血液之中，全身重要的内脏都会因为鼠疫细菌遭到强烈的破坏而引起变化，最终导致死亡。

人体的鼠疫是以空气为媒介，以跳蚤为媒介，以衣服为媒介，以交通工具为媒介一个向一个扩散。在当时染上鼠疫的死亡率为80%，是一种让人毛骨悚然的非常恐怖的传染病。在细菌战中所使用的鼠疫菌因为是选定了毒性最为强烈的，所以它的死亡率更是增加了一层。

这种鼠疫细菌战阴谋计划一旦实行的话，数百万以上的人都会突发地被传染上鼠疫，发病的人多到无法被医疗机关的收容所进行隔离，医务人员根本无法救治，消毒设施和消毒材料会陷入不够用的状态，必然会使鼠疫大规模地扩散流行，让人胆战心惊，一个接一个夺去人们的生命。那个悲惨的样子都远远胜于广岛的原子弹爆炸吧。（注33）

第八节　华中派遣军防疫给水部：南京"荣"1644部队

（一）细菌战实战基地——南京

今天，人们一提起细菌战就会想起在中国东北地区哈

尔滨郊外平房的731部队。从细菌武器的开发、实验、实战的意义上讲，731部队确实是战前日军最重要的据点。但是，细菌武器与毒气武器并列，在日本是与美国曼哈顿计划一样的国家级项目。731部队在完全被日本支配下的中国东北，沿中苏国境线，设立了四个支部。与此同时，日军还在中国的重要地区也设置了以下的细菌战部队。其中：

1938年2月，北京"甲"1855部队（又称华北防疫给水部）设立；

1939年4月，南京"荣"1644部队（又称华中防疫给水部）设立；

1939年8月，广东"波"8604部队（又称华南防疫给水部）设立。

1941年12月，太平洋战争爆发后，战局向南方扩展，至第二年3月，日本又在新加坡设立了"冈"字9402部队，又称南方军防疫给水部。

上述各细菌部队的控制中心是设在东京新宿陆军军医学校内的防疫研究室，首脑人物就是专攻细菌学的石井四郎军医中将。除此之外，日本陆军中还有以家畜传染病为武器的军马防疫厂，如坐落在长春的关东军军马防疫厂第100部队，伯力审判的12名被告中，有3人属于此部队，他们供述了关于实行残忍的人体实验的罪行。但是，在当时发表的公判记录中，被怀疑并非是当时供词的全部，有关细菌部队整体的情况尚无从得知。

近年，虽然有很多新的资料和证词被挖掘出来，但和

731部队相比较，其他的细菌战部队的实际情况基本上没有查明。尤其是1940年以后，日军细菌武器连续在中国境内投入实战，南京"荣"1644部队是起着细菌战实战基地的作用的，这些情况也只是在731部队派遣队员的证言中有提及。

该部队正式名称为华中派遣军南京防疫给水部，是和731部队一样为了实施细菌战的特殊部队，在部队设立之初（1939年）被称为石井部队，第二年被称为多摩部队，后来被称为"荣"1644部队（注34）。另外，也有队员回忆其为"登"1644部队。

（二）军画兵石田甚太郎和自杀的细菌学者

关于南京"荣"1644部队，日本的中国现代史研究者水谷尚子的调查和研究最为详细深入（注35）。水谷的叔叔在二战时期曾服役于南京"荣"1644部队。二战时期由于彩色胶卷还没有充分被开发使用，因此，记录病理现象、中毒反应、菌体变化，以及跳蚤、虱子的解剖图等都通过绘图形式表现，部队把从事这项工作的人称作"军画兵"。水谷的叔叔石田甚太郎，从服役到1945年日本战败投降的三年时间里，一直在南京"荣"1644部队所属第一科里，从事军画兵的工作。水谷的叔叔在从军前后，一直做日本图书杂志的插图，也是战前日本插图史上知名的商业美术家。

根据石田回忆，南京"荣"1644部队被分成三个科。其中，"第一科承担生物化学武器和细菌武器的研究和制作，是部队的心脏"。我们同时根据石田所留下来的记录判明，南京"荣"1644部队下辖的第二科系负责部队的武器材料管理和经营食堂；而第三科则是防疫，主要从事疫苗的制造工作（注36）。根据石田所留下来的记录，石田在南京"荣"1644部队期间，每天的工作是上午负责记录日报，下午则负责给"马鲁他"身体部位画像，为摘出的脏器素描以及制作研究论文的图表、插页之类的工作，故此比较了解其所在部队的全貌。水谷根据叔叔石田的证言和日记，收集到约100名原在南京"荣"1644部队人员的名单，然后积极地进行寻找、调查和访问。

另外，在名为《细菌战部队和两名自杀的医学者》一书的第二章中，也详细地谈及了当时引起媒体注意的东京帝国大学传染病研究所的副教授冈本启战后不久自杀的事。冈本本人在二战期间，曾是东京帝国大学传染病研究所很有前途的细菌学者，同时也为当时的很多细菌战部队提供了众多的医学科学研究（注37）。该书详细介绍冈本在二战结束后自杀之谜的同时，也谈及了南京"荣"1644细菌部队的情况。二战期间，冈本为了研究霍乱，曾多次前往南京"荣"1644部队进行相关研究。为此，冈本的相关记录中也有关于南京"荣"1644部队的只言片语。通过相关资料也可以分析南京"荣"1644部队的一部分情况。该书的作者之一朝野富三当时是《每日新闻》社会部的一线记者，

朝野利用新闻采访的手法，虽然采访了许多人，但要揭开核心的机密依旧不是一件容易的事情，但因为多次不懈的采访，总算查明了冈本自杀的背景。

冈本与被称作石井四郎左膀右臂的内藤良一和增田知贞军医大佐是结拜弟兄，同许多优秀的细菌学者一样，冈本被石井相中，经增田引荐加入731部队，被任命为嘱托。在南京工作时参与了人体实验，杀害了被实验者。他一直为那些事情感到苦恼，战败后在追究战犯的社会声浪中，他只留给妻子一封遗书，内中写道"吾知吾之罪"，然后在研究室里用煤气自杀。该书使用的是化名，当时已经是战后近40年之际，和事件相关的人口风都很硬，都不肯吐露实情，用真实姓名出场者屈指可数，由此可见，拨开历史谜团工作的难度。从朝野的书出版到现在又过了30多年，在历史的真相永远消失之前，我们应该让它露出本来面目。

第九节　大阪医专出身的年轻细菌学者山中太木的证言

（一）任职南京"荣"1644部队

山中太木是战前细菌部队的医学者中，能够应我们的要求可以直接会面并交谈的为数很少的学者之一。但是，山中在会面中却否认关于涉及非人道主义的细菌战和活体实验的情况。山中毕业于大阪医专，1940年，在恩师的强

烈推荐下参加了南京"荣"1644部队，是当时日本伤寒、霍乱之类的肠管类传染病的专家。

1998年，英国的BBC电视台准备制作以《战争的科学》（*Science At War*）为题材的三集电视节目时，我按照编导的要求负责其中的细菌武器题材，担任了其中《人类的敌人》（*Enemy Of Mankind*）一集中日本采访的调查员和协调人员。

山中在战后曾任大阪医科大学的校长，从大阪医科大学步行几分钟就到了他退休后的住所。我们在1997年9月去采访他的时候，山中虽然已经90岁了，却腰板挺直，不使用助听器，像鸟一样消瘦的面容和姿态给人以非常精悍的感觉，头脑清晰，一提起细菌学的事情便兴致盎然。可是话题一涉及核心问题就有意躲闪。在采访中，山中一直喋喋不休地很热情地谈论着用兔子进行施瓦茨曼现象的实验，使用"鞭毛染色法"进行菌检索，以及用高槻的名产寒天培养液取代培养细菌的蛋白胨，研制出优质的W培养基等，谈到这些时他简直是侃侃而谈，兴致勃勃。

也许对于因"山中式鞭毛染色法"的设计而取得博士学位的山中来说，在显微镜下观察带有细菌的被染成鲜艳颜色的鞭毛，更是最令人兴奋的时刻。他说，霍乱菌是单一的鞭毛，只有一根。孤菌类有三根鞭毛，从形态上可以从一号到八号进行分类命名。细菌是因为种类不同而具有不同的形状的，这便是细菌的"脸"一样的东西，可以发现的话是非常"值得感谢"的。山中在采访中提到，大自

然是会教给我们很多东西的，并且很骄傲地说："我在南京是负责大东亚共荣圈全体的防疫工作的。"

山中又向我讲述了他去南京、衡阳出差的情况。据山中说，1943年，湖南省霍乱猖獗，就连日军每天也有150多人死去，由于中国派遣军司令官亲自请求能不能想个办法解决，所以山中出面去了南京、衡阳，在衡阳郊外，在当地的中国人家设立了隔离所。当日，山中在7个助手卫生兵的伴随下，乘坐军用卡车前往目的地。在中途由于卡车出现了交通事故，无奈之下，山中等人除留下两个人在现场等待救援外，其余人员下车背着必要的显微镜等设备，徒步在秋雨中奔向目的地。当时由于美军飞机频繁轰炸，山中等人为了避开美军的飞机在上空进行的扫射，花费了3天的时间才抵达最终的目的地。日军在湖南衡阳设立的隔离所用铁丝网围着，半死不活的患者多到挤到了隔离所外边。日军每天雇用中国苦力向外拉死尸，据说仅埋葬的死者每天就达150名。

据山中讲，当时的想法很简单，首先必须要做的就是救命。按照山中的说法，人类如果失去10%的血液和淋巴液就会死亡。先会失去意识，然后痉挛。霍乱患者会下痢、失水，导致脱水而死。为此，山中命令日军患者多多喝水，即使是有蝌蚪在里面游着、混着泥沙的稻田里的水也要多多喝。霍乱是经口感染的，不会像鼠疫菌一样从皮肤进入感染。所以断定都是因为喝水才感染的。

据山中回忆，在山中等人的工作下，虽然已经认定那个隔离所附近的水被散布了霍乱菌，而且被吞食的霍乱菌的

细菌数也在增加，但是已经感染了霍乱的患者是不会被二次感染的。比起那些更为要紧的是治疗脱水症状，所以，患者现在喝什么样的水都没有关系。就这样第三天开始已经没有再出现一名死者了（注38）。

（二）"荣"1644部队的逃兵——榛叶修

看到上述山中等人的相关回忆，又不得不令人联想起从南京"荣"1644部队逃走，投降国民党军的榛叶修自己写的坦白书。该份坦白书是日本立教大学的栗屋宪太郎教授在美国国家档案馆里发现的。该份档案是对在中国的日军细菌战和化学战进行调查的东京审判的国际检察局（IPS）文书，但是却没有把它提交给当时的东京审判的法庭，一直沉睡了40余年。榛叶修的坦白书文件非常长，其中相关部分摘录如下。

该部队（南京"荣"一六四四部队）制造下列传染病细菌属实，在部队里对一般士兵保密，只有相关的军官才了解这个秘密。截至昭和十七年六月，部队制造了下边记载的细菌的事情属实。

一、霍乱 二、伤寒 三、鼠疫 四、赤痢
参加者为防疫科全体人员。
散布细菌是在昭和十七年六月到七月之间，散布的次数、数量不详。

散布区域是以浙江省金华为中心，为的是让中国军队迅速撤退。后来日本军队进至细菌散布地域，饮用、炊事时使用了附近的水，结果也出现了许多感染者。

中国居民也有许多感染者和死亡者。

关于发布制造细菌的命令系统的详情未知，但绝不是部队的自发行为，我想肯定是根据军、师司令官的命令行事的。

目的是把毒性猛烈的病原菌撒到敌军阵地的后方，人工造成传染病猖獗，让敌人毙命，从而使其士气沮丧，同时也给一般居民带来严重后果，这是非人道的行径。

昭和十八年九月中旬，我去杭州陆军医院，里面住满了患上传染病的日军士兵，每天都有三至五人死亡。听说同年八月，该医院在院子里铺上席子，收容了数千患者。

据一六四四部队卫生兵长立泽忠夫（东京人）讲，他们是用飞机向前线散布细菌的。

我从昭和十七年五月到十八年三月在防疫给水部防疫科工作，了解到他们在"圣战"的美名下所从事的非人道行为，所以逃离了部队（以下略）。

原"荣"一六四四部队防疫科科员 榛叶修（注39）

民国三十五年（注40）四月十七日

这是榛叶修自己写的以《日军罪恶证明书》为题的坦白书的一部分，从日期和场所来看应该是"浙赣作战"时

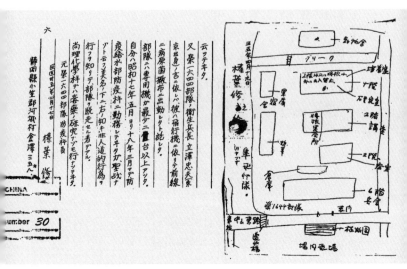

榛叶修的坦白书和他画的"荣"1644部队概图

期。榛叶修说他作为这样的日军的一员，在不被允许有自由思想的状况下，无法忍受"非人道的作业"，才豁出去企图拼命逃走。我为有这样的日本兵而感动。

我和其他的研究者，以及新闻记者都一直在找寻这个人，但却没有消息。就连榛叶修的日语读音，我们目前都不是很清楚。

在山中太木的谈话中，1943年秋天湖南省出现的霍乱流行，则被认为是另外的事情，但也是在"荣"1644部队活动范围内的，被友军散布的细菌所感染，因而让很多人丧命，他们描述同样事例的可能性非常高。

这样推理的根据是，在美军情报部的文件《日军在中

国使用的细菌（武器）》中收录的南京以及九江的防疫给水部的卫生上等兵俘虏229号的供词。供词日期为1944年12月3日，俘虏229号隶属"荣"1644部队，在1943年7月至1944年2月间，"主要研究细菌、发疹伤寒、霍乱以及赤痢菌的培养""南京机场附近的四层建筑物作为本部使用，戒备森严，只有被限定的少数将领才允许进入""日本的地面部队比预定提前进入了飞机播撒细菌的污染地区，所以，也有许多日本士兵患病"（注41）。

这份文件进而指出了俘虏229号所知晓的日军其他细菌战的几个事例。其中有1942年5月的"浙赣作战"中实施细菌战3次，加上1943年11月"常德作战"实施1次，共计4次。但是关于"常德作战"的地点是发生在常德附近，由于细菌的种类是霍乱，而且发生在秋天，所以和山中所说的很多点都吻合。731部队的一个队员虽然使用了"洋火泵"这种表达方式，但实际上细菌战的军医们自导自演，完全不介意友军的牺牲，有时候对当地居民进行活体解剖以及把死者从坟墓里挖出来进行解剖，然后书写显示自己制作细菌的威力和疫苗的威力进行确认的论文以及报告书。

（三）山中太木之死

因BBC电视台所摄制的纪录片的采访事项安排，我决定先期与山中先生会面，商量几周后BBC电视台的采访事宜。按照与山中先生的商量结果，山中先生自福井市一个

学会停留至当日的周六，山中先生将会在大阪医科大学图书馆接受电视台的采访。为此，我本人安排了BBC电视台的采访事宜。其中，需要山中先生往返于福井和高槻，并在回来的当日接受BBC电视台的电视采访。现在想来，一个九十几岁高龄的老人，能安排这样紧密的行程，我是非常惊讶的。

当日，虽然采访从傍晚开始准备，但也花了两个小时以上，无论年轻的英国导演如何努力，山中先生也不肯谈论细菌战的核心话题。银色的头发整齐地梳理着，像鹭一样瘦却坦然自得的姿态显得异常高贵。采访当天，山中先生只谈到了当时像地狱般的霍乱蔓延，以及成功地防治了其疫病的蔓延。在采访中，我清晰地记得山中在当日的情形，"我非常喜欢对霍乱患者的尸体进行解剖，因为是由于脱水症而死亡的人，肚子里面什么都没有，肠子已经薄得像纸一样，非常干净"，然后莞尔而笑。

虽然一直都是为了防止触及核心问题，山中始终设防，采访过程就是采访者为了这个问题和山中之间的较量，自始至终山中都是头脑清晰。从某种意义上来讲，这次采访是电视取材方彻底地失败了。在日本历经一周的采访后，BBC摄制组团队从关西空港启程赶赴中国进行取材。目送他们离去后，我才经由羽田机场的国内航线返程回家。

回到家后，我就收到了大阪医科大学图书馆事务课课长发来的电报，是山中太木逝世的讣告。山中的死是在BBC电视台采访后发生的。采访日程虽然是由山中本人决定的，但

日程安排的确非常紧张。我们至今还在想，也许是因为采访安排紧张才导致加速了山中的死期，故此直到今天我还非常后悔。其后，我本人联系了大阪医科大学图书馆事务课课长，询问了山中临终前后经过。据大阪医科大学图书馆事务课课长介绍，山中在结束采访的第二天午后，休息了大约两个小时，在当日的晚上写作中途去洗了澡，之后，在浴缸中像睡着了一样平静去世。通过事务课长的说明，得知不是在采访当日回到家后去世，也使得我们放下了悬着的心。

根据水谷尚子的调查，有很多证词都显示，山中在1942年"浙赣作战"中的江西省江山等地的日军撤退时，指挥部下散播了带有"污染有细菌的馒头"（注42）。虽然山中在生前的采访中绝口不提细菌战和人体实验的事，但是从山中的谈话中，至少透露出了他并不把在细菌战部队的军医经历当成耻辱。当然，我对于在战争中担负着战争指导责任的科学家们，面对战前与战后生活方式的矛盾，他们是如何调整自己的事情非常感兴趣。在山中的谈话中，也许包含了这个答案。为了叙述方便，兹将山中的相关部分谈话收录如下。

因为南京制造疫苗和血清的制造能力是最好的，所以在战争结束的时候，我被盟军司令官委托制造3000万人用的疫苗。为此盟军司令部为我留下了几名优秀的卫生兵。只用了一个月的时间，在战争结束那年的10月完成了疫苗，将其存放在南京的制冰公司的

冷冻室里，并告诉司令官五年十年不会有任何问题。

由于天皇下命令结束战争，能180度转换协助起昨天为止还是敌人的人，这样的事情应该只有日本人才做得出来吧。越想越觉得是日本民族的优点，并感受到了自己的爱国心。为了回国后继续为祖国的再建而工作，所以一年后，乘坐美军的军舰归国。

如果天皇和国体作为价值基准的话，那么也无须烦恼，日本会毫不犹豫地确定行动的指针。日本很多优秀的科学家都被成功地洗脑，被动员后参加战争。但是战败后曾投身国家战争计划的科学家和医学家们并没有任何反省，所以不难说现在在日本连续发生的令人难以置信的医疗事故，难道不是反映了学问背后的问题吗?

据山本人在采访中回忆，日本战败投降后的第三年，山中就被GHQ叫到了东京，在东京停留了近一周的时间。其间，GHQ民间卫生局的萨斯姆将军命令山中将战争中的研究情况，写成一份报告交给他。此外，萨斯姆将军还询问了有关石井四郎等人的情况。面对美国人的询问，山中这样回答的，他在采访中回忆说:

对于他的事情很早之前我就了解。他有些地方是很粗暴的。因为是军人，所以曾在"满洲"的哈尔滨附近很偏僻的地方待过。想法是很单纯的。但是单纯的想法是不可能拯救国家的。

第十节　细菌战部队"荣"1644部队少年看守兵　松本博的证言

（一）"马鲁他"是人类细菌制造机
——令人战栗的100%抽血

松本博出生在熊本县八代的一个农民家庭。1943年他18岁的时候，报名参加了陆军，却收到了卫生兵的合格通知。接到征兵通知的松本博从博多坐船出发，经釜山登陆后，又花了一周左右的时间经陆路抵达了南京。在南京接受了数周的步兵教育，马上又接受了6个月的卫生兵资格教育。卫生兵教育结束后，松本最初工作的地点是南京城内的中山门附近的中央大学医院七号楼。这个七号楼当时是华中派遣军防疫给水部的办公楼，四楼关押着被当作细菌制造材料的中国俘虏，松本的工作就是看守这些人，对此松本回忆说：

七号楼是钢筋混凝土的很结实的建筑物。四楼呈长方形，中间有走廊，分别起名为"松""竹""梅"的房间并排排列着。四楼的尽头有作为处置室的焚烧炉，楼梯处设警卫室，是出入的必经之路。

我勤务的房间是"松"，大小像我在农村小学校的教室那么大的长方形。它的内侧放着7个长、宽、高各一米左右的像鸟笼一样的铁制的圆形笼子，中间用煤酚槽隔开。由此，被我们称为"笼"。"马鲁

他"是按一根、两根计算，而非按照人进行计算的。因为每一个笼子里面放着一根"马鲁他"，所以我管辖的房间里一共有7根"马鲁他"。

这些人全都是被南京宪兵队带过来的。进入房间的时候就已经被脱光衣服全裸着。我想这是为了防止他们自杀吧。"笼"里因为非常窄小，所以他们只能抱着腿在里面待着，既不能伸腿也不能站立起来。笼子里面有一个便罐子当便器。每天取出来，倒入带把手的煤油桶里。

"笼"的底部是由5寸方材，用螺丝拧紧所组成。在入队时就曾听说过以前有用陶瓷便器的把手一点点把螺丝拧松，取下便器成功逃走的事情。所以上司们告诫我们一定要好好地监视他们。好像是从那之后便加强了警戒，不再使用陶瓷的食器了。所以，食器都改成了用纸和布牢牢地糊好的，有些深得像盘子一样的东西。菜和饭都放到里面，不给他们筷子，让他们用手抓着吃。虽然说从营养的均衡和量来说，是和兵队的伙食一样的东西，但因为混在一起，便没有什么味道了。如果想喝水的话，会在吃饭后给他们喝。

他们被关在笼子里两三天后开始给注射生菌。都是军医过来给他们注射，可能是霍乱、鼠疫、伤寒、破伤风和瓦斯坏疽之类的。后来，我又看见装着鼠疫虱的试管，直接放在"马鲁他"的腹部，让它们吸血。这些鼠疫试管放上之后，"马鲁他"中便有下痢

的患者。如果说出现了感染者的话更需要注意，最为不得不注意的事情就是被尿淋上。这样，由于不让他们洗澡，所以有非常难闻的体臭。

在他们看来，也许我还是非常年轻的，所以他们一直把我当成孩子，所以基本上对我倒是没有显露出什么攻击的态度。因为我本身是不抽烟的，所以我把分配给我的烟草都悄悄地给他们抽。虽然知道如果事情暴露会受到很严厉的惩罚，但这至少是我的一点心意。他们也理解我的心意，所以每递过去一根烟，他们都为了不让烟飘到外面，一点一点地吸，然后把烟吐到便器里面。一次不能让所有人都吸到，一人抽完后再让下一个"马鲁他"开始吸。

我监视他们，不让他们自缢，咬舌自杀，另外不可以大声喧哗。看到他们低声说话我也装作没有看到。我们这些看守都是穿着白衣戴着口罩，每天开始时和结束后都要用消毒水进行消毒。

另外，从注射了生菌之后，要每天测量体温，观察进食状态，记录"马鲁他"的事情进行报告也是我的工作。当然他们会越来越衰弱。因为使用的是不同的菌，要观察三个月到四个月，如果是将校和军医所希望的生菌在体内生成后，会对"马鲁他"实行大抽血。大抽血就是要采集"马鲁他"身体中的血液，直到最后一滴血被抽干为止。

等到了采血日那天，我们会给"马鲁他"们的

脸上罩上黑色的头巾，使其看不见任何东西，带去处置室。处置室里面有倾斜的处置台。让"马鲁他"平躺在上面，手脚和身体都用皮带固定好。然后在"马鲁他"的头巾上滴上两三滴麻醉剂后，让他们数数。"一、二、三"，但是"四"却说不出来了，然后就会发出像打呼噜一样的声音后进入了睡眠。"马鲁他"们进入睡眠状态后，我们则开始在"马鲁他"的大腿部进行消毒。到此，这些工作都会由我们来进行。其后，军医们便开始切开腹股沟部位，用钳子把两侧的动脉取出夹住。然后把针头刺进血管，用一个非常大口的瓶子进行血液的采取。

在进行了上述工作后，"马鲁他"们腿部的血液会汩汩地向外涌，慢慢地变成细流，其后，"马鲁他"们则开始很剧烈地痉挛。这个时候连固定身体的皮带都开始嘎吱嘎吱地响起来。我想这应该是快要断气的时候吧。而且更为惨虐的是，这个时候有人穿着皮靴就那样踩在"马鲁他"的心脏部位，这样"马鲁他"们的吸管头上会出现血泡，那是最后一滴血。采集作业结束后，"马鲁他"们的血液就很快会被拿到其他地方。按照推测，应该是培育室或者是什么其他地方吧，但具体被拿到哪儿去俄我这个级别的人是完全不知道的。一个人的身体大概可以采取四到六杯的血液。

"马鲁他"们的尸体会被放进处置室旁边的电气焚尸炉里烧掉。烟从烟囱冒出，外面不知道发生了什

么，但是会闻到非常臭的臭味，而且油还会滴在外面的马路上。剩下的骨灰会在军官学校对面挖坑埋掉。

松本在该处从事这样的工作10个月里，一共参与了40名到50名的"马鲁他"的大抽血工作。这就像文字所描述的把人体当成细菌制造器，然后"收获"污染的血液，实在是恶魔的行径。

（二）少年兵的孤独

年轻的松本是孤独的。工作到下午5点之后就回到被称为内务班的宿舍。因为在宿舍里不允许谈论和自己工作有关系的话题，所以自己休息的时候谁代替自己从事那些工作，在别的楼层里还有什么人从事着什么样的工作，他是完全不知情的。关于出入自己工作场合的军医，他连他们的名字也是不可能知道的。但是因为知道自己做这些事情根本不是作为一个人应该做的，所以他经常处于惊恐害怕的状态。而且那些事情不可以和任何人说让他非常痛苦。松本说"精神上已经快支撑不下去了，觉得忍耐得非常痛苦"。松本回忆自己战时的部队生活时说：

在刚参加部队的时候，经常会有部队的前辈问道"工作怎么样啊"的时候，如果不小心说出了"不喜欢"的真心话可能就会被殴打。之后逐渐领悟到不能

把心里想的事情说出来。内务班班长会以任何事为借口，非常残忍地进行制裁。制裁时，内务班班长将士兵分成两列，让年轻的士兵相互打耳光。如果有谁手下留情那是被视为情况恶劣还会被殴打。没有一天不挨打。"马鲁他"大抽血日子里晚上会做噩梦，同寝室的人总说我睡着的时候在那儿很痛苦地哭泣着。

虽然一直都很想逃，想逃脱这种生活，但是逃跑后如果被抓到，在军法会议中就会被判重罪。因为如果变成卖国贼就会给家人带去麻烦。那样想着都觉得可怕便不敢逃了，也没有地方逃。因为是那样的日子，所以一个朋友也没有交到。就连战后有战友会的事情都不知道，和当时的同事也一次都没有见过。

在战争结束的前一周左右开始，从辎重队开来了100辆卡车，把尸体挖出来后运走了。把挖出来的尸体堆积到卡车上，最上面盖上马吃的草料和大米用来遮人耳目。听说把尸体都扔到了长江毁尸灭迹。肯定是上面命令他们销毁证据。我想如果战败后电压就会下降，焚烧炉和处置室的机器就没法正常工作，那肯定要提前进行破坏作业的。剩下的"马鲁他"都被下药杀死用焚尸炉烧毁，尸体也不知道被扔到哪儿去了。

（三）战后第50年松本终于站出来了

1945年8月16日，松本所在部队为了不暴露战争中的

恶魔罪行，把官兵的肩章和私人物品全都没收，向南京北面的玄武湖方向逃亡。同其他部队混在一起，像什么都没有发生一样开始了返回日本的旅程。

回到熊本家后的松本，把自己在南京的工作告诉了他的母亲。虽然是没有什么文化的贫穷农家主妇，但母亲在听说后却非常激动地怒斥他说："真是家门不幸。你都做了什么。你简直不是人啊。"当松本决定要结婚的时候，松本也把自己在南京的工作告诉了未来的妻子。松本觉得不该隐瞒妻子，在不知情下结婚。松本说："婚事并没有因此而破裂，妻子总算是原谅我了。"结婚后，松本就进入了东京的一家金属公司工作，后来还当上了组合的委员长，但在长子出生一周后却被公司解雇了。他一边安慰自己说"和在战争中犯下的罪过的压力相比较，这根本算不了什么"，一边计划着靠打临时工维持生计。后来松本花费了近8年的时间最终回到了原来的公司继续工作。退休后因为已经65岁了，松本就在东京下町家附近的残疾人共同作业所开始上班。

战后第50年的1995年，松本开始谈及自己在战争中的体验。1997年夏，在被蝉鸣声包围着的千鸟渊战死者公墓，我们采访了他。当我们问及松本为何要想开始说出证言时，松本回答说，自己从没参拜靖国神社，第一次则拜访了在皇居一侧的千鸟渊战死者公墓，在墓地前，松本注意到了昭和天皇的歌碑。

在战后50年的时间里，松本一直在思考：

为什么中国人被称为"马鲁他"？为什么他们要被强制处死？那场战争到底是谁为了谁才开始的？像我这样活活榨干别人的血的杀人犯的侵略行径，日本至今没有明确认罪和谢罪。而在千鸟渊战死者公墓昭和天皇的歌碑却说"想一想那些为了国家，贡献出生命的人们，我们百感添胸泪潮涌"，好像过去的战争是别人干的事情一样。

其实说起来，如果不发动战争的话也不会有这么多人为此牺牲了性命，在甲级战犯的事情上，不是说死了就可以被原谅，供奉在靖国神社合适吗？和侵略者进行战斗的中国爱国者们被逮捕后被残忍地杀害。杀害了那么多本来可以参加他们祖国建设、为国家做贡献的有用人才。作为生者来说，最少应该有把事实的真相公布于众的义务。

（四）加害者和被害者的见面

1998年10月，从中国到日本访问的人当中，有731部队中被"特移扱"用作人体实验而牺牲的抗日工作者的家人敬兰芝。听到这个消息后，英国BBC电视台的制片人就计划让敬兰芝和松本见面，以此来同时采访战争中的加害者和受害者。在经过几次诚恳地说明和沟通后，双方当事人同意会面。松本特别感谢能给予他这个直接向中国人谢

罪的机会，但也非常紧张。采访组的摄影师、音乐人和制片人都是英国人，只能听懂英语，而松本则只能听懂日语，敬兰芝则只能听懂汉语，故此，中间的翻译则找到了生活在日本的英语专家，并同时会这三国语言的王选。

松本面对自己曾犯下罪过的受害者家属时，并没有说太多的谢罪的话，而是非常详细地阐述曾让自己非常痛苦的工作，希望哪怕能够得到被害者家属的一点点原谅。当摄影机转动，松本详细说到全裸的"马鲁他"被放入"笼"里时，敬兰芝已经开始哭泣。由于在场的我们听不懂中国话，作为一名旁观者的立场站在那里，也非常无奈。当松本谈到对"马鲁他"大抽血话题时，全体工作人员情绪崩溃，在场的敬兰芝也小声地哽咽着，但是松本并没有停止谈话。

最初听到松本的证言时，无法待在屋中走出去的王选，不知道是不是因为不得不完成她的工作的原因，又回到摄影棚继续翻译。在这种悲伤的情绪中，还是60岁的英国音乐人摘下耳机大喊道："停止吧，这实在太残酷了。"由此，我们也不由得深吸一口气放下了所有工作。当日，摄制组在进行了对两位的简单摄影后，便草草结束了当天的采访。

现在想起来，松本和敬兰芝基本是同龄人，如果不是因为境遇不同，作为同时代的人现在应该有着共同的话题感受吧。在现场看来，敬兰芝对松本的痛苦经历表示理解。对于松本而言，战争中，那些清纯的年轻人却要被迫进行如此

残酷的工作，我们也表示同情。更为感动的是，两个语言不通的人，只是那样握着手，松本开始懊悔那些曾经发生的不能挽回的过错，我们被两个人那样的画面救赎着。

（五）访问南京

2000年5月，为了进行南京大屠杀的采访，我和英国的制片人一起去了南京。此次拍摄和采访拟定以《太平洋的地狱》（*Hell In The Pacific*）为题，以搜集太平洋战争期间所发生的残酷现实。通过该片，制片人计划通过曾经参战的各国家的经历者的身份，来传递在战争中被侵害国家的人们的声音。制片人计划在南京与东史郎见面，通过东史郎的证言，来反映中日战争中，日军对于非战争人员和放弃武器的俘虏进行的残虐行为。另外的目的就是，采访逃过了日军虐杀和强奸的地狱的南京市民的证言，以及对松本博作为看守工作过的"马鲁他"的监狱进行实景拍摄。

在南京，一个叫作侵华日军南京大屠杀遇难同胞纪念馆的地方，原为日军集体屠杀中国人的屠杀现场，埋葬场所的"万人坑"位于纪念馆中的一个建筑物里。相对于奥斯维辛集中营而言，南京的侵华日军南京大屠杀遇难同胞纪念馆中，作为战争的遗址留下来的是人类的遗骨。和其他任何一个场所不同的是这里所展示的是给人无尽的感触。

纪念馆所派发的宣传册用日语写道："该纪念馆由广场陈列、遗骨陈列、史料陈列所组成……从绿树和草坪等

非常多的景观中，展示着生死与悲愤为主题的纪念墓地建筑物"，而且"建筑物是用灰色的大理石所筑造，气派，庄严，谨慎而稳重"。

遗骨陈列室是1985年纪念馆建成时挖掘出来的"万人坑"，其断面用玻璃装饰，让人们能从地下室的室内看到。就像文字所描述的一样，在地里展示着几层人压着人的尸骨。而且它的旁边新挖掘出来的部分也是用玻璃罩着平面地展示着人骨埋葬地。从那年开始，5月第一周的休假里，老

被石田甚太郎指认为"本部"的大楼，现挂着"肾脏病研究所"的牌子（2014年笔者拍摄）

师带领学生们，以及地方的团体观光客，都无声地围绕着玻璃所笼罩着的人骨。

在遗骨馆中，横躺的遗骨中，两个乍看上去就可以判定为父子的大人和小孩都仰卧在一起。看到这里，笔者虽然双手合十上香，但是闭上眼睛就像失去意识一样有些眩晕，勉强才能忍住放声痛哭的想法。虽然已经失去了血肉之躯只是剩下了遗骨，却让人觉得莫名的悲哀。

（六）60多年后的
"华中派遣军防疫给水部第七栋"

让人感受到中华民族博大精深文化和其底蕴的南京的街道上，到处都是人和汽车以及自行车，已经完全没有60多年前被席卷着整个街道的悲剧的样子。道路两边满是露天摊，卖着衣服和鞋、日用品，还有新鲜的肉、蔬菜和水果。充满活力的人群，看着他们，让周围的人都充满了活力。贯穿街道的大路像机场跑道一样宽广，铭记着庄严历史的建筑物随处可见。当年曾是"荣"1644部队旧址的南京中央大学医院现在被人民解放军使用，称为"南京军区总医院"。

虽然，事前通过江苏省政府外事办公室的日本语科的青年人取得了拍照的许可，但是，当跟他们说是旧日军的"荣"1644部队遗址时，却沟通得很不顺利，一脸的担心。虽然在松本的记忆中，原中央大学医院由14栋建筑物

构成，其中中央部分的第七栋就是"华中防疫给水部"，但是他自己生活范围以外的根本不允许他知道，所以让当年年轻的下级士兵松本理解现状和事实还是有些差异。

显示"荣"1644部队建筑的图纸有三个版本。一张是榛叶修所提供的坦白书中所画的平面图。一张在1940年4月10日，第一科陆军技师山中太木绘制的《石井部队本部营房表层土壤细菌学的研究特别是以好气性细菌为主的脾脱疽菌（注43）的检索》的论文中。该文附有采集样品现场的平面图（注44）。最后一张是军画兵石田甚太郎所留下来的《部队平面图》（注45）。其中，山中论文里对建筑物所在位置描述得最为详细，松本所在的第七栋建筑物也明确显示在图纸里。

根据军画兵石田的记述，从中山东路对面大门进入

松本工作过的第七栋建筑，如今变成了四层楼，焚尸炉已经不在了，了解70多年前惨剧的人也没有了（2014年笔者拍摄）

之后旁边有一个长的建筑物，"部队里称这个建筑物为本部"，"四楼两旁的建筑物里，正面玄关有电梯，夹在中央的走廊左右只一楼就有大约30个房间"，"一、二楼是队长室、会议室和本部事务室，以及三科的作业室、材料库和二科的资料库，三、四楼则是二科和三科兵队的内务班和新兵教育室"（注46）。而根据石田的相关记述，其部队平面图省略的地方很多，只绘有一科和一个标志为六栋的建筑物，其西侧则画有一个游泳池。山中论文的平面

1998年12月，从原日军"荣"1644部队遗址的现场发掘的人骨（由侵华日军南京大屠杀遇难同胞纪念馆刘相云提供）

图里，只有七栋和六栋被庭院隔着相对而立。

中山东路对面的正门有穿着军服的卫兵，在检查访客的访问许可，也许是为了让人觉得这是军队的设施吧。当我们一行乘车进去之后，杂乱的建筑物让人感觉不到是军方设施。对照平面图我们发现，松本曾经工作过的建筑物现在好像还是在做医学研究设施，有穿着白大褂的人进出。但是看样子都非常年轻，所以应该不会有人了解当年的事情。

我们走到松本当年曾经工作过的四楼，穿着白大褂的中年男士对我们说："几年前，曾经来过一个在战争中在这里做人体实验的日本医生。"据这位中年男士讲，该栋建筑物原来是三层的建筑物，战后又加盖了第四层。但是在此之前楼顶上就好像有一个小房间。据说，在1945年战争结束前后，日本人为了彻底销毁证据，那些装满犯人的监狱在一夜之间，都被处理成了娱乐室，曾经被抹杀的生命痕迹都被销毁得无影无踪了。

但是实际情况却不是那样。一起同行的侵华日军南京大屠杀遇难同胞纪念馆的副馆长刘相云给我们看了他自己拍摄的两张照片。其中一张是1998年8月施工时在南京军区总医院的院子里发掘出的6个头骨的照片。另一张是穿着手术用白大褂，戴着口罩的三名男性正在调查挖出来的人骨的照片。而照片的旁边，除了直接埋起来的人骨之外，还发现了装满头盖骨的木箱和装满大腿骨的木箱。

通过对牙齿的分析和人工牙齿加工技术的水准推断，判断出是20世纪30年代至40年代的人类。其中的42具尸骨

中只有一具是女性，其余的41具尸骨是从17岁到38岁的青壮年男子，更让人吃惊的是，军事医学科学院的专家对遗骨、木箱和土壤样本进行检测的结果是，这些人的尸骨中均检测出霍乱的基因（注47）。

我们根据石田甚太郎的回忆，当时该部一科的技师和三科的疫苗专门人员，二科的车辆输送的军人家属，合计七八十人在战后约一年的时间内都停留在南京。石田和山中太木陆军技师也在其中，日本战败投降前后所遗留下来的"马鲁他"的后期隐藏销毁工作等，山中不知情实在让人不能相信。由于石田证词的出世，基本可以了解"荣"1644部队的全貌。石田和山中离世后，除了松本之外没有一个人记住他们，哪怕是两人的名字，只是作为孤独的做证人而存在着。

（七）再访南京

我第二次到南京是2009年9月。来访身份是作为"战医研"（15年战争与日本医学医疗研究会）的"战争与医学"访中调查团的一员。

侵华日军南京大屠杀遇难同胞纪念馆是一所每年要迎接来自世界各地计50万人次的纪念馆。这所中国著名纪念馆的馆长朱成山，虽然每日非常忙碌，但还是亲自为我们进行了两个多小时的讲解。他以2008年改建后纪念馆的特色为中心，介绍了纪念馆的概要以及历史。朱馆长还介绍

说，除最近（2005年）的遗骨挖掘调查以外，此前的现场挖掘由于是与纪念馆的建设同时进行，因而在现场保护以及遗物、遗骨的收集和保存上尚存在一些问题。

以"战争与医学"为主题访中的笔者所在团体之最大的关注点是"荣"1644部队。馆长对此也进行了说明。在此语境下，我们意识到尽管相关信息是以1998年发现的人骨为核心，又是在案发现场，关于"荣"1644部队的信息仍然极为有限。除了将发现现场按照当时的样子进行陈列，人骨的分析和保存也由侵华日军南京大屠杀遇难同胞纪念馆负责。可以考虑，其核心人物正是朱馆长，而这种想法得到了证实。

一直以来，他们对细菌工厂遗迹和飞机场等进行了一定程度调查，并根据现场绘制了草图。参观接近尾声时，尽管大幅超过了午餐时间，我们仍然激动地围在朱馆长身边，找来山中太木论文中的图，石原甚太郎书中的图和"荣"1644部队逃兵榛叶修在自己写的供述书里画的图，与现在的南京军区陆军总院附近的地图做比对，七嘴八舌地确认着信息，度过了愉快的时光。

中国各地都建有记录抗战时期中国民众悲惨状况和侵华日军残暴行为、赞扬勇敢抗日的战士们的纪念馆。其中，沈阳在1931年9月18日九一八事变引爆地柳条湖建造的"九·一八"历史博物馆，哈尔滨市内的东北烈士纪念馆，还有侵华日军第七三一部队罪证陈列馆等是这样的纪念馆的典型例子。而侵华日军南京大屠杀遇难同胞纪念馆的特色则

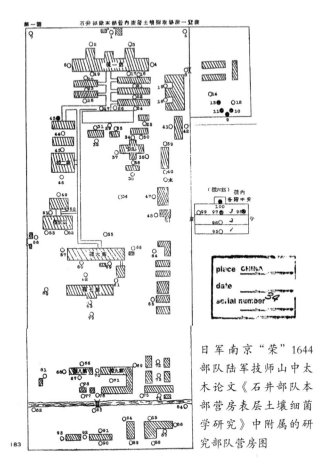

日军南京"荣"1644
部队陆军技师山中太
木论文《石井部队本
部营房表层土壤细菌
学研究》中附属的研
究部队营房图

是纪念馆本身就建造在万人坑上。馆内有将地表部分直接掘
开，原样展示的展区。据说在那之下还叠着的遗体有六层之
多。辽宁省抚顺市郊外的抚顺平顶山惨案纪念馆也有同样的
展区。面对着这样横卧在眼前的累累遗骨，我们日本人应该

313

如何面对呢？在不远的过去，日本人侵略了中国，武装的军队虐杀了大量投降并放弃武器的中国军队战俘以及包含女性、孩童、老人在内的普通平民，所有的日本人都应该知道。就像是德国将其作为国策，在学校将纳粹德国的暴虐教给孩子们，我们也应该将这件事教给新生并逐渐成长的一代人。此外，强迫中国人从事煤矿挖掘或是大规模工程等的奴隶劳动，在暴力支配下奴役他们，并将生命因此消耗殆尽的人们的遗体抛弃于其中的集体墓"万人坑"，存在于以伪满洲国为中心的中国各地。在这些昔日"万人坑"旁，人们继续着他们的生活。生活在被残害的同胞们的遗骨叠埋之地的旁侧，他们不可能忘记这些过于惨痛的经历。可以说，中日恢复邦交后，发生了的众多的战后赔偿审判也是必然的结果。作为加害者的日军除一小部分以外，都为宽容坦荡的中国精神所拯救而顺利还乡，多数享受到了日本战后繁荣的恩惠。与"万人坑"相似相近的集体墓地在九州、北海道等的煤矿和军需工厂等处也多有存在。我曾经去过据说在20世纪50年代就已经被挖掘出土的北海道室兰海滨的朝鲜人集体墓地。在俯瞰沙滩和大海的悬崖上耸立的慰灵塔令人久久难忘。传闻在海岸的集体墓地只是经过浅浅掩埋，战后不久某时候起，就有黑压压的苍蝇久久停落在其表面的沙土上。

过去几十年里，中国设立了众多的以抗日战争时代为主题的博物馆，近年来得到大量的国家预算，成了非常充实的设施。在其中能够强烈地感受到抗战胜利和社会主义中国的成立是中国的原点，也是中国的骄傲。或许今日，

从凝聚民心这样的意义上讲，追述原点也是非常必要的。可以说，这些抗日纪念馆作为"全国爱国主义教育模范基地"得到了充实。

同期拜访的哈尔滨郊外的平房的侵华日军第七三一部队罪证陈列馆也得到充实，同从前相比大有不同。金成民馆长对于需要一定费用的图书资料的收集工作，在观念上也发生了变化。并按照规划，将连接"马鲁他"的监狱六号楼和本部楼的地下通道修整并公开。此外，该馆还征集了一度成为中学，现在是陈列馆的建筑的邻接地块，对陈列馆进行扩充。各种各样的工程处在进行时中。对此，金成民馆长自豪地表示"连睡觉的时间都不够"。

注释

注1.《来自背荫河的报告》，载于《月刊731展》第15号。

注2. 此前的少年队员之一的鹤田兼敏也有同样的证词。

注3. 常石敬一：《消失的细菌战部队》（增补版），海鸣社，1989年，第57~71页。

注4. 熟知跳蚤的习性，设计出如此纯熟的高效率大量饲养的方法实在令人吃惊。

注5. 1998年9月对小幡石男的电话采访录音。

注6. 再版《公判记录——731细菌战部队》，不二出版社，1982年。

注7. 1998年10月，筱塚等人为向牺牲于日军之手的中国人谢罪和祈念冥福而建碑。于千叶县明福寺的采访录音。

注8. 像筱塚一样，站在对日本的侵华行为、残虐行为和殖民

地统治进行反省立场的人，或者对于历史认识持有问题意识的中国人，均对日本建立的傀儡国家"满洲国"前加一个"伪"字。"奉天"和"新京"等当时的城市也在新中国成立后改了名字（"奉天"改为沈阳，"新京"改为长春，译者注）。伪满洲国时代的名字也意味着这些城市的名字都是"伪"字。

注9. 引自金子安次：《关于女性国际战犯法庭的中归联会员的证言（1）——慰安所对预防强奸有效吗》，载于《季刊·中归联》第15号，2000年12月。

注10."清国奴"是对中国人的蔑称。在那个大人们泰然地使用这样一个蔑称词语社会中成长的孩子们，就自然成为蔑称和带有歧视意识的日军士兵。中国归还者联络会的成员们对于自己有那样意识的事情能毫不隐瞒地做证是非常珍贵的。

注11. 1995年11月29日，东京地方法院裁判诉讼731部队公判甲一九号证三尾丰的陈述书（以下简称"三尾陈述书"），第17页。

注12. 三尾陈述书，第19页。

注13. 三尾陈述书，第20页。

注14.《认罪之旅——731部队和三尾丰的记录》（以下简称"《认罪之旅》"），刊行委员会，2000年8月。

注15. 三尾陈述书，第30～31页。

注16. 三尾陈述书，第26～27页。

注17. 三尾陈述书，第2～3页。

注18.《认罪之旅》，第92～93页。

注19. 三尾陈述书，第21～25页。

注20. 虽然是不大确切的描述，但吉房是按原意记录了石井所说。

注21.《季刊·中归联》创刊第4号，1998年3月，第36～37页。

注22. 中国黑龙江省档案馆、中国黑龙江省人民对外友好协

会、日本ABC企划委员会编：《“七三一”731部队罪行铁证：关东宪兵队“特殊输送”档案》，黑龙江人民出版社，2001年12月。

注23.“反满抗日”是不承认日本的傀儡政权“满洲国”，并反抗日本侵略的活动。由此，爱国义勇军被日军称为“匪贼”。在东北的154个县中有93个县有反满抗日的义勇军存在。马占山是原来东北军步兵第三旅团长（原文如此，译者注）。1931年，马占山担任了自发组织起来的黑龙江省抗日义勇军的总指挥。由此，马占山与1931年9月18日以来的蒋介石的“不抵抗”相违背，勇敢地与入侵“北满”的日军进行了抵抗。

注24. 金成民采访。

注25.《人体实验中的277人身份大揭秘，前苏联和朝鲜的战俘——关东军机密文书的初次公开》，共同通信社报道，2001年9月24日。

注26.《公判记录——731细菌战部队》（以下简称“伯力公判记录”），不二出版社，第303～304页。该书为1950年出版的《因细菌战武器的准备以及使用被起诉的日军军人事件公判书类》的再版。

注27.相对于中文中的军服，平民的服装统称为便服。

注28. 滝谷二郎：《杀戮工厂：731部队》，新森书房，1998年。

注29. 同注26，第148～152页。本文原文为战前日文体，为阅读方便，改成了现代日语白话文。

注30. 同上，第91页。

注31. 同上，第109～110页。

注32. 1998年9月采访于大阪。

注33.《季刊·中归联》第7号，1998年12月。

注34. 水谷尚子：《“荣”1644部队的证言》（以下简称“水谷证言”），载于《季刊·战争责任研究》第10号，1995年。

注35. 水谷尚子：《"荣"1644部队的组织和活动》（以下简称"水谷组织"），载于《战争责任研究》第15号，1997年。

注36. 水谷证言，第57页。

注37. 常石敬一、朝野富三：《细菌战部队和两名自杀的医学者》（以下简称"常石'小泉'、朝野'医学者'"），新潮社，1982年。该书第一部为常石所著，主要叙述了日本战败投降前夕，原陆军军医总监、军医中将小泉亲彦的情况。第二部为朝野所著，主要叙述了东京大学传染病研究所副教授冈本启自杀的经过。

注38. 引自1997年9月1日，大阪高槻市山中太木氏家里的采访录音。

注39. IPS. Evidetiary Document.1946.

注40. 民国三十五年为公元1946年。

注41. SINTIC No.187 R・G 319.（常石敬一编译：《目标：石井》，第130页。）

注42. 水谷组织，第51页。

注43. 脾脱疽就是炭疽菌。这一时期，山中将此与鼠疫一并列为细菌武器，还是比较合适。由此，我们确信山中确实是一线的"细菌战军医"。

注44. 田中明、松村高夫编：《731部队作战资料》，不二出版社，1991年。

注45. 水谷证言，第64页。

注46. 同上，第65页。

注47.《从遗迹和证言看〈南京〉的真实》，载于《赤旗新闻》，2000年3月5日。

第三章　新的证据和新资料的发现

Chapter 3 Testimonies
and Information New Discoveries

第一节　昭和天皇去世和
"731部队展"之后

（一）陆军参谋的"业务日记"

1989年，日本昭和天皇去世后，日本就像从束缚中解放了一样，越来越多的人开始说出二战时期战争的事实真相。自在新宿的军医学校旧址中发现了人骨以来，在和中国的细菌战以及731部队的人体实验中牺牲者的遗孤之间的交流之中，从1993年至1994年，在日本的市民小组配合下，日本全国62个地方举办了"731部队展"。在此期间，陆续有新的证人在各地出现，阴暗的部分一点一点得以揭露。一直处于缓慢状态的细菌战实战的实际状态和其被害状况的解明也得到了飞跃发展。

诺门坎事件（1939年5月）和由日军发起的对浙赣铁路沿线城市的宁波、衢州、金华以及玉山等的上空开始的鼠疫攻击（1940年）；另外在湖南省常德实行的鼠疫跳蚤的细菌战（1941年）等，有关这些，我们从英国、美国的资料以及陈文贵等的英文报告和伯力审判等记录里可以完全知道事实的真相。

与此同时，中国在20世纪80年代末期出版了由中央档案馆等合编的《细菌战与毒气战》相关资料集。其中作为细菌战的部分"证言：人体解剖""证言：人体实验""证言：细菌作战"等相关文献相继得以出版。根据

这些资料，关于细菌战的悲惨的被害者，在当时中国国民党政权统治下留下的很多记录都得到了证实。另外，战后留在中国的很多日军相关人员也留下了关于细菌战和毒气战的告白和证言的档案也得到了证实。此外，战后出生的中国历史学者和医学者也有对日军的毒气战和细菌战的研究，他们在研究中也做了相关的介绍。

在国际法中被禁止使用的细菌武器的实战使用并不是一部分部队的某些人能决定的，这些除了得到天皇的许可，还需要在日本陆军参谋本部指导下才能进行，除此之外是根本不可能的。相关档案虽然在日本战败投降前就被彻底销毁了，但1993年日本中央大学吉见义明教授等人，通过对防卫厅防卫研究所图书馆所公开的陆军中央军官的四种工作日记的解读，也证实了细菌战是以天皇为顶点，在陆军中央的指挥和命令下，并在作战中得以施行。这些工作日记包括以下内容。

（1）井本熊男大佐的业务日记。该日记主要为其在以下任职期间的工作日记。1939年10月至1940年10月，任"中国派遣军"参谋；1940年10月至1942年12月，任日本陆军参谋本部作战课课员；1942年12月至1943年2月，任日军大本营作战参谋（第八方面军参谋）。其间，该大佐日记中有关于实施细菌战的联络调整等方面的具体记录。

（2）金原节三军医大佐《陆军业务日记摘录》。该日记系从1941年11月金原节三军医大佐任陆军省医事课课长开始。

（3）大塚文郎军医大佐《备忘录》。大塚文郎为金原大佐的继任，由此该备忘录系自1943年担任陆军省医事课课长后开始，对美军细菌战计划有很详细的记录。

（4）真田穰一郎少将《业务日记》。该日记自1943年10月至1944年12月，为真田担任参谋本部第一（作战）部长期间的记述。

通过上述相关日记的分析，这些日记中均有以"ホ号""ホ""ほ号""保号"，以及"⊕"为代号的有关细菌武器攻击作战记录。根据其中的记述，作为最有效的细菌武器的鼠疫虱使用了"谷子"和"粟"来表示，对于虱子生产中不可缺少的老鼠则使用了"饼"等暗号来称呼。此外，有关细菌也使用了暗号来简称。其中，细菌简称为PX（鼠疫菌液）、P为鼠疫、C为霍乱、T为伤寒或者肠伤寒、PA为副伤寒或者副伤寒A来代替。根据这些日记记载，1940年至1942年，日本陆军根据天皇的命令和陆军参谋总长的指示，以"大陆指"命令书的形式，在中国实行了细菌武器的攻击。

根据这些记载，我们就可以明确回答英国的电视纪录片中所提出的关于"天皇是否知道"（细菌战）的问题了。这些业务日记和中国的资料、被害者以及实际参战者相关的史实记录，均非常具体地揭开了这一切。以下是我们根据业务日记中摘录的，将特别需要注意的事项进行归纳。

其一，是关于在中国进行细菌实战的事例。

根据"井本日记"，日军在1940年9月和10月，在浙

江省各地实行的6次细菌攻击，在之后的被害者的证言中也有详细描述。

根据"井本日记"，当年6月，日军"中国派遣军"总司令部设立了直属实施部队，并决定由关东军防疫部长石井四郎大佐担任其负责人。该实战部队后来被改称为"奈良部队"，基地为杭州市笕桥的"中央航空学校"旧址。从原日军航空班成员最近的证词和当时残留下来的日记等来看，日军奈良部队原以南京为基础，系731部队（石井部队）和"荣"1644部队（南京）的混合部队。按照"井本日记"，此次细菌实战的当事人中有被称为石井左膀右臂的当时曾任华中防疫给水部（"荣"1644部队）部队长的增田知贞、731部队的实战飞行员增田美保大尉以及731部队担当实战研究的大田澄中佐等人。这些人物名字的出现，表明了731部队在研究和开发细菌同时也进行着细菌实战。

我们根据大塚文郎军医大佐《备忘录》，也查阅到了1943年11月1日，731部队长石井致日本陆军省军务局的报告中，有关731部队在农安县进行鼠疫攻击的实际战绩的报告。按照该项报告，731部队此前的"实际战绩"为：

> 根据田中技师以下6名对农安县的报告，使用时限信管1kgPX可致500～1000人死亡。

中国的研究者解学诗先生在其相关研究中，也论证1940年在农安县以及"新京"鼠疫的流行，与浙江省的细

菌攻击存在着必然的关联性问题，并提出了日军为了调查在大城市人口密集地带的感染状况，而进行了鼠疫菌散布实验（注1）。为此，石井曾领着100余名日军在当时的"新京"，将150余名中国人当作"鼠疫患者"监禁在千早医院里进行了试验。其中，石井将其中的30名中国人指定为"真性鼠疫"患者而进行虐杀（活体解剖）（注2）。当时，石井部队以伪满洲国的"首都新京"为中心，并在当时"新京"国防会馆里设立了"关东军临时鼠疫防疫队本部"。同年10月，731部队以"新京"西北60余公里的农安县鼠疫猖獗为由，派出了总数为2600名日军以及"关东军临时鼠疫防疫队本部"坐镇。该防疫队的核心其实就是被改称为"雁部队"的石井部队。

在农安县的关东军防疫队的活动表面上为"防疫活动"，实际上是军事性非常强的"作战行动"。根据相关记述，乘坐3列专用列车到达的日军防疫队非常强硬粗暴，使得已经被疯狂的疾病伤害的不满30000居民的农安又再次陷入了恐慌之中，人们每日心惊胆战。防疫斥候班和病例解剖班的士兵每天开着车抓患者并用车拉来尸体，甚至把埋葬的尸体挖出来，当场解剖，然后把内脏拿走。

与此同时，伪满洲国也出动了带枪的警察，并用绳子和铁丝网设立了隔离区，居民们在严厉监视下测量体温，检查淋巴腺，采血以及注射等。采血虽然以感染性的检查为目的，以此来制造血清和血粉，但是，却有对被注射鼠疫疫苗的人体进行试验嫌疑。从证言中我们可以了解到，

为此，农安地区也突然出现了死亡者（注3）。其后，1940年10月，农安地区再次暴发了鼠疫，但其文件记述中并没有有关农安地区鼠疫的具体感染途径相关记述（注4）。

根据大塚文郎军医大佐《备忘录》记述，1943年底，为了扭转不利的战局，日本陆军参谋本部开始讨论以鼠疫菌为中心的与英美的细菌战的准备问题。为此，不顾国际舆论，主张使用大量的细菌先发制敌进行攻击的石井，可能为了获得参谋本部的支持，才将农安县的事例作为"既往实绩"，上报给了日本陆军参谋本部。从石井上报给参谋本部的农安县实际"作战业绩"看，石井在其中也提及了731部队在农安县的具体做法。其中，石井报告中提到，根据密探的消息，散布鼠疫虱是最为有效的方法，一公斤的鼠疫菌（PX）可以杀死500～1000人。据此，我们认为，1940年在农安暴发的鼠疫很有可能是石井部队派出的密探，在农安进行散布实验而引发的结果。

作为曾隶属731部队少年队一员的镰田信雄，这个时期被派遣到"新京"。镰田的任务是负责挖开因鼠疫感染而死去人的坟墓，并制作涂抹标本。据镰田的回忆，被挖开的坟墓曾有一具年轻日本女性的尸体。由此，我们可以了解，在细菌实战中因为实验而死去的甚至也包含了日本普通民众。以至于镰田因检查带有鼠疫菌的老鼠，被感染了鼠疫，差点死去。其后，脱离危险的镰田被送回日本，从此之后再也没有返回细菌战部队。

其二，为庆应义塾大学医学部图书馆馆藏的细菌战部

队的医学论文。

最近，学者们发现了731部队鼠疫研究班高桥正彦所撰写的《关于昭和十五年农安及新京发生的鼠疫流行报告》等6篇医学论文。高桥正彦在战时为日军731部队的军医少佐、鼠疫研究的负责人。发现于庆应义塾大学医学部图书馆的文件，其侧面写着"高桥正彦鼠疫菌论文集"，里面收录了27

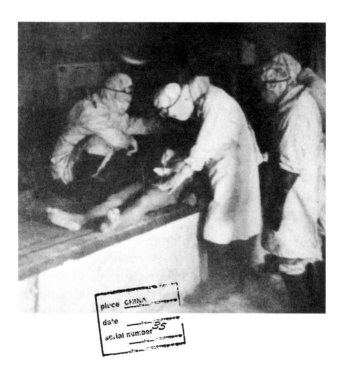

731部队派出的"防疫队"的现场解剖（选自《"七三一"部队罪行铁证》，吉林人民出版社出版）

篇"陆军军医学校防疫研究报告",而且到处都盖有"秘"字印。二战后,美国要求731部队有关人员交出农安、"新京"的鼠疫感染死者的内脏病理标本。其中,对57名死者的英文调查结果被作为《Q报告书》保管在美国犹他州达古威军事基地,最终被发现了,但它的原型"日语报告书"却下落不明。《Q报告书》中的57名死者虽然都是以英文字母作代号的,但它和高桥论文中的实名名单——性别、年龄、病名都完全符合,因此,可以推测高桥论文就是《Q报告书》的原型。值得注意的是,标有"担任指导 陆军军医少将石井四郎"的、名为《关于昭和十五年农安及新京发生的鼠疫流行报告》的6篇报告中,有预测实战效果的记述:"有必要在某种程度上提高带菌老鼠的比例。"(注5)

这些论文是以当时死难的57名鼠疫患者的病例解剖记录为基础写成的。从少年队队员镰田信雄的证言中我们也可以看到,镰田作为高桥班的一名成员前往"新京",实际上当时日军也出动了石井防疫部队,以对鼠疫虱散布实验的结果进行检证,防疫实施训练实际上是作战行动的一部分,其后以高桥班的病例解剖工作为基础,高桥等人撰写了军事医学论文。

几乎在同一个时期,浙江省的一连串细菌战得以实行。石井和他的部下频繁往返于"新京"和农安的防疫战与浙江省的细菌战战场之间,进行双方前线的指挥工作。这绝对不是偶然的事情,而是用各种各样方法证实细菌武器的有效性的摸索过程,往返于"实战试验场"和"战场

之间"，并以此最终得出了鼠疫虱是最有效的作战方法的结论。

其三，为关于人体实验的记述。

大塚文郎军医大佐日记中也曾提到，小出军医中佐的报告中记载了为视察731细菌战部队的实际情况，从陆军省出差到东北的情况。此次出差表面上是打着"治疗伤寒细菌患者"的名义而来，而实际上是对"马鲁他"进行"注入脓菌"实验，并留下了"效果着实有效"的记录。该日记中还记载着"蛆"弹制作和"细菌攻击实验用的'马鲁他'500"的实验经过。与此同时，该日记还记述了日军将装有鼠疫菌液的"ha弹"用于人体实验，并使得"伤者10%到30%会有并发症"等记录。此外，该日记中还有"使用'马鲁他'做实验是为了解决全军中重要的事情"，以及对于人体实验的评价等有关记载。这些记述均有助于解开日本陆军为推进国家级项目的细菌武器的开发，牺牲了许多人性命的残虐人体实验之谜。

其四，为关于对盟军细菌战。

从南京工作调任到东京参谋本部工作的井本熊男，在其1942年3月18日的日记中，则记录了潜伏在菲律宾巴丹半岛，对美国和菲律宾联军进行细菌武器攻击的计划。按照该项计划，日军将鼠疫菌液等细菌1000kg装入300发的炸弹10吨，并分10次投下。同时该日记还有"因为731部队和'荣'1644部队（南京）的生产力很低，故此在东京的军医学校需要在一个月内生产300kg的菌液"，"运输

机两架，在后方配置50~100名军人"等。当然，在细菌
战尚没有准备好之时，日军第十四军就很快成功攻占巴丹
半岛，克雷吉多要塞也很快沦陷了，至此，日军在还没有
使用细菌战的时候这次战斗便结束了。

实际上，日本陆军参谋本部一直计划在中国之外的盟
军使用细菌炸弹。东南亚是日军同盟军战斗的战场，与在
中国实行实战体验的增田知贞和石井亲近的内藤良一也在
这个时候浮出水面，由此，我们无法想象这些人在新加坡
的南方防疫给水部中只是专门从事防疫和给水工作。

根据在南方军防疫给水部工作的大快良明所描述，
在新加坡的爱德华七世陆军医院中取得一席之地的防疫给
水部中，内藤良一军医中佐虽然是主宰着独立的细菌研究
室，但是主要工作还是"对美国的细菌战的研究"。

关于南方军防疫给水部的活动，相关信息极为稀少。
应该是日本战败投降前后，日军为了隐藏证据而进行彻底
的销毁工作所致。但是，作为战犯免责的条件则是要把细
菌战的数据交给美方，在进行交涉时精通英语的内藤起到
了比任何人都要重要的作用。那就是将石井作为恶人推出
去，交出了关于在哈尔滨平房的731部队的所有情报，同
时很有可能隐藏了"对美细菌战"研究的相关信息。

根据1942年春"井本日记"中有关《昭和十七年ホ号
指导计划》的描述，日军除了在"浙赣作战"攻击的华中
和华南的6个城市之外，还商讨了将西萨摩亚、阿拉斯加、
澳大利亚的主要城市以及印度的加尔各答等"联合军"的

据点作为细菌攻击目标。根据记述，同年5月27日，在日军陆军参谋本部举行的事前碰头会上，石井四郎除了提出增强731部队的细菌制造能力、整备细菌战实施体制，无须在乎国际联盟等未来强行细菌战的要求愿望之外，还提出了"使用气球炸弹"的方案。进而在同年6月29日，石井也同样提及了"和增田中佐联络"事项中的"ふ号气球炸弹"计划。

为了调查日军的细菌战，1945年日本战败投降后，来日的美军桑德斯中校负责担任日军在战争末期使用气球炸弹情况调查。战争期间，虽然美国一直无法了解日军飘过来的炸弹的真正意图，但这让人觉得像对细菌战那样恐惧以及不安一样，桑德斯作为一名调查者，一直在调查"Unit 731"（注6）。根据调查，日军的气球炸弹飘流范围很广，北部飘到阿拉斯加，南部甚至飘到了墨西哥。在俄勒冈州甚至有人因好奇触摸了气球，导致教会6名人士的死亡。在美国回收的1000余个气球炸弹中，均没有检测出细菌。当然，作为对美细菌战的一种手段，日本陆军参谋本部在会议中进行了商讨。从1944年11月至1945年4月上旬，日军从太平洋沿岸的千叶县一宫、茨城县大津和福岛县勿来的海岸基地，向美国投放了合计9300个装满炸弹和燃烧弹的气球炸弹（注7）。

我们从此前的大塚日记中可以看到，在当时日军高层中，分为积极派（井本熊男，大本营参谋）和慎重派（真田穣一郎，作战本部第一部长），两派均各自提出了使用鼠疫进行攻击的方案。其中，井本案计划使用兵力12000名，

月产老鼠600万只，预算金额为1亿2000万日元。真田案虽然大概是井本案的一半规模，就是现行的缩小方案（兵力2000名，月产老鼠200万只，预算金额为1200万日元）。相对于这些方案，石井则对大本营军事课提出了"对美英应该使用大量的细菌先发制人，不需要考虑什么国际关系"的方案，进而石井计划使用飞机27架，用其中的12架以每两个月一次的频率，对缅甸、印度、中国、新几内亚、澳大利亚以及太平洋各岛和其他地方，进行依次攻击。

进入1944年后，战局对于日本来说开始慢慢变得绝望，在大塚《备忘录》中，大塚记述了同年4月26日举行的陆军省局长会议，召集石井少将出席，并商讨对盟军使用细菌武器攻击的实施事宜情况。在该次会议上，服部卓四郎参谋本部作战课课长提出了"将潜水舰内装满PX（鼠疫菌或者鼠疫虱），对澳大利亚、夏威夷和中途岛进行特攻攻击"的方案。大塚《备忘录》还记述，在此次会议上，参会人员还商讨了由于天皇反对对美军使用毒气攻击，细菌战实施的计划如果上报不会得到许可的情况下，作为臣下如何使用非常手段而不上报的情况。

如果我们将这些事情进行逆向思考的话，也就是说，对于中国使用的细菌战、毒气战实际上都是上报得以批准才实行的。到此为止的调查中，当日参加会议的陆军计划将4月塞班岛攻防战要使用的细菌部队装船送走，但日军在塞班岛覆没，这些货物一部分被运往了特拉克岛，中途的5月10日，被美军的潜水艇所击沉。

塞班岛守卫队全军覆没是在1944年7月7日，东条内阁总辞职是在同月的18日，甚至在这一期间，日军陆军中央还在研究对美军使用细菌攻击问题。这些方案包括以西部新几内亚附近的比克亚岛和塞班岛为目标进行细菌攻击，提案者是神林医务局长。与此同时，日本陆军中央还讨论了为夺回关岛等而使用鼠疫菌进行细菌战的问题。同月22日，在参谋会议中，日军决定实行此方案。为此，大塚日记还记录了杉山陆军大臣、秦参谋次长、神林医务局长"关于特攻作战无法区分战斗员和非战斗员，无论是敌军还是我军均有可能全军覆没"等的谈话。在这一过程中，细菌战的实施计划一直对天皇保密。这些人甚至决定只有在天皇"御下问"夺回塞班岛和关岛的情况时，才需提出细菌战实施的必要性问题。当然，也有人认为该项计划实际上已经被天皇知晓，为此天皇下达了终止命令，但却没有被执行。这些也证实了天皇在这一问题上，实质并没有太大的决定权和发言权。

关于夺回硫黄岛而进行的"鼠疫菌特攻作战"，我们从731部队的飞行员松本正一的《滑翔机作战》中也可以有所了解。当然，这一方案是陆军中央参谋层次所研究决定的方案，还是关东军或者731部队的独自决定的方案，就不得而知了。

日本战败投降的前一年，日军曾计划利用德军空降部队所使用的九八式滑翔机同型机，并使用细菌战奇击部队所乘坐的重型轰炸机两架作牵引机，在硫黄岛上空空投敢

死队。按照计划，这些敢死队队员空降后，会将装有鼠疫菌和鼠疫虱的试管进行地面投放。

大塚日记还回忆道，当时大塚和平泽中尉等人在哈尔滨的东北航空飞机场，学习了滑翔机的操作。九八式滑翔机是从两三千米的高空开始滑行，在高度是10倍左右的距离时便可以秘密侵入，和降落伞部队有些不同，滑翔机的优点是可以携带一定程度的器材。当时，由平泽中尉护送的两架飞机，在从本土运往哈尔滨平房的途中因滑翔机毁坏，没能实现作战计划。

但是，日军并没有因此而放弃细菌战投放计划。根据1945年1月8日大塚《备忘录》记述的"不实行ほ号作战计划"，该计划经过陆军大臣的裁决，不得不停止了细菌战战略的实施。有关这一计划，我们从在东北地区的原731部队支部队员的证言中得以确认。按照这些人的回忆，作为"谋略论的用法"，细菌战一直是真田参谋本部第一作战部部长所提倡的，为此，日军曾计划以月产300kg鼠疫跳蚤为目标，曾在关东军和"中国派遣军"中大力实施了老鼠和跳蚤的增产计划，以至于中国占领区的农村和日本儿童都被动员起来以生产老鼠。

（二）战败前夕的细菌战敢死队
——"夜樱特攻队"

1995年以来，逐渐事实清晰的"夜樱特攻队"是以20

名卫生兵为主的细菌战敢死队。1945年3月，由哈尔滨平房的731部队里参加了"关东军集合特别教育"的60余名卫生兵队长所编成的。

这60名卫生兵队长是从731部队的各个支部集合上来，经过了一个月的训练之后由下级士兵晋升为卫生兵队长，其后均配属在了鼠疫班。四国出身的小幡石男曾隶属于林口支部，并被分配到第二部督促跳蚤繁殖。1945年6月的一天他被叫到队长室，小幡石男被任命为"夜樱特攻队队长"。小幡石男在回忆中这样写道：

> 我被任命为有17名士兵的特攻队的队长。8月17日，我被告知要进行第一次出击。为此，全体队员留下了遗书，穿着军服照相，并将剪下的头发、指甲邮寄给父母。
>
> 虽然没有告诉我们具体的出击方法，但是大家都决心带着鼠疫虱和鼠疫菌趁机混入敌人占领地，然后进行散布。目标是美国，虽然没有明确告诉我们，但是我们都是这样认为的。到8月为止的两个月里，我被注射了近60次鼠疫的预防针。8月9日，因为苏联进攻而导致部队被炸毁，但是一多半人都逃了出来，因此特攻队在没有机会出击的情况下战争便结束了。（注8）

当事人所不知道的具体出击方法，也许就是服部卓四郎参谋本部作战课课长在1944年4月所提出的"将潜水舰

内装满PX（鼠疫菌或者鼠疫虱），对澳大利亚、夏威夷、中途岛进行特攻攻击"的一部分。

此时，在鼠疫班接受教育的其他日本士兵，注意到了班长桌子上的"其他的对美国的特攻计划"的文件。这份文件写有第一次出击队20人的名单和具体的计划。根据该项计划，特攻队队员利用4000吨潜水艇，在接近距离军港500公里的珊瑚礁后，利用只有单程油料的飞机在军用港口后面强行登陆，以此将携带的鼠疫菌和鼠疫虱进行散布，并同归于尽。出发日期定为1945年9月22日，目的地为美国西海岸的圣迭戈军事港口（注9）。

（三）细菌战野战部队

作为战争末期的谋略作战，日军一直筹划到日本战败投降前夕。1994年，为筹划731部队展而组织起来的北海道实行委员会发现了证言人上川纪一（化名）。此人在1998年，接受BBC电视台邀请，与BBC电视台一起，在日本战败投降之后，第一次回到中国东北地区的黑龙江省，并接受了关于日本战败投降前夕的"细菌战野战部队"采访，留下了口述历史记录。

上川1933年作为卫生兵在东北的林口陆军医院工作，第二年年末，他受命赶赴哈尔滨平房731部队，用了一个月的时间，接受了关于接触细菌、毒气和解剖等的专门教育。其后，在升任陆军下士的1945年3月，接受"秘密部

队"的派遣命令，利用近两周的时间，乘坐卡车将副伤寒菌瓶投放在中国人聚集地方的周边以及井里，待村民发病后对其实行解剖工作。上川回忆道：

> 部队有9个人，全员穿着脏的中国人的衣服，除了士兵号码牌之外全身都没有任何可以证明是日本军人的东西。我们乘坐军用卡车从林口车站出发，两周内徘徊在四个地方，但是具体去哪儿，去的地名和方向都不知晓。9个人都是像我一样的卫生兵，分别担任中国话翻译、朝鲜语翻译、16毫米的摄影、司机等工作。大概移动了一天到一天半，拜访了有几户人家聚集的一个很小的孤立的村庄，然后分成三四个人一组，假装成路人一样将安瓶内装的细菌投放在村民们公用的水井之中。

> 大概过了五天，再次返回到发病的地方。村民们因为腹痛、下痢等症状而十分痛苦。用"给你们治病""给你们药"等谎言欺骗他们，将其麻醉后就进行解剖。解剖后才知道原来让我们投放的是副伤寒菌。当我们接过直径为20厘米的福尔马林安瓶的时候，将明显看着已经病变的内脏的一部分切除装入其中。我们只是解剖了一两个病发的患者，其余的都使用药物将其杀死后将尸体扔入井中。当发现了没有被细菌侵害的儿童的时候，因为没有其他办法也只好和死尸一起进行了处理。最后为了不让秘密被人发现，

放火烧了整个村子。

一切只有按照命令行事，没有别的办法。因为大概一天半左右后会有卡车来接我们，在那期间我们要将资料整理好，然后乘坐卡车返回到指定的下一个宪兵队司令部，下一个任务在等着我们。四个场所里，将儿童也算入其中我想大概杀害了30人吧。（注10）

谋略的细菌战停止是在其后的业务日记中得以确认的，日期为日本战败投降前夕的7月2日，也就是大塚《备忘录》中记载的神林医务局长的停止"ホ号"的命令日期。

1945年8月9日，苏联参战后，接到了命令的细菌战部队残忍地杀害了本来要用于人体实验而被圈禁的囚犯，为了销毁证据不单单是实施破坏，而且为了逃跑还把恐怖的鼠疫老鼠都放走，正因为日军的如此举动，导致了战后周围村庄出现了很多村民因感染鼠疫而死亡的情况。

第二节 终于发出声音的中国细菌战被害者

（一）细菌战被害者提出的国家赔偿诉讼

1978年中日两国签署了和平友好条约后，中日两国开始进入正常化状态。与此同时，热心于贯彻人道主义和正义，并追究日本战争责任的日本律师终于实现了与中国的战争被害者见面的愿望。为此，日本律师们组成了中国

战争被害者法律家调查团（团长尾山宏律师）。日本法律家调查团经过4次访华调查后，于日本战败投降50周年的1995年8月开始，至1998年8月，向日本国政府和企业提出了9件损害赔偿请求诉讼。其中与731部队有关联的有以下两件。

（1）1995年11月29日，向东京地方法院提出的关于"731部队以及在南京进行大屠杀和无差别轰炸事件"诉讼。

在三个事件同时提出诉讼中，731部队的原告，为被"特移处置"的宪兵队送进731部队的抗日运动活动家的遗属共计8人。关于事件的详细内容在本书第二章中已经有详尽的说明。

（2）1997年8月11日，提出了关于"731部队细菌战国家赔偿请求诉讼"（律师团团长土屋公献律师，原告108名，代表为王选）。

1991年8月，为进行战争期间日军细菌战的调查和收集证人证言，日本市民小组走访了崇山村，作为日本人，第一次了解到了战时中国细菌战被害者的实际情况。崇山村的被害者在1994年年初向日本政府提出了请求赔偿的联合诉状，他们最初接触到的是以静冈的市民团体"电影《侵略》公映委员会"为母体而成立的协助诉讼组织，即"解开日军发起细菌战历史事实会"。

1997年8月，面对诉讼案件，以一濑敬一郎、鬼塚忠则和西村正治3名日本律师为中心的律师团，通过对中

国境内多次进行取证和调查，最终把范围缩小到6个地方合计108名原告身上。这些原告大部分在浙江省衢州市、宁波市、江山市、义乌市、崇山村和湖南省常德市6个地方，并从中找到了在日军细菌战中死亡者三代以内的亲属。这些亲属提出了每人1000万日元的赔偿和谢罪要求。

记录中虽然记载着在上述6个地区中死亡者的人数高达2100人，但是当时由于害怕被火葬，故此大多死亡者都秘密被其亲属埋葬，其中全家均死亡的事例也不少。故此，我们可以认为实际的被害人数可能远远超过上面的数字。现在，湖南省常德市"鼠疫被害者调查委员会"正在对周边地区进行调查。从目前的情况看，至1998年前调查的19个乡镇中，共有54个场所，合计有3563名死者被列入了"被害者名单"之中。文献显示，当时驻扎在这一地区的国军士兵约3000余名也出现了因感染而死亡的情况。

1997年8月提出诉讼以来，1998年2月进行第一次口头辩论，至2001年12月审判为止，中国的原告、研究者以及省政府人员在内的60余人均来到日本，并借助这一机会在日本全国进行了巡回演讲，向日本民众诉说了二战期间因日军细菌战而造成的中国细菌被害人的实际情况。

他们反复地诉说着那段他们的亲人死去的痛苦回忆，并对被践踏的"人类的尊严"反复重申，请求对反人道的残虐的犯罪行为进行认定、调查、谢罪和赔偿。1999年12月，又有新原告72人进行追加诉讼，原告合计达180人。

从2000年11月至2001年的连续6次公开审判中，律师

团申请的人证中，有曾隶属731部队的原队员、细菌学者、历史学家等11人和原告7人的证人证言被采用。这些证人证言中有历史学者中央大学吉见义明教授、庆应义塾大学松村高夫教授、细菌学者东京医科大学中村明子客座教授，在东京的中国人类文化学者聂莉莉（东京女子大学副教授）、中国史专业的立教大学上田信教授以及731部队研究者、新闻记者近藤昭二氏等。这些人在法庭询问中均提出了鉴定书，作为证人出现在法庭上。

鉴定书是在各自的专门领域的基础上所形成的。这些鉴定书包括证言、陈述书和"731细菌战裁判宣传活动委员会"出版的《被审判的细菌战资料集系列》等。通过审判，使对战时原日军细菌战的实际状态而进行的调查、研究和证言作为资料流传下来，这本身也是一件非常有意义的事情。

（二）"浙赣作战"和细菌战

1941年12月8日，日军偷袭珍珠港后，日本和盟军进入全面战争阶段。1942年4月，日本本土开始遭受美军的空袭。被本土空袭而动摇的参谋本部便开始实施"围剿"美军B-29轰炸机的降落地——中国浙赣铁路沿线的飞机场的作战计划。由此，我们也了解了"浙赣作战"就是以中国为舞台的、日军和中国军队所进行的战争。根据同年5月30日"井本日记"的记录，关于陆地细菌作战，当地

的"中国派遣军"司令部因怕伤及友军，故此非常担心该计划的实施。为此，日军选择了在撤退后散布细菌，以使返回当地的居民感染上细菌的办法，在同年7月进行了细菌攻击。在井本8月28日的日记中出现了"以ホ实施的现状"为题目的报告。

根据这份细菌实施报告，值得注意的是日军在广信、广丰、玉山等地使用了鼠疫菌，在江山、常山使用了霍乱菌，在衢州和丽水等地则使用了伤寒菌和副伤寒菌。其中，鼠疫菌的传播主要是采用了散布跳蚤的方法、释放老鼠的方法和将鼠疫菌撒在干燥大米上的方法。霍乱菌则是通过在井中投入、附在食物之上、注射进水果之中等方法进行散布。由此我们判断，日军这样设置的细菌攻击目标，主要是为尝试根据不同细菌使用不同的攻击方法，其主要攻击对象则是以当地居民为主的实战试验。

第三节　日军细菌实战的被害地

（一）1940年的浙赣铁路沿线城市

中日开战以来，日中战争陷入泥沼化的1940年5月，欧洲战线中纳粹德国开始转入战略进攻时期，英法失去了守卫亚洲的能力。对于军事物资不足的日本而言，迎来了进军南洋，进而掠夺战备资源的好时机。日本陆军试图尽快压制住中国军队，以便从中国战线中抽调部分兵力以支援南方战

场。故此，日军开始认真研究细菌武器的使用问题。日军基于天皇"大陆命"，由陆军参谋总长发布了作战具体的指示，即"大陆指"，攻击目标确定为"浙赣（铁路）沿线城市"。

根据该作战命令，日军通过细菌战切断中国的援蒋公路线。其中，在武汉的日军第十一军负责"宜昌作战"，为此，日军试图通过与陆海军航空部队负责中国后方都市的轰炸任务（一〇一号作战）等相互配合，以形成对中国军队的压制。具体负责"实施指挥部队"的是"中国派遣军"总司令部直属的石井大佐，具体的攻击方法决定采用"高度大概在4000米以上"开始的称之为"雨下"的菌液散布，或者是投下"带有鼠疫的虱子"。根据同年7月25日发布的"关作命（关东军作战命令）丙六五九号"，日军为实施浙江省的细菌战而便于临时编成"奈良部队"，命令731部队开始相关人员和器材的输送作业（注11）。

（二）飞行员松本正一的证言

731部队的飞行员松本正一在1940年秋天的大概三个月里，受命赶赴浙江省的杭州。原731部队航空班的增田班长等班员大概三分之二，约20名班员均参加了此次行动，负责细菌武器的山口班以及宪兵、翻译等也从731部队出发赶赴杭州。731部队航空班甚至动用了九七式重型轰炸机，但因坐席不足，余下的士兵只好在地上抱着腿坐着。与此同

赶赴南京的松本正一飞行员（左）同航空班同僚的合影。飞
行任务外往往使用假名，穿中国服装

时，九七式单发轻型轰炸机也出现在现场。部队的前线基地
为中国军队所修建的笕桥空军飞行学校旧址。从哈尔滨运
来的陆地炸弹和汽车等也同时抵达了现场，在与从南京的
"荣"1644部队人员会合后，编成了由120名士兵组成的临
时部队"奈良部队"，攻击目标为衢州和宁波等地。

　　"衢州作战"始于1940年秋天，731部队的增田班长
负责操纵单发的轻型轰炸机，今村则作为投弹手，负责装
满了鼠疫虱的两个箱子。其中一个箱子在衢州上空打开后
将虱子投放了下去，另一个箱子由于没有及时打开，在回
航的途中就将装有虱子的箱子原封不动地投下去了。回来
后，日军开始针对此次投放的失败，对装有虱子的箱子进
行改良，将箱体变小，其形状也改成了流线型。其后，日

军在杭州的钱塘江附近，对箱体设置了检知板。为了调查箱体抵达地面的时间，日军改用八八式二型飞机，在300米至500米的高度进行低空飞行，以进行散布虱子试验。为了调查其效果，松本还受命到现场进行了调查。

起初的试验并不是很成功，在一次试验中，由于在向地面投放鼠疫虱时箱子后面的门没有打开，致使箱体中的虱子呈旋涡状状态，而不得不返回到笕桥机场。等抵达笕桥机场后，装有鼠疫虱的箱体却在机场的草丛中自动打开，致使大量鼠疫虱跳了出来。由于慌忙中没有撒好消毒药，结局是飞机被烧毁。

根据松本正一的回忆，当时松本使用了"桂"的假名，而增田班长则使用了"赤城"的假名，同期的樱永则被称为"大江"。部队长石井四郎则使用了"东乡一"的假名。按照规定，"奈良部队"所属士兵不得着装制服，为了便于识别，"奈良部队"则用徽章代替制服发给士兵们作为标志。松本佩戴的是中尉徽章，樱永是大尉徽章，荻原队员是少佐的徽章。队员可以留长头发穿夹克衫，服装自由。住的地方则为将校俱乐部里一层楼的宿舍。在松本家中给我们看了松本本人在南京停留时所拍摄的照片。照片中，松本与穿着中国衣服的同僚一起，穿着白色衬衫，看上去一副轻松年轻的样子。这些伪装实际上是为了不被外界看出是执行细菌战这样"极秘任务"的飞行员而已。

（三）初次鼠疫虱投放攻击作战
——衢州和宁波

在井本熊男的日记中，我们了解到，1940年9月18日至10月7日间，日军使用霍乱菌、伤寒菌和鼠疫菌进行了6次的细菌攻击作战。在菌液投放的同时，10月4日，日军还实施了史上第一次从空中开始实施的鼠疫虱投放攻击，地点是浙赣铁路上的要地衢州。

同年10月下旬，在中国东南部的主要港口城市宁波，日军也投放了鼠疫虱。宁波港口是支援当时中国军队的主要海上要塞。同年11月底，日军在投放的后备城市中，选择金华投放了鼠疫虱，致使在衢州和宁波两个地方几乎同时发生了大规模流行性鼠疫。同年，衢州发生的鼠疫，通过人体媒介又传播到了义乌，致使1941年10月，义乌发生了爆发式的流行鼠疫。义乌的鼠疫传播是从城市街道开始蔓延进而扩展到周围的农村地带。在崇山村，1942年10月至1943年1月来，来势凶猛的鼠疫挥舞着淫威，使得村里的人口约三分之一，计396名村民在这场鼠疫中死亡。

（四）1941年在湖南省常德的细菌战

1941年上半年，日本陆军以往年的进展实施结果为基础，对攻击方法和细菌增产的设施扩充等问题进行了各种各样的研究，并决定再次实施细菌战。同年9月16日，陆

军参谋长发布了名为"大陆指"作战命令。此次日军攻击的目标被确定为湖南省西部的战略要地常德，目的是试图通过鼠疫的流行切断中国军队的交通线。

根据此时已调防到日军大本营作战课的井本熊男中佐的业务日记中有关11月25日中的相关记述，在常德进行鼠疫蚤的投放攻击，为"11月4日早上，投放'谷子'36公斤，操纵人员为增田（美保）少佐，因为飞机一侧投放器未完全打开，故此鼠疫蚤箱体掉在了洞庭湖里"，"11月20日左右，在来势凶猛的流行鼠疫中从各战区收集卫生材料。如投放命中将会确认发病的情况"（注12）。

731部队的飞行员松本正一，也是在同年秋天开始至第二年中约6个月的时间里调任南京。松本所属的航空班也出动了30人以上，另外山口班也有很多具有实战经验的技术人员参加了该项任务。731部队航空班所属的九七式单发重型轰炸机、双发重型轰炸机，与九七式的双发轻型轰炸机同型的轰炸机等都出动到南京，与南京的"荣"1644部队派出的士兵会合，合计有超过100名的士兵参与了此次任务。

南京机场在当时有九七式重型轰炸机3架，AT（轻型轰炸机）和吞龙（重型轰炸机）飞机。在南京滞留期间，仅松本所知道的细菌攻击就有两次。据松本回忆，从哈尔滨搬运来的蚤子用鼠疫菌进行污染后，在常德上空200米进行了投放。

（五）1942年"浙赣作战"的细菌战

1942年4月18日，从日本近海的美国航空母舰上飞来的B-25轰炸机，在袭击了东京和名古屋等城市后，最后降落在了浙江省衢州的机场。为此，受到空袭的陆军中央军部决定彻底破坏浙江省的前线飞机场。这就是我们通常所说的根据"大陆命六一二号"进行的"浙赣作战"。根据日军大本营作战参谋井本熊男大佐的日记所记述，日军于同年7月26日，在赣州和建瓯实行了从飞机上投放细菌作战。该行动系同年5月30日由参谋本部第一部长田中新一少将向石井四郎少将和增田美保少佐等实战指挥者下达的"大陆指"的作战命令实施的。

为防止日军出现被害者，陆地散布于同年8月19日，日军从进攻的态势转入撤退后才实施（注13）。在"井本日记"中的同年8月28日的相关记述中，则记述了井本大佐从"中国派遣军"参谋长尾大佐收到了"关于ホ实施现状"的细菌战实施状况报告。根据这份报告，日军在陆地作战中，对广信、广丰和玉山等地投放鼠疫菌，并对江山和常山投放了霍乱菌，在衢县和丽水等地，日军则投放了肠伤寒菌和副伤寒菌。

（六）"浙赣作战"中参战的气象班成员

西岛鹤雄的证言

原731部队航空班气象班日军雇员西岛鹤雄，坐在日军重型轰炸机的地板上飞往南京。西岛鹤雄在回忆中说道：

和731部队一起同行的是从航空班来的一个小队，大概有三四十人。有飞行员和气象班以及无线电联络和机体维修担当器。我们坐卡车去了衢州。步兵等先期出动部队由于战线过分延长，因此无法得到及时补给。虽然部队想迅速撤离，但简单撤离后敌军会马上卷土重来，把我军消灭。所以，731部队是为了支援这些部队才出动的。

衢州是一个四周有城墙围着的城市。也许是因为居民都逃走了，街上什么人都没有。我们在一个很大的寺庙里设立据点，然后开始工作。在寺庙的前方150米就是城墙，上面有手拿着枪的步兵在巡逻把守，为我们进行警戒。

在离衢州城外大概两公里的地方，有一个短小跑道、狭小简易的机场。我们部队的飞机已经到达了。飞机的炸弹仓里装着用鸡蛋培养出来的细菌用来投放，在那之前通过中国人的密探，前往攻击目的地，散布在别的地方好像已经有霍乱在流行的谣言。目的地定为衢州和南昌之间。等密探回来之后，马上就去

进行细菌的散布。

那时大概因为防护服还不是那么可靠，所以没敢使用鼠疫菌。散布细菌后飞机马上就返回了南京，而我们也乘上卡车撤离了。结果大家都得了非常严重的下痢，住进了南京的陆军医院。恢复健康后乘坐火车回到了哈尔滨。（注14）

此后，西岛开始讨厌细菌战部队，以不愿意做"军属"为由，申请转职到了哈尔滨的伪满洲国气象台。为此，西岛于1943年离开了731部队。

第四节　被害地之旅

（一）商业港宁波

1997年5月，我和律师团的中心人物一濑敬一郎律师，以及诉讼书的执笔人之一同时也是原告团证人的庆应义塾大学松村教授等一起开始了调查之旅。对于我而言，此次旅行是我的第一次中国之旅。如果说感想的话，就是直接接触这个很近又很遥远的国家的人和文化，觉得宽阔的国土，庞大的人口，到处都充斥着丰富的资源和活力。同时，中国之行也让我实际感受到了中国是不折不扣的日本文化的根源所在，是绝对不可能再度交战的国家。

宁波是位于流入东海的甬江河口的港口城市。天然

的良港，也是日本遣唐使第一次登陆中国大陆的城市。宁波古时被称为"甬"城。在日本认识这个字的人很少，和我的名字的"甬"字相遇很奇怪也让我很感动。记得我在入小学时，我的桌子上和装鞋的口袋上，我的名字均用日语的平假名书写，原因就是我的名字中的"甬"字在日语中当汉字用很少见。直到今天，查阅日本的字典也只是有"甬"的读音，并没有汉字。为此，我一直埋怨父亲是如何给我起了一个这样的名字。

在宁波停留期间，我们在住宿的宾馆中，见到了在宁波市内居住的被害者家属以及被害者本人。在宾馆的会议室里，宁波市人民政府外事办公室派出了负责日本事务的官员担任会场的翻译，为此，我们花了半天时间进行了采访和调查。

（二）宁波开明街元泰酒店
——何祺绥和钱贵法的证言

历史上，宁波尚没有关于发生鼠疫的记录，然而在1940年10月下旬，宁波却突然连续出现了鼠疫患者。最初的患者出现在人口密集的商业街开明街。这名鼠疫患者就是其中的一名原告何祺绥的父亲。何祺绥的父亲原在开明街中经营一家叫元泰酒店的饭店。元泰酒店原是何祺绥父亲的叔叔创建的，饭店的账房是父亲的第四个兄弟何福林，此外还有其他的学徒，加在一起一共有18人。

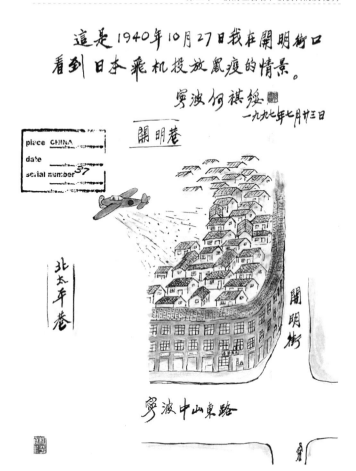

1940年10月27日午后2点左右，年仅10岁的何祺绥走在放学回家的路上。正当何祺绥走到距离家不远的开明街时，天空中挂着红色太阳旗的日军飞机在低空盘旋，撒着橙色粉状的东西。这个时间也是何祺绥父亲的饭店午饭时间。

另一个原告，就是当时在元泰酒店当学徒的钱贵法也提供了相同的证言。钱虽然感染了鼠疫菌，但被送到隔离病房后得以生还，是宁波仅有的一名活着的证人。钱当时只有14岁，是一个没有任何依靠的流浪儿。有一次，钱去元泰酒店乞讨时，被饭店收留下来做饭店的清扫工作和送外卖，条件是饭店可以为其提供吃饭和住宿。据何祺绥讲，钱在感染细菌后能够得以生存下来，主要是因为曾经有流浪儿的生活经历，有着比其他普通人都顽强的对抗细菌的抵抗力。和我们见面时，钱贵法已经69岁了，没有任何赘肉的很紧致的脸庞，穿着漂亮的青色的人民服。据钱贵法回忆：

> 当时店里大概有六名工作人员正在吃饭，这时听到了飞机盘旋的声音。因为当时还是孩子，根本就不知道害怕，就那样抱着碗拿着筷子跑到外边看。挂着红色太阳旗的日军飞机盘旋着撒着白色烟一样的东西。房顶上传来沙沙沙的声音，麦子和玉米、粟米一样的东西落了下来。（注15）

正在一起吃饭的何福林，还把掉在地上的麦子含在嘴里咬了一口说"真的是麦子呀"。也许是这个原因，何福林在当夜就发病，4天后就去世了，时年25岁。

钱贵法发病是在11月1日。据钱贵法回忆，当时脸像火烧一样热，头开始发昏，失去了意识。其后，钱被用人力车送到了市内华美医院。华美医院当时已经挤满了60余名

患者。据说，此前的10月31日，华美医院院长就对患者肿胀的淋巴腺进行穿刺，提取淋巴液检测出了鼠疫杆菌。

在不到两天时间里，开明街就陆续出现了发病患者。10月30日晚上，开明街豆腐店的赖福生夫妇因染上鼠疫猝死。到11月3日，死亡人数升至16名，而4日又新增了7名，等到了5日，报纸报道的患者死亡人数就达到了20名。一时间，在大街上到处都能听到哭声，穿着丧服的人们随处可见。因为污染区里连续不断地出现死者，11月2日开始封锁，禁止行人出入。从3日起，人们开始捕捉老鼠、消灭跳蚤，并以此开始进行消毒工作。6日，开明街开始组织防疫工作，搜索从隔离区跑出来的患者，并对其进行隔离。其后，宁波设置了临时隔离医院，全市开始休业停课（注16）。

钱贵法当时被送到开明街木头造的很破旧的民宅的一个房间里，一张木头床上要四个人并排躺着睡。钱回忆说，在临时的收容所里，意识虽然有些不清醒，还有些蒙眬，但见到了同室的患者断气死亡的情景。他进一步回忆道：

有的身体痉挛，像虾子一样弯曲着身体，然后便从床上掉下去死了。有的眼睛突出，但大家都一样的是身体红而肿胀，变成黑色的时候便会死去。我还看到因为死的人太多，棺材不够用，在一个棺材里竟然装进两具尸体。那简直就像人间地狱。有一天，神志不清的我被放进了棺材，因为脚还能动还活着，所以又被人从棺材里抬了出来。

到了11月末，开明街一带为了防疫工作开始进行焚烧，将活下来的我和陈和尚两个人送到了童孝子庙的隔离医院。那里有四位住在医院的医生在工作。治疗过程中每天都要把脉，喝药，量体温。我右脚根部肿得像一个拳头那样大，他们给我做了淋巴结的手术，取出了污黑的血和蛆，有一段时间都不能走路。结果在隔离医院收容的五人之中，只有我一个人活了下来（注17）。

令人悲哀的是，那天来到宾馆和我们谈话的何福林的遗孀付仁娟。她梳着娃娃头，有些虚弱，在没有任何血缘关系的侄儿何祺绥的陪伴下来到宾馆。她当时23岁，与何福林结婚还不到一年，但因为当时正赶上战争，所以她居住在宁波西面40公里左右、因绍兴酒而驰名的绍兴。何福林因为感染上鼠疫而猝死后，给何福林父亲去了电报。她因为不识字所以看不懂电报的内容，当她听说丈夫死于鼠疫的死讯，非常震惊，悲痛得甚至想自杀。

元泰酒店的两名店员去了她住的地方，将其丈夫临终前的事情详细告诉了她。据店员讲，"日军飞机撒落了像烟一样的东西的第二天，何福林开始发烧，开始蹒跚，也无法工作。严重到自己一个人无法去看病，结果坐在藤椅上被人抬着去看了大夫"。听了店员的这些话后，她决定亲自去宁波看一看。

和她一同返回宁波的两个元泰酒店的店员，在途中就

发病死了。在宁波，她住在比丈夫稍微大一点的哥哥家中，开始寻找丈夫的遗体。鼠疫患者的遗体都被安置在城南郊区的一个据说叫"老龙湾"的地方，于是她想去那儿看看，但是听说那儿有警察看守，如果去了可能会被抓起来也说不定，而且警察也已经将鼠疫患者的遗体都放进棺材里埋下去了。绝望的她，在宁波只停留了两天，便返回了绍兴。

之后她并没有再婚，57年的岁月她是如何熬过来的呢？因和何福林结婚不久便守寡，所以也没能留下一个孩子在身旁，甚至连遗体的确认都未能实现，她又是如何接受了那突如其来的祸事的呢？当时，在宁波市内可以知道死亡者的姓名、地址和死亡日期的死者有106名，其中整个家族无一幸免的有12户，涉及人口有45人（注18）。

宁波停留期间，我们还在开明街一家制作和销售麻将牌的名为"胡元兴"的店铺里见到了一位死者的儿子胡贤忠。他当时只有8岁，父母、姐姐和弟弟都被霍乱残害，变成了孤儿。我们除了确认事实关系外，还想争取一下在其他的时间里是否能够对他进行单独的采访。当时由于翻译的能力有限，完全不能满足我们的愿望和被害者遗孤进行沟通，所以非常着急。会面之后，看着他就像是在日本随处可见的"大叔"，却因语言不通真的是不敢相信。大概一年后，我们看到了为第一次口头辩论来日本的胡贤忠先生的陈述书。我们从胡的陈述书中，得以重新了解并审视了他的辛酸和残酷的体验。胡在回忆中写道：

当时，我只有8岁，和家人们一起住在开明街70号。我和附近的人们都看见从日军的飞机上向地面撒下了很多像黄色的雾一样的东西。从我家屋顶上也落下了很多小麦，我想这下可糟糕了。那天大人们说从天空中涌出很多的虱子。

我家最初因鼠疫死亡的人是姐姐胡菊仙。11月初，姐姐最初头开始痛，然后发烧，脸变得通红，意识也开始模糊了，大腿处的淋巴结也肿了起来。姐姐变得没有食欲，就连水也喝不下去，身体越来越虚弱。母亲给姐姐吃了很多的药，但是病情也没有得到好转，姐姐是在家人的照顾下，在发病开始后的三天左右去世的。

死去的姐姐生前总是和我在一起，非常疼爱我。因为突然失去爱我的姐姐，我受了很大的刺激，被很深的很深的痛苦击垮了。姐姐的尸体被放入棺材中，葬在了祖母的坟墓旁边。我跪在姐姐的墓前，哭喊着说："姐姐，你为什么那么匆忙就去了那个世界啊，我还想让姐姐多多和我一起玩耍，教我学习。我还这么小，还不能和姐姐分开啊。"

还没过几天，这次鼠疫又夺去了活泼可爱的6岁的弟弟胡庆贡的生命。我完全不能相信弟弟也撒手离我们而去了。之后没过几日，父亲胡世桂和姐姐以及弟弟一样，大腿部也开始肿，出现了鼠疫症状开始痛苦。不久，全身着白色衣服、戴着白色帽子、穿着白色长靴的防疫队的人来到我家，只把重症的父亲用担

架抬走送到了甲部隔离医院进行收容。我祈祷千万不要让父亲再死去。但是不久之后母亲痛哭不已，哭着说："你父亲死了，从此以后我们孤儿寡母可怎么活啊。"我和母亲都陷入了深深的悲哀和恐惧之中，晚上也失眠无法入睡。母亲面对这么残酷、这么残忍的事情只是天天哭。过了几天，连母亲也发病了。头疼发烧，然后在腋下也出现了肿块。母亲边哭边对我说："我被送到隔离医院之后应该不久便会死了。如果你不从有这个魔鬼一样东西的地方逃出去，你也活不成了。胡家只有你一条命脉了。短短时间内你失去了三个亲人，现在又要失去最后一个爱着你的母亲了。"我也痛哭不止，叫着对母亲说："妈妈，你不能死啊。妈妈你要是死了我可怎么办啊。"但是不久之后母亲也去世了。之后附近的人对我说："你的父母都被葬在宁波的老龙湾里了。"只剩下我一个人孤苦伶仃，从此以后我该如何生存啊，只是徒增伤感罢了。为什么只有我自己没有染上鼠疫，老天为什么只把我一个人孤苦伶仃地留在世上，为什么不让我和我的家人们一起死了算了，我恨上天为什么和我开了一个这么大的玩笑。变成孤儿之后，过的简直是无法用语言形容的非常悲惨的生活。（注19）

宁波的原告团代表何祺绥做了我们在开明街的导游。在这个现在依旧充满活力的商业街里，有各种各样的商

店。商业街的一端立着"侵华日军细菌战宁波鼠疫区遗址"（注20）的黑色大理石石碑，告诉着人们57年前在这块土地上发生了什么样的事情。石头上刻着"不忘国耻"（注21）这样强劲有力的大字。

我们也去了葬有因感染而死去的人们的老龙湾（现在被称为龙湾新村），宽广的道路两旁耸立着高楼，完全看不出是当时的集体墓地。

（三）宁波的细菌学者

住在宁波的医生，细菌学者黄可泰从1963年左右开始，便一直研究袭击了其故乡的日军细菌战情况。黄医生第一次接触日本人是在1991年，日本市民团体"电影《侵略》公映委员会"的代表森正孝访问宁波市的时候。当时，宁波市政府外事办公室同黄医生进行联系，期望黄医生能同来宁波进行细菌战调查的日本人见面。黄医生提出了两个条件，其一就是不在一起吃饭（在中国一般都这样招待客人），其二就是不握手。

1997年8月，在提起诉讼前，和原告代表一起来到日本的黄医生在名古屋的集会之后的晚餐会中，和我们讲述了事情的内幕。其实，黄医生之所以如此固执地抵触日本人，理解起来也不是什么困难的事情。据他讲，他自己也是因日军的惨无人道的虐杀行为而失去了身边的亲人。中国人从幼儿时代就很重视对历史的认识，并了解历史。黄

医生在少年时候，就接受了关于历史的教育，清楚地知道到底发生了什么事情。

战后，作为医生从事防疫工作的立场来看，在20年后的1960年，鼠疫祸害的影子也无法抹去。尤其是作为一名学习医学的人来说，感到深深的愤怒。以下介绍的就是黄医生作为细菌学者，在日本静冈县发表的关于细菌战被害者情况演讲中的一部分。

我在这里把旧日军在宁波使用细菌武器，虐杀无辜市民的历史真相介绍给大家，绝不是无法忘记过去，纠结于历史所发生的事情，只是针对贵国一部分擅自涂改历史的人们的行为，感到无法这样沉默下去。

我并不是想抛出那段血泪史，以博取大家的同情，也并不是要翻开大和民族耻辱的一页页历史来借此嘲笑你们。因为接下来我所要说的话都是真实的历史。

医者的天职就是救死扶伤。但是，学习医学的人们，却能够培养毒性的细菌做杀人的勾当。731部队研究怎样使用细菌杀人，并且确实实施了他们的研究。而且在宁波使用的是国际上最为恶劣性质的传染病首位的被称为黑死病的细菌，也就是鼠疫的病原体，鼠疫杆菌。

1940年10月27日下午两点，响起了空袭警报，日军飞机侵入宁波上空，在城市的中心部位开明街一带投下了大量的麦子、谷子、小麦粉。空中弥漫着淡黄

色的细菌武器，屋顶上的瓦片发出沙沙沙的声音。飞机飞走之后，突然出现了很多平时根本见不到的跳蚤。这些跳蚤体内都保存有数以亿万计的鼠疫菌。它们是印度鼠疫虱，有寄居在老鼠和人体身上的习性。两日过后的29日，已经开始出现了感染发病者。也就是说到发病为止甚至不到48小时。30日的晚上开始出现死者。仅仅三天的时间。到11月11日为止，已经有84人因感染鼠疫死亡。如此短的潜伏期和这么高的死亡率，在传染病学上并不是寻常的事。从医学上来说，可以考虑是使用了毒性非常高的鼠疫菌种。曾隶属731部队的很多队员的证词也证明了，的确是进行了加强毒性的实验。

11月30日的夜里，为了防治鼠疫，又不得不将以开明街为中心，周围5000平方米范围内的115户建筑物全部烧毁，宁波的中心变成了一片废墟。到20世纪60年代为止，这个地方一直被称为"鼠疫广场"而被保存下来。在这个地区中的家园被烧毁，无家可归露宿街头的人大概上升为400人。

"鼠疫"是因为原来是老鼠类的传染疾病。首先从老鼠身上开始传播，因为会有大量的老鼠的死尸，便会传给人类，这是一般的医学常识。但是在宁波发生的鼠疫，却没有发现有老鼠的死尸，这也证明了并不是在鼠类之间流行起来的。这是为什么呢？这是因为那次鼠疫的发生源头就是731细菌战部队从高空撒

下来的鼠疫蚤。从甲部隔离医院的62件病例的分析结果来看，很多都是腺鼠疫，并没有发现肺鼠疫。也就是说是被鼠疫蚤咬了之后感染的此次鼠疫。而且在宁波鼠疫流行的11月里，是腺鼠疫发病非常困难的季节。

在日本军国主义者的命令下，原为731部队背书的一些原日本军人开始悔改，并准备在法庭上做证词，我们非常欢迎这一行动。此外，理解历史事实的日本新闻媒体也勇敢地站了出来。

一小撮军国主义分子在将中日关系史的一页涂得漆黑一片，但是从中日两千年的友好往来的历史看，其实也只不过是非常小的一个瞬间。

中国宣布了放弃对日本战争赔偿的请求。但是，放弃的是战争赔偿而已，中国的被害者有要求被害赔偿的权利。宁波老龙湾的地下，有着枉死的100名被害者的亡魂，他们在等着能够拥有作为一个人的公平的对待。"前事不忘，后事之师"（注22），我们期望，以史为鉴，警钟长鸣，不要再让历史的悲剧重演（注23）。

1998年2月，为能够站在第一次东京地方法院的口头辩论台上，燃起了他来日的欲望。然而，连护照都准备好了的钱贵法却在来日两个月前，因骨髓癌而去世了。森正孝等人去医院看望了住院中的钱老人，他和森先生录像的时候只留了一个摄影师，其余的人都从病房中走了出去。他赤裸着上半身，请求拍摄颈部淋巴腺手术后的痕迹。这就是这位请求

日本政府进行谢罪和赔偿的原告和作为细菌战被害者的最为珍贵证人的老人，在死期将近的日子中所能够作出的努力。

据黄可泰说，鼠疫虱如果咬到脚的话腿上的淋巴便会肿起来，如果咬到手的话其腋下的淋巴就会肿起来，如咬到脸部的话脖子的淋巴就会肿起来。钱老人无疑是被感染上腺鼠疫，大腿两侧的淋巴都肿起来了，不得已接受了切除手术。根据森的描述，钱老人的颈部残留着手术的痕迹，就连手术部分全都黑了。

（四）从衢州到义乌：恐怖的传染路径

日军撤退时候在宁波散布的鼠疫虱，由于地方当局迅速的防疫措施而终结，其鼠疫并没有向周边地区蔓延。但是，在宁波之前，日军细菌战部队首次进行散布鼠疫虱实验的衢州，则因几个不良条件的重叠，导致鼠疫向周边城市传播，出现了最坏的结果。衢州是连接浙江省到江西省的要地，也是水陆交通要地，县城内是贯穿的浙赣铁路和汽车道路。

1935年，国民政府在衢州城东建造了衢州飞机场，作为中国东南部最大的军用飞机场，国民政府的空军主力部队将丽水、玉山和建瓯等的飞机场管辖起来。在衢州附近又建造了军事设施，通常有约一个大队的部队驻扎在此。正因为如此，衢州始终是日军进行细菌战的主要攻击目标之中的一个。

1940年10月4日早晨5点左右，日军的一架飞机出现在衢州城内柴家巷附近，低空飞行甚至能刮到屋顶。其后，居民们就在柴家巷一带发现了麦子、黑麦和谷子以及大量的跳蚤（注24）。在这件事情发生的17天后，衢州城内发现了大量的老鼠尸体，进入到11月后，在日军飞机投放跳蚤的地方，突然暴发了非常严重的鼠疫。截至11月底，就有25人出现鼠疫病情，其中的24人死亡。可能是衢州防疫委员会的防疫活动开始奏效，暂时看起来好像鼠疫被平息了。但由于防疫措施采取得过于缓慢，于是该城区内又出现了鼠类间流行的鼠疫。

至1941年3月，衢州城内十几个地方几乎同时出现了数十名患者。同年6月，国民政府卫生署派遣了防疫顾问的鼠疫专家Pollitzer博士来担任防疫工作的指导。衢州的鼠疫流行于同年的12月得到平息。但是此时其鼠疫流行区域已经遍布城内的37个场所，在281名鼠疫患者中，有记录可查的就有274人死亡（注25）。在此期间，由于日军的飞机频繁对衢州城内进行空袭，当地政府便将城内的居民都疏散到了农村。可能是这一原因，也使得鼠疫广泛传播到了周边农村。

2001年2月，作为731部队细菌战被害者的国家赔偿请求诉讼的原告和作为出席东京地方法院一〇三号法庭的陈述而来日的陈知法，原系与衢州东北相邻的义乌市的居民。1941年，从衢州开始传播到义乌的鼠疫害死了他的父亲和兄弟。以下是从陈先生的证言做成的陈述书摘录的一部分。

我今年已经68岁了。生在义乌长在义乌，常年工作在铁路上。我最爱的亲人因为日军的细菌战而被残忍地杀害了，为了要求日本政府承担细菌战的责任，我成了细菌战审判的原告。

现在，日本人几乎都不知道，其实义乌在遭受日军的细菌战而引起的鼠疫流行以前，便承受着日军数不胜数的侵略行为，蒙受了极为严重的损失。这些残虐是日军长期地对义乌进行破坏和杀伐，细菌战则是将其融为一体，义乌的细菌战实际是侵略行为的巅峰。

1937年7月，全面抗日战争拉开序幕，从12月左右开始，日军便经常对义乌的街道和铁路进行轰炸。义乌市民害怕空袭，便开始四处逃跑。当时我还是一个孩子，每次遭受空袭的时候都吓得直发抖。1941年春天，在义乌的西南部发生了大规模的轰炸，顿时，那里变成了一片火海。1942年夏天，日本军占领了义乌。街道片瓦无存，所遭受的损失也无法计算。日军在胡伯泉的家里挖掘了水牢，把中国的青年关了进去。他们就那样活活被淹死，像是家常便饭一样寻常。我也听说过，日军用铁丝把市民的两只手绑起来，扔到池水中残忍杀害的事情。日军占领义乌期间，没有一天不听说日军对市民进行强奸、掠夺、杀人事件的。他们曾用刺刀活活刺死了我的3个当时还是孩子的朋友。这是我亲眼所见的事实。在北门外边的一所寺庙的后山上两个日本兵带来了一个孩子，其他的士兵嘈杂地站在那儿，一个人刺那个

孩子3次。直到这个孩子被刺死了他们还是没有停止。
另外日军还在街道中央的南门街建造了一个叫"那须
屋"的地方，被日军称为快乐所。每周一到周日，文昌
巷和徐陌巷等的慰安所里便会看到日本兵络绎不绝地进
出此地。

1940年秋天，日军在衢州、宁波、金华等地区实
施了细菌战。义乌市民只听说"在衢州和金华发生了
疫病，出现了很多死者"，却不知道那是鼠疫。到了
第二年的秋天，在衢州蔓延的鼠疫开始传播到义乌，
也就是9月5日，北门街的铁道工伕丽冠明，从衢州车
站出差回来，然后在6日后便突然死去了。在那之后
又过了几天，在十字街入口的水沟里发现了长着松软
的毛膨胀了的老鼠尸体。进入10月之后，十字街入口
附近出现了很多连续高烧和头痛的人，他们也在痛苦
之中慢慢而死。卫生院从死者的状态和老鼠的死尸的
状况来看，判断出是鼠疫。于是设置了防疫委员会、
医疗班，编成了消防署，也采取了隔离所、污染地域
的封锁等一系列措施。

义乌街道中遍地都是死人，居民们每日惶恐不安
地住在义乌。和北门相邻的东门地区也被笼罩在惶恐
之中，白天家家闭户，到了晚上便会响起哭泣的声音
和埋葬死人的声音。

那年的12月3日，我的哥哥陈知松也感染上鼠疫
死去了。当时他只有25岁。时隔4日，父亲陈应奎也

因感染鼠疫而去世了，享年56岁。

在我家里，是父亲和哥哥挑行李赚钱养活一家老小。因为作为主要劳动力的两个人相继去世，我们家开始落魄贫穷。因为两个人的去世，我的母亲不分昼夜地哭泣。也许正是因为除了哭泣都不知道自己还可以做些什么吧。因为是在战争时期，父亲和哥哥只是草草地埋葬于祖先的坟地之中。事到如今我都无法忘记父亲和哥哥下葬那天晚上的悲伤之情。从那时候开始，我和母亲母子二人就陷入了生活困境。二哥陈知林在十里地外的地主家放牛，我的姐姐在另外一个地主家做保姆。我和二姐留在家中，和母亲一起过着贫苦的生活。

就像我所诉说的一样，因为父亲和哥哥感染鼠疫而死，破坏了我原本幸福的家庭。因此我也没能够接受到任何教育，成了文盲。这让我怎么能够不憎恨细菌战啊。日本政府到底要如何偿还这笔血债呢。

（五）日军鼠疫防治队的真相

这是一张1942年6月3日日本《朝日新闻》的简报，题目为《令人尊敬的鼠疫防治队》。这张比正文还要大的照片中，是浑身包裹得像忍者一样怪异，身着防菌服的3名日本鼠疫防治队队员。其中的两名用担架抬着一名生死不明的"敌兵"。防菌服将脸和头部全部用头巾包裹着，眼睛也

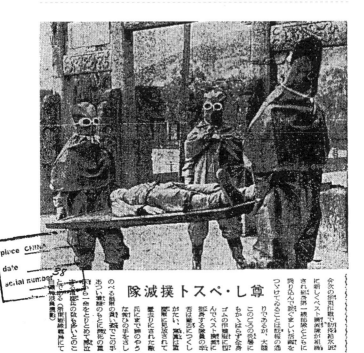

1942年6月3日，《朝日新闻》报道的"捕灭鼠疫队"

戴着像潜水镜一样的眼罩。照片顶部写着"在浙东战线义

乌——白泽特派员摄影"字样。

　　日期则是进攻美军轰炸机起降地为目标的"浙赣作

战"开始后不久，也是1940年10月，日军发动衢州鼠疫虱

攻击的时间。就像石井四郎率领的"奈良部队"事先所计

划的那样，衢州地区开始流行鼠疫，并向周边地区不断

扩展的时期。而同年9月，义乌则被日军占领。《朝日新

闻》在当天的报道中写道：

此次的浙东作战中，防疫给水班组织的新鼠疫防治队和战斗在第一线的部队一起连续工作，实在令人感动。大陆这个时候非常炎热，但是他们却全身包裹在橡胶作业服中。为了防治鼠疫蔓延挺身而出的队员们的辛苦是笔墨无法描述的。照片为被国民政府军队抛弃的士兵，被高贵身姿的日军伸出援助之手和无微不至地照料，从死神手里被抢救了下来。由此遇救而感泣不尽的国军士兵还有很多。

上面文字中，用"从死神手里"抢救也可能是夸大其词，尤其是，使用"无微不至地照顾""伸出援助之手"等用语，如果不是在对方死亡前想得到对方情报，日军是完全不会那么做的。因为这些日军受到的教育就是"绝对不能向敌军伸出救援之手"，而且是禁止"为活着宁可承受囚徒的侮辱"的事情发生的。进而在日军的教育中，要求"如果落入了敌人的手里就一定会被杀死，所以在被擒获之前一定要多杀一个敌人然后自杀"，强迫自杀的才是"日军"。

写这篇报道的从军特派员，其实有可能是表面为鼠疫防治队，实为防疫给水班队员为了宣传鼠疫防治队而拍摄的宣传照。60年后的今天，我们所亲自见证的"事实的背后"，是当时担负军国日本情报站的新闻记者完全"不可以看见的事实"。

像这样穿着强化防菌服的防疫给水班，在义乌停留期

间，在肩负为日军提供"防疫给水"这样使命的同时，其实也是在验证通过强化的鼠疫菌到底做了多少工作（即杀害了多少中国人）。对他们而言，他们在该地的工作无非就是通过细菌和菌类的检索，采取血液和淋巴结，制成涂抹标本等为目的，将感染而死的患者的遗体解剖，把痛苦的患者进行活体解剖等。故此，穿着如此经过强化的防菌服是很必要的。这也就是这张照片"背后的真实"。

（六）蔓延至崇山村

1942年5月开始的"浙赣作战"中，日军占领了义乌，日军第13军22师团86联队的本部就设在了义乌的城内。11月上旬，在86联队队员的陪同下的"荣"1644部队调查班穿着怪异的防毒衣服进入了鼠疫流行的崇山村，将刚刚埋葬的鼠疫感染者遗体从坟墓中挖出来，并将肝脏制成显微镜标本，确定发现了鼠疫菌。为此，日军为了防止他人被鼠疫波及，就用刺刀威胁村民，强迫村民离开村庄。其后，日军烧毁了大概200余户村民的住宅。与此同时，日军为了取出经过人体而变得强壮的鼠疫菌，拉来了在村外隔离所的林山寺中的鼠疫感染者，并进行了活体解剖。

村子因为鼠疫的蔓延和日军的侵略，变成了非常恐怖和悲哀的地狱。在义乌市西南郊外的崇山村之中，从1942年九月（阴历）开始的3个月中，全村1200人中，约有三分之一计396名村民因感染鼠疫最终惨死。这是继1940年

针对衢州之后，日本军采取的第三次鼠疫虮攻击。关于这一事实，我们将日军所留记录和村民的证词进行比对。

同年9月，占领了义乌的日军第86联队军医林笃美所留遗稿《医心点滴》中，在提及1942年夏天的回忆中，就有如下相关记述。其中在林军医的遗稿中，因义乌方言发音的原因，将崇山村写成了松山村。

派出的许多侦探通过防疫情报的收集均证实了，进入今年后在离我军驻地约一里距离有一个叫松山村的村子，出现了很多死亡者。

我们据此向上级报告后，南京防疫给水部很快就派出以将校为首的调查班。这个调查班甚至连护卫的士兵队都穿着白色的鼠疫防疫衣，只露出眼睛，穿着橡胶鞋乘机混入发生鼠疫的村子。这样的村庄在华中地区非常常见，在比较密集的部落里约有200户居民。部落居民基本上都逃跑了，已经不在部落里居住了。日军在通过挨家挨户调查后，发现了数名病人。这些人都有淋巴腺肿，大得像手掌那么大。比较厉害的已经定型的就任由他们那样死去，只将毒性比较强的地方留下来进行观察。部落的墓地里最近新埋葬的痕迹有很多。

在回来的途中，调查班从新墓地中将死尸挖掘出来，并取出了肝脏做成显微镜标本。我至今还记得，当时在显微镜下发现鼠疫菌时，那种说不出来的被恐

怖感所侵袭的感觉……烧毁部落，数月都注意着进行防疫，但是日军的患者却一名也没有出现。防疫给水部的调查班得意地回到了南京。

实际上，当地居民所感染的鼠疫是日军所散布的这一事实在当时就有所察觉的。在此次进攻的一年之前，那时就听从共同应招军医的给水部在籍军医说过。

当时杭州郊外笕桥飞机场里有一支防疫给水部中的机密部队，人们听说，这支部队甚至有飞机，不知道在做些什么。但大体推测这支掌管防疫卫生的部队，却与病患工作无关，带着参谋和飞机，一定是来进行秘密作战的部队。

当我听到这些话的时候，已经是其后很久的事了。友军散播的传染病的流行地区，自己的部队也不得不进驻。

战败后的《世界评论》杂志中的《人间"马鲁他"》小说中，出现了揭露南京防疫给水部队的报道。其内容记载着将被俘虏的中国士兵囚禁在黑暗的密室中，对其使用各种细菌的毒力实验，如果死亡的话就在密室里像"马鲁他"一样焚烧的历史史实。在报道中，甚至连从事这些工作的主任军医的真实姓名也如实地记在其中。那些主任军医中，就有一名是从南京乘机混到当时我们的部落进行调查的调查班班长。通过死尸做成的标本，在显微镜下清晰地见到鼠

疫菌时，和我们的惊讶比起来，他们完全没有任何吃惊，反而露出了非常得意的表情。这到底意味着什么？因为他们清楚地确认了自己的实验成果。

1977年，林本人去世，享年66岁。这份遗稿集是1987年林的家属自费出版的。这篇《华中细菌战》的文章发表于1953年，而乘机混入崇山村的防疫给水部调查班班长名字至今都没有被人揭晓。

但是，在水谷尚子调查跟进"荣"1644部队时，她发现了当时的军医林笃美的日记，崇山村当时所发生的各种事实也渐渐地明朗起来（注26）。

根据这本日记里的记载，军队在义乌驻扎后，他们为了调查当地鼠疫是否开始蔓延，于11月11日之前，连续几天举行了疫情防疫会议。根据会议的讨论结果，11月7日，日军首批部队进入崇山村。接着，防疫给水本部调查班班长的名字就突然出现在了日记里，他就是南京细菌战部队"荣"1644部队南京本部一科部长近喰大尉。军医林笃美好似看漏了一样，调查班把鼠疫的感染情况调查作为主要目的，并没有进行治疗活动。当日军完成遗体和生理解剖作为目的的调查后，日军以防疫为借口于同年11月18日，将村民的房屋和财产全部化为了灰烬。

战后，日本人首次拜访崇山村是在1991年8月。当时，为筹备举办731部队展的市民团体在浙江宁波、义乌等731细菌战的受害地进行了调查和走访。一行人中的原

731部队展览宫城实行委员会的糟川良谷，在相关文章中这样写道：

> 大约50年前为了杀戮而武装起来的"日本鬼子"，此次却用相机和磁带"武装"了自己来到了这个村。村中的孩子一边这样和我们说着，一边喧闹着。孩子们一边看着我们的脸色的变化，一边问道：真的是鬼子吗？一边随着我们来到了目的地。
>
> 但是，崇山村的老一辈幸存者们，仍然忘不掉当年日本侵略时的各种苦难。1942年村里发生的那一幕幕地狱般的景象，仍然会时不时地浮现。当看到一行"日本鬼子"时，他们的表情又变得严肃起来。此情此景让我们的心情时不时地沉重起来。（注27）

一行人见到了5位幸存者。以下是王荣良的证言。王荣良在这场鼠疫中，父母和4个弟弟以及叔叔全家都被鼠疫夺走了生命，只有他自己得以幸存。

> 我还很清晰地记得那是1942年时候的事。当时死的老鼠越来越多，村里人和我都说不清到底发生了什么。但是随着死老鼠越来越多，发病而死的人也慢慢多了起来。
>
> 最初死于鼠疫的人是老化皮，他的真名叫王化樟。发病4天后死亡。发病时，有个叫王道生的医生

看护着他，也被其传染一起死亡……每天都有死尸从家中抬出，每天村中都被哭声所笼罩。

日军在村中放火的时候，村中有两个人首先赶去灭火，其中一人的手掌还被日军用枪击中了，接着日军又用枪击中了另一个人的大腿。我全家人都发病死了，家里的房子也都被烧了，只留下了我一个人残喘偷生……家里没有一个男人，也没有劳动力。田地结果都荒了，我已经不想再谈起当时的事情了……

我作为村中的书记，后来去调查了一下，其他人的情况也大概判断出了一些。

大约50岁的吴翠兰去了林山寺治疗，但是，治疗期间她的一条腿被从大腿根部处截肢后不久就死去了。当时日军在林山寺驻扎，日军还以治疗为名将她带去了林山寺……

林山寺的目击者们也被以治疗鼠疫为名被逮捕并带走。其中，一个18岁的女孩吴小乃，也被绳子绑着，用布遮住了脸，被日军用刀切开了肚子。那时，她的双脚还在不停地挣扎摇晃。我只把这些话告诉了村民们，从此，再也没有一个人敢说去林山寺了，也没有一个再敢把患者抬去林山寺了。（注28）

这些生理解剖，到底有着什么样的意义呢？实际上，这是日军调查班利用细菌在通过人体后其毒效得到了强化的特征，将鼠疫患者的手和腿的淋巴结以及肺部切下来

后，将其中强化了的细菌取出并进行培养，以此来研制出细菌武器（即强力的鼠疫菌）和疫苗。原"荣"1644部队卫生员小野进拿到的《检查参考》中《关于鼠疫菌检查要领》写道："从棺木的尸体中取得试验材料时"，需要"切去肺、脾等其他脏器的一部分来作为检查试验材料。"（注29）由此看出，为做细菌检查，日军将鼠疫患者的各个部位都称之为"材料"，并进行切除后收集带回。

根据王荣良的证言，中国政府调查团分别于1955年和1964年两次来到该村，对该村被害者的情况进行调查。当时，依然健在的证人还有很多。但是要起诉日本政府的话，则需要提前做好各种各样的准备工作，而这一准备竟用了30年。

1998年2月，第一次口头辩护由崇山村原告团代表王丽君在东京地方法庭进行。以下为王丽君在法庭陈述的内容要点。

　　崇山村是浙江省义乌市郊外的一个农村，有着600余年的历史，环境优美，村民们辛勤劳动并愉快地生活着。

　　1942年，当时我只有10岁左右，由于恶魔般的日本军人散播了鼠疫菌，导致崇山村中突然流行起了鼠疫，病人们一般都是高烧、头痛、口渴和淋巴结肿大这些共同症状……我的家中，7个人中有4个被鼠疫菌感染。17岁的哥哥和15岁的二姐都死了，妈妈和大姐都幸运地活了下来，却也吃了很多苦。

就在村中病情越来越严重的时候，日军来了，日军穿着白衣，戴着防毒面具。他们不由分说地将村民们集中到了后山的开阔处，进行了身体检查，还在什么都不了解的情况下注射了什么药物。

接着，日军在村子郊外一个叫林山寺的寺庙中将众多的病人聚集隔离于此，但是在此处并不是进行治疗，而是进行人体解剖。之后，日军闯入了村中，将众多的房屋烧毁。那一天，村里人都被集中在后山的广场，日本军怀抱机关枪，手持剑和枪，将整个村子给包围了起来，紧接着，大家就发现村中的很多房屋都烧了起来，受到了惊吓的村民们都慌乱地想去救火，日本军又用剑刺，又用枪射击，不让村民们去救火。我的家里也烧起来了，为此我们向日军抗议，结果他们就把我们往火里赶。初冬的寒风刺骨，整个广场的村民，男女老少，被日军的枪和剑包围着，只能瞪大了眼睛眼睁睁看着自己的家被大火吞噬，而自己什么都做不了。家里被烧的村民们，全部财产都被烧光了，吃的也没有，穿的也没有，住所也没有了。寒冷的冬天里，只能住在田地里苟延残喘。

日本军人到处散播鼠疫菌，村民们如同实验动物一样被捉，被生理解剖。我们中国人没有被他们当作人，作为一个人的尊严我们受到了践踏。

我们崇山村的全体村民，连同邻村的村民，大概有一万多人，向日本政府提出谢罪和赔偿的要求。

日军"荣"1644部队对感染鼠疫的崇山村村民进行解剖的林
山寺。前方为铭记这一悲剧而设立的"不忘国耻纪念碑"

1994年10月，我们向日本驻北京大使馆提出了《联合
诉状》，但是对此日本政府没有任何回应，结果被无
视了。听说日本政府至今仍然对进行过细菌战一事持
有不承认的态度，这次我们得到了日本还有着良心的
朋友们的共同帮助，在东京地方法庭提出诉讼。

　　首先，无论如何希望日本政府承认曾经进行过
细菌战这一事实，负起相应的责任，希望可以正式地
向中国谢罪，希望可以给作为原告的每一个人送去谢
罪文书，我们觉得这是日本政府对于我们那些人格被
践踏的，在痛苦中死去的亲属们最起码的态度。在这
次审判中，我们要夺回我们作为一个人的尊严，并将

日本犯下的那些鬼畜般的行为在历史中曝光。日本应该好好地教育年青的一代，不要让此等事件第二次在历史上重演，并希望中日真正的友好关系可以继续下去。希望可以判日本政府正式的真心的赔偿和谢罪，那一刻的判决终将被载入历史。（注30）

在被日军烧毁房屋的崇山村中，有个祭祀开村祖先王成的祠堂。这所祠堂祭祀的王成为开村祖。这个祠堂一直到解放（1947年）经历了历次风雨的侵蚀，曾经是全村人的骄傲。白墙黑瓦的美丽建筑物，现在只剩下了一片废墟。在传统亲缘邻里互助关系的帮助下，母亲和妻子，姐姐和妹妹都拜托了娘家人照顾，但是仅仅因为崇山村出过鼠疫病人，所以崇山村出来的人都饱受歧视。由于害怕被传染，而被亲戚们拒绝一起居住，不得已这些村民只得在田里改了一个简陋的房子，饭则由其他人送来，生活很艰苦。"义乌南门第一村"这个文人辈出、饱受赞美的村庄被如此践踏后，恢复生气活力尚需要很长的岁月。

崇山村村民的联合诉状中提出，由于细菌武器和人体实验而被杀害的382人，每人应赔偿3万美元，被烧毁的财产房屋405间，每间相当于1000美元，加上其他费用，总共18065万美元（相当于13亿515万日元）。接到这一赔偿请求的日本大使馆以自身非司法机关为由，无视了这一请求。

联合诉讼的3名代表之一的王焕斌，是面对日本提出赔偿请求运动的主导性人物，自幼所目睹的地狱般的画面，

一直令他终身难忘。1950年朝鲜战争爆发后，抗美援朝征集志愿军的工作热火朝天地开展起来了。王焕斌就立即报名参加，这也是对与美国站在一起的日本的强烈报复情感的体现。为此，王焕斌就抱着就算一个人也要和日本抗战到底的决心，参加了志愿军（注31）。

1997年提出诉讼时，从崇山村来日的王锦俤和王晋华两人也是如此。朝鲜战争爆发后，王锦俤和王晋华两人均参加了志愿军与美国人进行战斗。两个人对美国在朝鲜半岛使用了731部队细菌战的研究成果一事深信不疑。为此，两个人还说见过与石井四郎开发的陶瓷炸弹类似的物品。朝鲜战争爆发后，究竟有多少中国人为了报复日本而参加了朝鲜战争，倒是一个令人深思的话题。

一心想对日本人复仇的王焕斌的心情，在1972年中日两国实现邦交正常化后，发生了变化。对于王焕斌而言，"只有日本承认自己曾在战争中，对自己的村庄使用过细菌武器，才能使得死者灵魂得到安息。中国也好，世界也好，日本和中国真正的友谊是必要的。但是，这场战争的责任问题得不到解决，中国和日本真正的友谊就无法构建"（注32）。

中国民间人士以民族的尊严为号召的口号，开始自费进行集体署名活动，并计划进行1万名的联合签名活动。在呼吁的文章中，这些人士提出了谴责日军违反国际法而犯下的残酷罪行，日本政府应该为了因为细菌战而犯下的罪行向中国人民道歉和赔偿，要"以史为鉴，以史为镜"。对于战

后赔偿，中日邦交正常化时，虽然中国政府放弃了向日本政府索赔战争赔款，但并不等于宣布民间对赔偿要求权利的放弃。上述中国民众的呼吁中也明确了这一点（注33）。

北京著名国际法研究者童增曾在新闻媒体上谈道，"国家和民众的赔偿问题应该加以区别，国家即使放弃了赔偿权，民众依然有着请求赔偿的权利"。读到了这一报道的王焕斌备受鼓舞，开始认真着手向日本政府递送联合诉讼的事宜。为此，他开始对村中每家每户进行走访，收集证词和死者的姓名。尽管事发时他还年幼，调查和收集证词还是以有着深刻记忆的老人们为中心进行。这些调查给予了曾经受"鼠疫与火焰"双重蹂躏，尊严和人格被践踏，并生活乏术的崇山村，重新带来活力的希望。这些调查也是在战争和激烈变革的政治旋涡中，被连续翻弄着的无力的个人，努力去证明世界和自己的地位和关系的重要工作。

在这个过程中，王焕斌遇到了开展日本市民运动的森正孝。即使是意识到对方是曾经的战争的对手，但是他可能也没有想到会有这样的一种见面方式。也许他可能也感觉到了曾经毁坏了自己村庄的日本人，是其他年代的日本人。

第五节　战后赔偿诉讼

（一）原告团代表在日中国人王选

　　原告代表之一的王选，与731部队细菌战被害国家诉讼团结缘，可以说是奇妙的命运之引导。1987年，王选作为留学生来到日本。其间，同是留学生的丈夫曾与日本人共同经营过商业，在日本生活了近14年。王选原来的专业虽然是英语，但在提出诉讼时，她已经在日本居住了10个年头，日语近乎完美。

　　王选的父亲王容海，出生于崇山村的一户农民家庭，被当官吏的母亲家亲戚看中，接受了高等教育学习法律。中日战争爆发时，王容海在上海检察院就职。王容海虽然是国民政府的重要人员，但目睹国民党内部的腐败后，危机感隐隐产生，逐渐对毛泽东革命思想产生了共鸣。1938年，王容海成为了中国共产党的地下党员。王容海的父亲很早就去世了，故乡的家中只剩母亲与年幼的弟弟和妹妹。

　　1941年，义乌附近的日军加紧了进攻态势，这时，因王容海母亲病重，年幼的妹妹给哥哥王容海写信希望他能回到村子里来。因战时交通中断，接到妹妹来信的王容海只好从上海绕道回到家乡，只是到家的时候，其母亲已经去世了。王容海只能到母亲墓前拜祭。当时，王容海只有13岁的妹妹王容仪（也就是王选的姑母，现居上海），有关这段故事的续文就是根据王容仪讲述记录的笔记，现摘

录如下。

> 在那之后，哥哥（王容海）和我决定带着弟弟去上海。由于当时金华交通中断，已经无法回上海了。无奈之下，哥哥一个人去金华找了份工作。不久，我和弟弟就听到了哥哥被日军逮捕，并有可能已被日军杀害的消息。我们二人从此变成了孤儿，悲痛万分，大声地哭了起来。每天哭着依靠着借来的东西勉强地活着。

年幼的王容仪在无法和哥哥取得联系的情况下，目睹了村子被鼠疫席卷而变得如同地狱一般的情形，也看到了日军烧杀抢掠后的惨景。失去了可以依靠的包括叔叔王小弟在内的曾祖父一家十口人，弟弟王海宝（当时13岁）也不幸被感染上了鼠疫，脖子的淋巴结肿起来，在痛苦的折磨中去世了。其间，村里的大人和小孩都目睹了村民被日军强奸、殴打、掠夺的场景，心灵上受到深深的创伤。为此，王容仪虽然作为叔叔和弟弟的家属参加诉讼，却不想和律师团中的日本人见面。

将姐弟两人留在村子，一人出去找工作的王容海因不像农民而被日军逮捕了。王容海在日军的严刑拷问中寻机跑了出来。王容海在这期间和共产党地下组织失去了联系，虽然不是本意但却被当作脱党进行了处理。

到了1949年新中国成立后，王容海才重新正式恢复了中国共产党员的身份，但由于曾有过这样的经历，在1957年

的反"右派"斗争中变成了被批判对象。王容海被划为"右派"分子，因思想需要被改造，不得不将妻子留在上海，自己则被送到了上海郊外的农村。

在王选的记忆中，父亲是在20世纪60年代初回到了上海，虽担任了中学副校长职务，但私下里曾对王选说，自己不会再就任什么官职了。

当时，"下乡"一词的意思就是城里的知识青年需要送到农村生活。王选的父亲被定为"右派"分子，作为女儿的她，生下来就被分成了反革命的"黑五类（地主、富农、反革命分子、坏分子、右派分子）"的子女。同时期下乡的年轻人大多都被送到了黑龙江省。因崇山村是王选父亲的老家，又有亲属在那里，所以在1969年，王选下乡到了熟悉的崇山村。王选17岁的时候，一直生活在叔叔的家里。王选从家出来之后，父亲就被红卫兵中的一群年轻人绑到了他曾经工作过的中学，据说那里面还有他曾教过的学生。母亲还将换洗的衣物和吃的食物送到了父亲那里。不过，关于这些王选的父亲很少跟王选提及。

对于曾生活在上海原法国租界的王选来说，崇山村的生活是很辛苦的，单调且每天从早到晚都忙于农活。有着健康的小麦色肌肤的王选总会说："我本来很白，以前被称为美人。因为不得不在太阳底下做农活，所以被晒黑了。"在同她的交往中，她时常会一边抚摸着我的胳膊一边回忆说："我的胳膊也曾经和你一样白，但崇山村有许多蚊虫总是咬我，因很痒很痒，挠了之后就变成现在这样

了。"王选也就是在这个时候，经常从村民的口中，听到了许多战争中的悲惨故事。当然，王选小的时候，也曾从沉默寡言的父亲那里听到过只言片语的情节。

村民很同情忍受着对知识饥渴、辛苦地在田里工作的在城里长大的年轻姑娘。趁着农闲，王选贪婪地读着可以得到的书，用BBC的短波广播学习英语和法语。可能是这样的原因所致，王选的英语中有"皇后英语"的腔调。王选在1973年被崇山村小学录用为教师。同年，王选在村里的推荐下参加了大学考试后，被位于浙江省杭州市的杭州大学录取。王选原本是想进理科学习，但在杭州大学只能选择文科。因是被贴上了"右派"分子标签人物的子女，所以是不可以任意选择专业的。王选当时甚至想像父亲一样学习法律，也非常想当外交官，但是所有的机会都因为父亲的立场问题而受到阻挠，没有办法只好选择了英语这一专业。收到大学录取通知书时，王选想这样就可以从农村走出去，所以非常高兴。

大学毕业后，王选在义乌做了中学的英语教师，1987年赴日本的三重大学留学。因最初一句日语都不会说，所以拼命学习日语，甚至患上了胃溃疡。王选虽然在东京教英语，但一有空就读日本的书。其后，王选为去美国，还获得了美国大学的入学通知书，但遗憾的是美国的签证没有批下来。王选在其后考入筑波大学大学院，并和同为留学生的一位中国人结婚。婚后，因丈夫在姬路和日本人合作开办了一家贸易公司，所以搬到了姬路的新家。

1995年8月3日，王选在自己的家中，看到了英文报纸《日本时报》中关于故乡浙江省崇山村的报道。《日本时报》报道了"在哈尔滨举办的731部队国际研讨会上，出席该会的静冈市民团体'电影《侵略》公映委员会'的森正孝代表所发表的，关于1940年日军在浙江省崇山村发动的细菌战的被害调查结果"。看到了这篇报道的王选马上给东京的《日本时报》报社打电话，询问森正孝的地址。因《日本时报》只是登载了共同通信社配发报道，并不知道森正孝的地址，所以《日本时报》只是将共同通信社的联系方式告诉了王选。

按照《日本时报》所提供的日本共同通信社的电话，王选又将电话打到了日本共同通信社，得知写那篇报道的记者当时还在哈尔滨，尚没有回到日本，故此，日本共同通信社也没有告诉王选关于记者的具体详情。在这种情况下，王选又联系了报道中出现的另一个人，也就是岐阜大学附属医院的松井英介医生。王选通过NTT的104查号台，查到了岐阜大学附属医院的电话号码，但电话打过去时，松井英介医生本人不在医院。王选虽然当天没有找到松井英介医生，但通过岐阜大学附属医院还是问出了松井英介医生家的电话号码。王选往松井英介医生家里打电话，是松井英介医生的85岁老母亲接的电话，从松井英介医生老母亲的口中得知了松井英介将会在两天以后从中国返回日本。8月5日，王选再次拨通了松井英介医生家里的电话，接电话的是松井英介医生本人。经过沟通，松井英

介医生决定去姬路同王选见面。此时，王选在等不及这样一种迫切心情下，又和静冈的森正孝取得了联系，并提出了想参加森正孝等人组织的"中国的细菌战被害者调查和支援活动"的想法。

森正孝和松井抵达姬路后，王选到新干线站台上迎接了他们。虽然彼此都没有佩戴胸牌，但是见面之后马上就认出了对方。王选一直在想，此前在日本八年的意义为何这样一个问题，等到同两个人见面的瞬间，王选立即明白了这一切。好像这一切就是为了这次见面而做的准备。王选甚至认为，就连无法去美国大学留学也都是命运的安排。

那以后，王选成为名副其实的中国人和日本人之间连接的桥梁，拼命地工作起来。王选一边参加了森正孝等人所组织的"解开日军发起的细菌战的历史事实会"，一边和日本律师团一样自费，与他们一起参加了诉讼准备过程中的律师团在细菌战被害地的实地调查。王选不仅仅是担当了当时的翻译，而且还为文化交流起到了不可取代的作用。至少能够听懂崇山村一带独特的方言的中国人恐怕在日本找不到第二个。由此，王选承担起将被害者们的证言翻译成日语和英语，并写成文章进行记录的重要工作。

1996年12月，在美国和加拿大的美籍华人的几个组织，联合发起成立了"世界抗日战争史实维护联合会（简称世界史维会，Global Alliance for Preserving the History of WWII in Asia）"，并在旧金山举行了第二次研讨会。为此，王选和律师团代表以及庆应义塾大学的松村高夫教授

一起去美国参加了研讨会。王选在会上发言的题目是《从南京大屠杀、从军慰安妇和731部队（细菌战）看日军在第二次世界大战的残暴行为》。不知道是多年的夙愿得以实现，踏入了美国的领土，还是作为日本代表团的一员，象征了她无数离奇的命运。

此后，王选又成为在美华侨以及和该项问题相关的美国人、加拿大人以及日本人之间连接的桥梁，起到了重要的作用。在这个诉讼的舞台上，逐渐形成了在美华侨、日本市民团体、诉讼团和中国原告团的组合，成为推动世界性实现战后赔偿的高潮时期。

我和王选第一次见面是在1996年夏天召开的"解开日军发起的细菌战的历史事实会"第一次学习会上。在听到了"荣"1644部队的"马鲁他"监狱的看守松本博的证言后，我就像血冲到头上一样受到了很大的打击。在他本人做证之前，我们放映了电影《侵略》中松本博做证的部分内容。听了他本人的谈话，王选忍不住掩面走出了房间。在松本阐述证词快要结束的时候，她哭肿了双眼回到房间。提起当天的事情，王选在之后这样说道：

那天，有一个人这样问我："王选，刚才在松本的电视播放的时候，你一直在哭泣呀。为什么哭了呢？是不是还是无法承受哇？"那个人是和"解开日军发起的细菌战的历史事实会"的成员一起参加活动的人，可是他为什么要问我这样的问题呢，我想着。当然是承受不

了的呀。作为一名中国人我无法承受这一切啊。

3个月都被关在笼子（监牢）里，而且血液全部被抽走，被杀害。因为那些血液中有很多细菌，那些细菌接着又用来残害中国人。那天在返回姬路的新干线之中，我脑海中浮现出3个月中被关在笼子里的中国人的影像，我三四个小时里一直在哭泣。

我不单单是作为一名中国人，作为一个人，知道了那些被关在笼子里，连名字都不被知晓就那样被杀害的人们的事情。既然已经知道了这些事情，如果什么都不做的话，觉得是背叛了他们一样。和森先生他们相遇然后参与这些活动，我想这就是我的命运。

在去中国进行调查的时候也翻译了那些残虐的证言。三四天之中，很辛苦很有压力，变得非常易怒，无法控制自己的情绪。关于证言的录像也给了我好几本，但是我都看不了。南京大屠杀的照片什么的我也是看不了的。作为一个中国人真的无法看这些东西。（注34）

王选嘴嚓着，强忍着要流下的泪水和我说这些事情。她说，虽然站在要告发日军的残虐行为的立场，如果是一名日本人去体会那些被害者的痛苦和现在依旧持续的创伤，其代沟仍然是非常大的。支撑她有这样献身行动的动力可能是强烈的使命感。现在王选的活动范围不单单停留在中国、日本各地，还频繁出席在美国和加拿大等地召开

的会议上。

　　1998年2月16日，第一回口头辩论中作为原告代表出席，在法庭上的王选，做了以下的陈述。

　　我们此次诉讼的目的是，要求日本政府作为日本国的责任者，公开承认日军发起细菌战的历史事实，向中国人民谢罪，对战争犯罪被害者负起应该承担的责任。

　　正如大家所知道的，50多年前，日军在日本国家的政策下实施的细菌战，是当时被国际法所禁止的战争犯罪。虽然，日本政府在1946年开始在东京召开的远东国际军事审判中，没有审判应该裁决的日本战犯，但是正义是一定会惩罚邪恶的。今天，在日本的首都召开了细菌战的裁决审判。我们认识到了这是历史的必然所致。同时我们也认识到了日本的进步。

　　召开的这场历史的审判，是中国、世界人民以及持续反对日本的侵略战争的日本人民长期努力的结果，为了解开细菌战的历史事实而努力的日本的很多知识分子、市民，以及曾经与日军有关联者们努力的结果。中国人民被这么多日本人的努力，他们所表明的追求真理和正义的精神而感动。当时，是由于日本的国家政策而发起的侵略战争，日本的人民和中国的人民变成了敌对关系的状态，现在由于他们的努力而反转，由此，我们也可以看到和平的中日友好关系铸建的希望。

　　日本发动的侵略中国的战争，作为两国的历史，

两国的人民都应该以共同认识这段历史为出发点，我们把这场审判作为解开日军发动的细菌战的历史事实的过程。

日军731部队是将14世纪席卷欧洲使得欧洲死亡人口达40%的鼠疫菌和其他细菌，投放在我们的祖国——中国的大地上。善良无辜的人们被那些肉眼看不到的细菌武器所杀害，毁坏了传承有过数百年、数千年建筑文明的村子和街道。

尊敬的各位审判官，我们108人的原告，日本、中国、世界人民都在期待着，维护理性的秩序，道德的准则，支撑真理的法则的这场细菌战的审判。（注35）

王选有稍稍卷曲的漆黑的长发，很精神的大眼睛，小麦色的肌肤。恐怕第一次见面时你看不出她是哪国人。可能不是日本人，但也不像中国人。事后才知道，王选有这样的容貌是因为其母亲是中国的回族人，有着近中东的血统。那种乐观的性格的狂野劲，可能也是继承了她母亲的血统的关系。

通过她的介绍，我们了解了那个庞然大国在几千年来，不断地接受周边国家的文化，并将其融入其中，从而才具有包容性和国际性的性格。王选很爽快地告诉我在中国东北也曾有过像苏联人那样的白色肌肤的中国人。与这么悠久的历史相关联，包括我自己在内的日本人，对中国人如今的情况实在是了解不多。在我们的认识中完全没有"白色肌肤

的中国人"的想象。

1952年出生的王选这一代中国人，无论是在学校，还是从当地大人们的教育中，都有关于日军的残酷行为的教育。同样，他们还被教育说："战败后的日本人很穷，他们为了经济振兴非常努力工作。侵略战争是一部分的军国主义者所犯下的错误，日本人民是没有罪的。现在向日本人民要求赔偿是很残酷的，而且他们也没有那个能力。"而相对于中国的教育，日本在学校里有过什么样关于中国人的教育吗？现在教授年轻人知识的老师都出生于战后，关于过去的历史教育真是到了不得不进行纠正的时候了。

（二）战后赔偿裁判的几种可能性

对于包括王选在内的这场诉讼的原告——"无辜的居民和他们的子孙"来说，与"残暴的日军战后出生的子孙们"肩并肩作战，有时也会有困惑和挫折，但是，我想也不是找不到其中可以分享的喜悦。

日本律师多次到中国的街道和村子里听取证言，向东京的法院提出申诉，并将这些受害者请到日本。其间，两名原告已经去世。在50年的岁月中，悲惨地失去了亲人生命的尊严和在请求对细菌战历史的事实的认定的斗争中，在知道自己可以亲自参加之后的喜悦是无法衡量的。通过这次战斗，改变了半世纪以来中日国民的敌对关系，不但没有损害现在的友好关系，和伸出援助之手来寻求证言的日本人见面，应

该是产生了治愈的效果，缓解了身心对日本人的憎恨。我们只是担心，日本政府和司法的态度会令他们很失望。

超过50年的战后赔偿裁判中被起诉的被告——日本政府的方针是以一贯的"已经解决的政治问题"来回应。所以，日本政府自始至终就没有打算接受这些诉讼的意思，一直采取拖延战术，甚至就连"事实的否认"都以避开的形式的法律论而告终，最终得出了放弃法院的请求的结论。关于"细菌战国家赔偿请求裁判"也不例外。日本政府的理论是，这些诉讼超过50年以上的时间，已经"因为时效权利消减"，而且也存在着"20年的免责期间"的考虑。这样的想法是基于天皇主权的《明治宪法》下得出的思考，即天皇是绝对正确的，是不会行恶的"国家无答责论"的论调。

（三）公开战争指导者的"业务日记"是向战后世代履行的义务

以井本熊男大佐为首的日本陆军将校的业务日记，是日本防卫厅在编撰《战史丛书》（全100卷）的过程中，收到的从各方面寄赠来的庞大资料的一部分。《战史丛书》编撰完成之后，于1990年开始逐渐开放。1993年，日本中央大学吉见义明教授阅览之后，发现了包含着关于日军的细菌战的原始资料。

这些资料不允许被复印，因为只可以阅读，所以吉见教授在立教大学大学院学生（当时）伊香俊哉等的协助下，

开始了很有耐心的抄写作业。这些业务日记不单单是关于细菌战的部分，而且有对从军慰安妇、毒气战等的记述。吉见教授在经过详细解读和分析后发表了论文。其后，日本防卫厅防卫研究所图书馆，将已经对外开放的这些业务日记，以属于涉及个人隐私的私人日记为由，从对外开放阅览的资料目录中移除了。

1998年，律师团将中国的细菌战被害者和他们的遗属作为"国家赔偿诉讼"的原告，请求将"井本熊男业务日记"作为原始的第一次资料证据保全后，法院下达了将资料作为档案提出的命令申请。当时已经96岁的井本耳朵已经有点听不太清，但是头脑却很清晰，在和律师团会面的时候，虽然表示出有好意的意向，但是井本的代理人（律师）却以这些资料是私人记录的理由，拒绝了向法庭提出的请求。被告（日本国）方面的律师团也提出了以下论点的反论述。

1. 因为原告的赔偿请求本身是不合理的，没有立案的必要，所以也不需要下达提出"井本日记"的命令。

2. "井本日记"公开的权利不属于政府，而是属于井本本人所有。

3. "井本日记"是公务文书，因为从公务员不在提出文书范围内的民事诉讼法的解释来看没有理由要提出。

2000年，我们所担心事情还是发生了，井本熊男去世了，我们又失去了一名珍贵的历史的证言者。

从经历中我们可以看到，井本是陆军大学出身的精英将校。1940年6月5日的记述中，井本和参谋本部作战课荒尾兴功中佐、关东军参谋副官秦彦三郎少将、华中防疫给水部队增田知贞中佐讨论了细菌战实施的协议。其后，作为"中国派遣军"参谋部的作战参谋，于1940年10月又调任参谋本部作战课，细菌战依旧是井本少佐负责。从日记的内容来看，我们可以知道井本和服部卓四郎作战参谋等并列，井本少佐是作战课中提倡积极地推进细菌战的年轻幕僚中心人物之一。所以，关于细菌战的极为重要的机密文件，井本掌握了不少相关资料。这本日记从始至终都是公务，完全没有任何私人的日记中必定登场的家人以及关于家庭生活的记述，也没有私人的行动、兴趣、游玩等相关记述。

所以从这些理由来看，吉见教授认为这绝不是私人的日记，而是工作的业务日记，是信赖度非常高的第一手资料（注36）。细菌战被害国家赔偿请求诉讼律师团认为，法院不发放"文书提出命令"，作为防卫研究所图书馆旧陆军参谋的工作日记已经作为历史文书曾经公开过，根本就没有任何可以拒绝提出的根据（注37）。

井本战后先后出版了《作战日记中的中国事变》（芙蓉书房，1978年）和《作战日记中的大东亚战争》（同上，1979年）两本著作，在这些书中却没有任何关于细菌战的记述。

防卫研究所虽然保存着庞大的历史资料，但按照1982年12月防卫厅的通知，制定了《关于战史资料的一般公开的内部规定》，限制了资料的公开。其中第四条是 ①需要保护的个人隐私（略记号P）；②损害国家利益的东西（N）；③可能会引起不好的社会反响的（S）；④其他不适合公开的。判定为符合以上四条的规定的任意一条则其内容不予公开（注38）。并且，在同一天的《公文书的公开审查实施计划》中，作为属于N的内容，列举了"外国人（包含俘虏）的虐待""侵略以及虐杀等""有毒瓦斯的使用"等事例。还有，属于S内容的是列举了"关于细菌武器的实验的报告、记录""让人怀疑使用了细菌武器的内容"等内容（注39）。

这种国家的隐蔽伦理只是暴露了以希求和平和民主主义为幌子的日本的真面目。同时，这样的规定也是暴露了"俘虏虐待""侵略和虐杀""毒气的使用""细菌武器的实验、使用"等到现在为止还想隐瞒其事实，这就是国家意志。在社会的中枢权力已经移交给战后一代的今天，只有舍弃"战犯免责的一代"的伦理，才是对肩负未来的一代的责任以及义务。

（四）东京地方法院关于731部队、南京和无差别轰炸赔偿请求裁判

2000年9月22日，中国人战争被害者将日本国作为被

告，向东京地方法院提出的初次裁判是731部队、南京和无差别轰炸赔偿请求裁判。

和原先预想的方向一样，结果就是原告败诉的法院判决。判决内容中虽然承认南京大屠杀和731部队的人体实验的"历史事实"，并写入了日本"应该真挚地向中国国民进行道歉"的部分，对此报纸也有肯定性的报道。尽管如此，驳回赔偿请求的理由也是很不可思议的。

他们的想法是，如果承认了原告的请求，日中间残留纷争的火种可能会招致再次爆发战争，并断言"从防止将来战火的再次发生的观点来看是有益无害"的结论。这个论点的背景是追从日本政府执政党的方针，考虑为"对于个人国家的战争被害的赔偿问题是国家之间的外交交涉中所应该解决的问题"。所以，结合和平条约，承认已经经过了50年、100年的个人赔偿的事情也是会成为"引起再次战争的导火线"的"害处"，而不是有"益处"。

判决中还提到，如果承认了原告的请求，会"变得有无数的像这件诉讼案被提起"这样的"露骨的警戒感的表述"（注40）。实际上，持有这样的警戒感则是变相承认了曾经发生过的"无数"的残暴行为。由此，我们认为这些伦理太自私。

（五）战后补偿的国际趋势

战败不久之后，一直真诚地补偿纳粹德国的暴虐的德

国国民，不提出一切借口，也没有任何不正当化，只是以个人为对象支付了六兆亿日元这样庞大的补偿，由此，得到了国际社会的尊敬。另一方面，德国也实现了经济复兴，建筑了国际社会的地位。其间，德国还采取了不允许新的纳粹主义崛起的立法措施。

20世纪末开始的对于因纳粹强制劳动的补偿基金也有幸得以成立，产业界参加了基金，对于大约150万的生存者开始了支付补偿金事宜。另一方面美国政府对战争中的日系人强制收容实行了"道歉"和"补偿"。

1999年7月公布的加利福尼亚州法中，由于第二次世界大战中的强制劳动到2010年前如果不提出诉讼就过了时效期，故此，在日本的战俘营中关押并被强制劳动的美国军人、意大利军人、荷兰人，以及在美国的韩国和朝鲜人等相继提出了诉讼。在很长的一段时间里，由于没有真挚对待战后补偿问题的日本在广大的国际舆论之中被孤立了起来，陷入了支付"账单"的现实中。在经济不景气中苦苦挣扎的今天，也许是一种不幸，也是自作自受。

1998年12月，加拿大政府对原关押的日军战俘，开始支付每人184万日元。以此为开端，英联邦曼岛政府（2000年6月）、英国政府（2000年1月）、荷兰政府（2000年12月）、新西兰政府（2001年4月）等也开始采取了同样的措施。原英联邦中的澳大利亚，以及美国政府采取同样的措施也只是时间问题。

高龄化受害者中，在慢慢等待中不断有人去世。对

此，日本政府一直在保持沉默，甚至连诉讼中一点精神慰藉的措施都没有。历史被翻弄，对于被伤害的个人，作为国家，应该给予社会性的慰劳。一方面，日本政府对于走上错误道路的职业军人仍然在支付"恩给金"；另一方面，却不对付出巨大牺牲的被侵略国国民进行任何赔偿的态度，不断地接受着来自国际社会的批判。而且，日本政府对于穿着日本军的制服，被驱逐上战场的朝鲜半岛和中国台湾的军人、军人家属，自从1952年旧金山讲和条约生效，以丧失了日本国籍为理由，一直以来拒绝以《战伤病者及战死者援护法》进行补偿。

（六）细菌战被害者们的诉求

细菌战的被害者们，敏感地感觉着世界的趋势，自从2001年开始他们的论调增加了难度。2001年2月28日，站在东京地方法院的法庭上的浙江省义乌市塔下洲的原告周洪根对日本政府，提出了以下两点诉求。

一、承认日军在侵略中国的时候，"使用了细菌"这一事实，对中国的被害者进行损害赔偿，道歉。

二、承认历史的事实和侵略战争的责任。向被害者进行道歉并做出相应的经济赔偿。

他说："我们的要求其实一点都没有过分的地方。我

们只是要拿回正义和人权的尊严！世界上所有的东西都在变化。但是存在于历史的事实是不会改变的。日本政府要像在德国发生的事情一样，尽早付诸行动才可以得到爱好世界和平的人们的赞赏。"

与周洪根同一天在法庭上做陈述的易考信出生于湖南省常德市郊外一个只有12户人家的小村里。他目睹了姐姐和外甥、叔叔惨死。1942年，46个村民中就有12人，在4天的时间里，因感染上鼠疫而死，让村民们体验了失去家庭劳动力的悲惨生活。失去了丈夫的妻子既没有财产也没有依托，每天不停地哭泣，最后导致失明，没有办法只好带着3岁的女儿开始了沿街乞讨的生活。他的叔叔因鼠疫而死之后，婶婶因无法养活5个孩子，便把二儿子卖了，但是却因为无法忍受那家人的虐待，那个孩子最后自杀了。第四个儿子得上病后，因没有钱治病最后也死去了。沉浸在姐姐和外甥死去的悲伤中无法释怀，他的母亲昼夜哭泣，最终也因此导致身体崩溃而死去。当时年仅9岁却遭遇了如此悲惨经历的易考信的话是非常让人难以释怀的。他说：

　　我想向日本政府提言。最好不要再说什么像友好那样漂亮的场面话了，不能用一点点的甜头来继续欺骗中国人了。不采取实际的行动是不可以的。也就是说，正式地向中国人民道歉，进行赔偿。这种解决对策才是对于为政者、日本人民来说确保长期利益唯一

正确的选择。

在2001年11月19日的证人询问环节中，原告张彩娥及高明顺做了以下的意见陈述。

裁判官阁下，德国对于第二次世界大战中纳粹的强制劳动进行了赔偿。裁判官也对贵国的奥姆真理教的地下铁沙林毒气事件，对犯罪者判处了极刑的判决。中国民间的这个诉讼也是告发同样等级的犯罪。哪怕是为了真正的中日友好，我们也期待着可以公正地进行判决。（义乌市保联东街 张彩娥）

日本的军国主义者使用731部队，在我国进行细菌战，虐杀无辜的人们的行为是和在美国发生的"9·11"恐怖事件一样的有组织性的恐怖活动，是同等的犯罪行为。日本当局声明支持反恐怖活动和对本·拉登的追捕行为。那么，对于自己国家所犯下的犯罪行为也不应该抵赖。（湖南省常德市鼎城区 高明顺）

2000年5月，在南京，我们找到了南京大屠杀的幸存者，731部队、南京和无差别轰炸赔偿请求裁判的原告李秀英。在采访的最后，我们无法忘记她用锐利的眼神一直看着前方所说的话。"中国现在不再是从前那样贫穷弱小的国家了。我的孙子现在已经是一名人民解放军战士。"她说，

她难以忘怀的是，因反抗侵入国际难民区施暴的日本兵而被刺刀枪刺入腹部、将腹中胎儿杀死的日军的仇恨。满头白发梳在脑后的老婆婆，以祖国作为后盾，其话语中有着恐吓日本一样的压迫力。在我们调查的中国被害者原告的言语中，如果不对其进行"赔偿"的话，倒不是说会变成消失不去的"仇恨"，只是可能"变成将来战争的导火线"。

2001年12月26日进行了第27次审判，在询问证人的最后，法庭提出，自诉讼提出已经过了3年半的时间，将会对"731部队细菌战被害国家赔偿请求诉讼"进行最终结案，但判决最后还是拖延到了2002年。

被远东军事法庭免除追诉的细菌战部队，现在还想躲避在和平宪法下的法院下，否定事实。我们在知道法官缺乏对战后补偿裁判的历史意义的认识，也容易被国家的意志所左右，因为没有先例可以参照所以很难下决断的现实后，被危机感所笼罩着。另外，作为这样的国家的代理人，站在法庭上的辩护人也让我们非常失望。

另一方面，为了历史的真实和正义，无偿地为战后补偿裁判而奋斗的这些律师，也是对缺乏历史认识的日本国在持续不断批判的国际舆论中让日本人引以为傲的希望之光。同时，将自己的加害行为进行证言的证人们也是日本人的良心表现，对于我们来说则是救赎。但是，体验者们、被害者以及鼓起勇气的加害者的证人大多年纪偏大，陆续离世，所以不得不加紧诉讼的进度。

第六节　新的地平线

（一）在美华侨团体和日本战犯名单

　　日本的市民团体和律师团体是在和中国的人们进行密切交流中，提出了细菌战被害者的国家损害赔偿裁判的。进入20世纪90年代后，在美国的华侨团体也向国际上发出了呼吁。追究南京大屠杀事件责任的"纪念南京大屠杀受难同胞联合会"（本部纽约），在旧金山聚集的在美加拿大的华侨团体"世界抗日战争史实维护联合会"，从追究日本战争犯罪的立场，与美军战俘团体以及和主张使用细菌战的人体实验的奉天战俘团体相遇，提出了日军731部队的问题。

　　"纪念南京大屠杀受难同胞联合会"是针对1990年，当时的日本众议院议员石原慎太郎在接受杂志《花花公子》采访中，认为"（日本人发动的）南京大屠杀是中国人编出来的谎话"而设立的。为此，"纪念南京大屠杀受难同胞联合会"迅速发表了抗议声明，并在《纽约时报》中以《日本未来的留言》为题登载广告。此外，"纪念南京大屠杀受难同胞联合会"还花费三年的时间，以南京沦陷当时，曾在南京国际安全区的美国传教士约翰·马吉牧师拍摄的影像胶片和照片为依据，通过南京大屠杀的事实和对日本人证言者、不关心政治的年青的一代以及学者和历史家等的访问，制作了《以天皇的名义》的纪录片。

　　我本人全程参与了在日本的采访。也是在这一时期，

我才知道世界各地的华侨、中国香港地区和内地的一般广大市民对于教科书裁判的家永三郎教授，均抱有深深的敬意。与同一代的日本人比较中，人们深深地理解家永教授进行长期战斗的意义和不为屈服的精神。2000年以来，以在美加拿大华侨团体为中心掀起了推荐家永教授为诺贝尔和平奖候选人的运动。他们是被日本侵略的中国人的第二代和第三代，在世界的华侨中拥有较高的教育水平和经济能力，在美国社会中也逐渐加强发言权。他们是在听着祖父母和父母的战争体验而作为美国人被教育长大的特殊群体。当然，他们之中也有在新中国出生长大的第一代。

在亚洲横行的日军与纳粹德国的犹太人屠杀相比较，还不是被全世界广为知晓的情况下，1998年6月，他们在美国和加拿大的5个城市中举办了《第二次世界大战中亚洲被遗忘的大屠杀》（*The Forgotten Holocaust of World War Ⅱ In Asia*）的摄影展。这些摄影展主要集中在南京大屠杀、细菌战和日军慰安妇的主题上，在各地的集会中，他们也请到了《死亡工厂》的作者谢尔登·H·哈里斯教授、美国畅销书《南京暴行——被遗忘的大屠杀》（*Rape of Nanking*）的作者张纯如等人。其中，通过731部队细菌战诉讼辩护团，也邀请了加害者的3名中国证言人。

另外，筱塚良雄（原731部队）、东史郎（南京大屠杀的证言者）、小川武满（原关东军军医、现和平遗属会会长）3人也作为证言者参加了此次活动。731细菌诉讼辩护团和有志人士也决定参加，但在出发的时候，收到了

美国司法部发出的"违反人道主义日本战犯名单"，拒绝筱塚和东史郎两人入境的通知单。纳粹战犯名单也迟到了近20年才完成，而这份日本人战犯名单在1996年发表当时才只有16名，主要是731部队队员和与日军慰安妇相关的人。而到了1998年6月，具有讽刺意义的是，为邀请3名日本人，即使是华侨团体进行不懈的院外走廊活动最终也没能实现3人赴美，但纳粹的相关名单却已经被扩大到近6万人，与此相比，将日本人的名单扩大到3位数也不无道理。

这件事的处置是主要以拒绝纳粹德国的战争犯罪人和其关系者进入美国为目的而制定的法律（即1978年成立的霍尔茨修正条款），也开始适用于美国的同盟国里的日本了。此后，包括观光客在内的外国人入境美国时，所有的外国人都需要按照美国司法部移民规划局入境卡片上A到G的7个问题进行填写。其中，C为战前出生的日本人，需要和名单对照。在以阻止犯罪者、传染病患者和恐怖分子等进入美国为目的的提问中，C是以下问题需要回答YES或者NO。

1933年3月23日至1945年5月8日，根据纳粹德国政府直接或者间接的指示，或者是在同政府的占领下，同政府和同盟关系中政府的领导下，以人种、宗教、出身国和政治的见解为理由，进行命令、煽动和帮助他人，进行迫害或以其他的形式参加过进行迫害

吗？是否参加过大虐杀？

联合国原秘书长、奥地利前总理库尔特·瓦尔德海姆，恐怕有很多次都被允许进出美国国境。但是库尔特·瓦尔德海姆也曾在战争中协助过纳粹德国的事情已经得到过证实。直到今天，恐怕库尔特·瓦尔德海姆的名字应该还被列入不允许进入美国国境名单中。日本战犯，像曾担任原细菌战部队军医的细菌学者、绿十字社社长的内藤良一，也在1996年前多次往返于美日之间。虽然是重要战犯，但已经被免罪的人物基本上都去世了。据说美国已经通告给日本政府的35名战犯人名录，但并没有发表过。

美国司法部犯罪局特别调查官事务所从至今为止出版的关于731部队的英文出版物之中，找出现在可能还生存的战争犯罪者的名字，并向日本政府提出请求协助确认，但是却被拒绝了。据司法部特别调查科科长伊利·罗森鲍姆说："日本政府甚至拒绝提供现在战犯名单中记载的数十人的出生年月日情报"（注41）。为此，美国司法部特别调查科为了列出名单，在调查期间，曾向《死亡工厂》的作者谢尔登·H·哈里斯教授提出了协助请求。在哈里斯教授的介绍下，美国司法部司法刑警局特别搜查部主任检察官R.G.韦恩直接向哈里斯教授有深交的参与"预研"迁址诉讼活动的芝田进午家里，发送了传真，以确认有关细菌战方面的人员（731部队和100部队）的信息和合作委托书。

我通过细菌战部队的采访，与芝田先生有着很深的交

往。芝田先生收到传真委托书后，就委托书的内容通知了
我。在经过战后50年，既然已经进行了战犯的揭发，现阶段
主要是以揭开历史的真相最为重要，仅仅是不能入境美国，
而将准备开口说出真相的人通报给美国，那么对其说出历史
真相一定会产生犹豫不想说的情况。而且，对于一些下级队
员被贴上战犯的标签，列入禁止入境美国的名单表，我就很
奇怪。战争结束后，美国当局将细菌战的数据交换作为免罪
的细菌战战犯，已经在美国公开的资料中，美国司法部也可
以通过自己本身的能力从中找出战犯嫌疑人。

对于该事情，《洛杉矶时报》认为，没有完成日本
战犯清单的责任，在于日本社会中枢中残存的右翼势力。
《洛杉矶时报》在和德国相比较的基础上，认为远东军事
法庭审判以来，日本根本就没有追究战争犯罪，批评了日
本的"历史的健忘症"。

日本承认第二次世界大战中与此前军队和秘密警察
（指宪兵以及特别任务机关）所犯下的罪行，并一贯认为
是制度之恶。1991年统一前的联邦德国至少非常坦率地向
国民承认，在纳粹时期所犯下的犯罪行为的严酷事实。而
日本是一个右翼性的国家主义者们依然在政治上有其影响
力的国家，一直在回避着这样的责任。

进而，在日本历史教科书中，完全忽视了在朝鲜、中
国和菲律宾以及亚洲的占领地区所犯下的侵略行为以及残
忍行为（注42）。

三个老人作为残酷行为的证言人，受到被害者的子孙

们的邀请去美国，邀请方特别向美国司法部申请了特别许可。同时，决定参会的日本细菌战受害者国家赔偿律师团的两名律师，在3个月前，作为东史郎和筱塚的代理人向美国大使馆提交入境申请，但特别许可被拒绝了。通告拒绝发放特别许可入境美国的是美国司法部刑警局特别搜查部长M.罗杰帕姆。罗杰帕姆在其传真中，虽然回避了将两个人列入禁止入境美国的黑名单，如果是因为申请特别许可而将两位加入该名单的话，可能就带有点讽刺意义。

东史郎在其出版的从军日记中，有一部分记述了其战友的残酷行为，由此被人以损害名誉起诉。东史郎不顾律师、"支持东史郎裁判会"以及亲属的反对，同意赴美，并按照计划进行了事前的准备。遗憾的是，在从丹后半岛赶赴东京法庭的夜行电车里得了感冒，被医生叫停了赴美行程。

在起诉东史郎的原战友的原告后面，是主张没有"南京大屠杀"的原日本军人们，以及忘却了日本军国主义所犯下的战争罪行的一伙人。他们认为，东史郎所写的事件只是一个"假话"，东史郎所证言的南京大屠杀、日军的蛮行等所有这一切都是"假话"。在他们得知美国司法部拒绝其入境美国后，非常兴奋，以《东史郎，没有南京屠杀》为题，在一些报刊上大肆进行中伤。

一直以日本人对中国人这样一种固定思维进行运动的在美和加拿大的华侨团体，也开始出现了新的动向。这些华侨团体要开始同认定自己是曾经的侵略者，并将揭露残

酷行为为使命的原日本兵，以及觉醒的年轻日本人合作。在关于东史郎的东京最高法院的审判中，最高法院认定，以"将男性中国人放进邮件袋子中，然后点上汽油，并踢进水池中杀害"这样的东史郎的目击证言是虚伪的证人证言，判处东史郎罚金50万日元。

筱塚按照原定计划乘坐UA航班离开了日本，目的地就是第一次证言集会的地方——加拿大的温哥华，芝加哥奥黑尔机场是途经地。筱塚在奥黑尔机场的入境检查柜台被美国人发现，被迫与同伴进行隔离，成了日本战争犯罪者中被强制遣送回国的第一人。

731部队相关人员在50多年前曾经以交换情报作为战犯免责的政府，却将以揭露其非人道的自我残酷行为的下级队员指定为"战犯"，以此夺去了其提供证言的机会，其真意难测。筱塚在战后，曾经作为战犯在中国度过了4年的战犯管理所生活，在受到宽大的处理中觉醒到了731部队的非人道性，将自己作为少年队队员所能知道的跳蚤的培育、进行毒效试验的活体解剖等全部进行了坦白，以此被免于起诉，1956年回国。回国后，筱塚仍然作为中国归还者联络会的一员，积极提供有关细菌战部队秘密的证词。

抱着被强制遣返的决心，首次踏上异国的筱塚的勇气震撼了全世界。日本的全国性报刊、通讯社以及4份美国的主要报纸（注43）和中国的报纸均大幅报道了该事件。不顾身心年迈进行往返需要一天半，甚至连横卧都不可能的飞机长途旅行，说是在赌命飞行也不为过。在他的平

静语调中，明显感受到了赌命也要完成责任的强烈意志。同时，能受到媒体如此的关注，并将该项问题告知给全世界，实际上也是完成了这样一个使命。为此，纽约和华盛顿特区的会场，将电话直接打到了筱塚和东史郎的家中，实际上也实现了去参加会议的目的。

1999年12月，在加拿大的华侨团体作为"世界抗日战争史实维护联合会"的分会（GA），举办了"战争犯罪和战后补偿的国际市民论坛"，是与日本的市民团体所组成的实行委员会（实行委员长土屋公献律师）共同举办的。为此，他们来到日本东京，实现了与东史郎的会见。此时，东史郎正因一审诽谤判决，正向最高法院进行上诉，为此，东史郎正在东京进行呼吁。在攻入南京的5万日军士兵中对此事实能够提供证言的数名人员中，在不断有人因老衰而离世中，已经满头白发年过80的东史郎，一副进行彻底斗争的姿势。为此，敏捷理解东史郎判决意义的中国民众以及在美的华侨进行了有力的支援。

当天，无数支持东史郎无罪的署名，和无数个签名的大幅横额挂在了集会的现场。香港电视台还特意制作了有关东史郎的纪录片，东史郎成为了华裔国民中的超级名人。从20世纪80年代起，通过宣传媒体广为人知的精悍有男子气，且声音洪亮的东史郎，此时已经年过80岁，身体也小了一号。

集会前，7名从美国和加拿大赶来的华裔美国人会见了东史郎。多伦多的华侨团体ALPHA代表辛迪·张，是为东史郎先生入境美国和加拿大做最后努力，并和当局交涉而奔

走的第一人。故此，在见到东史郎后就被感动而一直哭泣。香港国际市民论坛的参加者也想见到东史郎。在现场他们围着东史郎，倾听着东史郎的讲话，当时的翻译是在日的中国人刘彩品。

2000年5月，在英国电视访问中，我陪同东史郎先生一同去了南京。在那里，因正是中国的黄金周，来自中国各地的旅游者，都聚集在侵华日军南京大屠杀遇难同胞纪念馆前，一看到东史郎先生到来，瞬间就将东史郎先生围成一团，着实感受到了东史郎先生在中国是最出名的日本人。在中国，人们将他视为承认自己犯下的罪，承认日军对中国人的残忍行为，是有勇气到南京来道歉的勇敢的日本人而受到尊敬。因为，人们知道东史郎因为提供了真实的证言而被战友会开除，并因变成铅字的出版物，被人以名誉毁损起诉，东史郎在有生之年总在被诽谤诉讼和审判斗争中坚持着。其间，即使家里被投入烟雾筒，遭遇右翼的固执的故意捣乱，东史郎也坚决不低头认输。在日本人中，可能知道的人也不多。

东史郎的日记共有五卷，在日本出版的《南京计划》和《南京事件——京都师团相关资料集》（青木书店出版）都属于出类拔萃的书籍。2000年，东史郎的五卷日记被译成汉语并在中国出版。为庆祝出版在北京召开招待会，以此为契机，中国方面请东史郎来南京，并邀请了我们节目组参加访问。我们看到在上海大型书店中，摆满了《东史郎日记》，另外在南京市和侵华日军南京大屠杀遇

难同胞纪念馆共同举行的东史郎的88寿辰宴会上，我和英国的制片人也应邀出席。2001年后，《东史郎日记》全五卷的日语版出版了。同年6月，在京都举行的出版纪念酒会上，因东史郎身体不好，腰骨骨折坐在轮椅上，所以东史郎没有出席那一天的酒会。对我而言，在东史郎88寿辰宴会上见到的一面，可能是他最后的雄姿。

（二）同犹太团体合作
——东京洛杉矶电视会议

在揭发战争时期大屠杀的事件中，和华侨团体有着相同意识背景的洛杉矶犹太人团体由于没有实现与几位日本人的见面，遂提议通过电视会议的形式向全世界进行宣传。这是美国司法行政局的一位部长面对媒体提问时做出的应答，"拒绝战犯入境的方针需要实施原则。想要向美国民众转达信息，即使不来美国也可以通过卫星及录像来进行传达。"

1998年8月16日（日本时间17日上午），洛杉矶与东京直接展开了三个小时的电视会议。日方出席会议的有没能入境美国的筱塚和东史郎两人以及鹤田兼敏（原731部队）和永富国道（原华北特务机关人员，中国归还者联络会会员）等4人，同时双方还设立了由学者和记者组成的讨论组，洛杉矶会场有2人担任同声传译，以解决语言上的障碍。美国还利用互联网进行同声广播。会议时间虽然

很短，但对战争中的残虐行为的证言足以产生碰撞性的效果。在会议上，坦率说出自己的名字，并坦白自己所犯罪行的证人们的证言感动了所有在美国会场的听众。关于这一天的会议内容，在洛杉矶犹太人团体和日本的网络课程（由真崎良幸主办）的网页（http://www.wiesenthal.com）上面随时可以找到。

生于1908年的美国犹太人西蒙·维森塔尔（Simon Wiesenthal）2000年时已经92岁，是住在澳大利亚的犹太人中，从纳粹集中营里面九死一生，奇迹般生还下来的唯一一人。在纳粹集中营中，他失去了9位亲人。战后被称为纳粹狩猎者，追捕逃向南美等地区的纳粹残余分子。其间，将逃往阿根廷的艾希曼带上法庭并于1961年5月31日判处了死刑。之后他仍执念于对盖世太保的首脑以及大量杀害犹太人的纳粹的追究。

1977年，被冠以此人名字的犹太人拥护团体西蒙·维森塔尔中心，在洛杉矶成立。西蒙·维森塔尔（Simon Wiesenthal）中心以对犹太人进行迫害的历史为背景，一直反对人种差别主义、反犹太主义以及大屠杀问题。该团体会员约40万人，洛杉矶为本部，分别在纽约、多伦多、迈阿密、耶路撒冷、巴黎和布宜诺斯艾利斯建有分部（注44）。

在多民族共存的美国社会，犹太人在经济、政治、科学等领域人才辈出，从国际化的高度，并以独特的视角及战斗的姿态对待政治问题。除了一直追究纳粹相关人员外，对犹太民族的中伤诽谤也是彻底不允许的。该团体不

仅对阿拉伯各国与以色列的中东形势，而且也对原南斯拉夫、卢旺达等国家和地区进行积极的发言。在一篇题为《奥斯维辛没有带毒气房间》论文发表后，经过该团体的积极努力，广告商纷纷撤资，致使刊登这篇论文的杂志停刊了。日本杂志《马可·波罗》（《文艺春秋》）的停刊事件，也许在日本仍然记忆犹新。

1996年，该团体代表大屠杀牺牲者及其子孙，揭发了被纳粹没收，并被冻结于瑞士银行的账户。为此，他们还主张这些银行账号中的钱是从犹太人手中抢来的资产并据为己有，并将334名原纳粹政权高官的名字公布在网站的主页上。1997年，该银行的财产被没收，瑞士银行账户的账户持有人名单也被曝光。据此，被害者遗孤的名单被公布，瑞士银行受到国际社会的责难，被迫于1998年8月，向大屠杀被害者的遗孤支付了12.5亿美元的和解金。至此可见，以该团体为中心的犹太人团体运动中，与追究纳粹分子不同的另一项工作就是放在将补偿、赔偿以及修复被害等工作上。

在1999年12月举行的"战争犯罪和战后赔偿的国际市民论坛"上，对纳粹强制劳动者进行补偿的重要代表人物、德国的君特·沙德霍夫（德国绿党），大屠杀时期资产会议代表巴里·费舍（Barry Fisher）律师以及在美国和加拿大纳粹被害者犹太人团体诉讼相关人员等参加了会议。在这个会议上，与会代表提出了追究"日本没有进行补偿第二次世界大战的战争犯罪"的议题，成为世界范围关注此议题的开始。在战后的战犯审判中，被美国免罪的细菌战、毒气战相关人

员，虽然是有些晚，但也应该成为被追究的主要目标。

（三）"前事不忘，后事之师"
——致日本人的警言

中国有在各省设置的省社会科学院和在首都北京的中国社会科学院。社会科学院是在历史、经济等社会科学学术领域里最尖端的研究机构。在学术与政治齐头并进的中国，研究者和学者的发言时而反映着当时政权的呼声。在这种意义上，黑龙江省社会科学院的曲伟院长诚恳直率的发言可以说是对全体日本人、民主党新政权的对话。

2009年9月，"战医研"（"15年战争与日本医学医疗研究会"）访中调查团到访黑龙江省社会科学院，并与院长进行了诚挚的对话。刘田团长对"战医研"进行了介绍，表达了建立"战争与医学伦理论证推进会"，为在2011年的日本医学总会采纳此问题作为议题和向全世界呼吁对此问题的关注而不懈努力的决心。

对此，曲院长说：

"前事不忘，后事之师"是约2500年前的中国古语（《战国策·赵策》）。诸位正是实践着这句话，对此我表示衷心的支持和由衷的敬佩。我相信正是通过这样的活动，使得中日关系能够向好的方向前进。我听说在日本，为了"正义与和平"所进行的研究，不得不是志

愿的行为，得不到来自政府的援助。另外，我还听说这样的研究者容易遭到右翼分子的袭击。

"前事不忘，后事之师"在中国是经常能听到的一句名言。这句话，经常用在中国遭到列强的侵略丧失主权时，后来将帝国主义的日本建立了傀儡政权伪满洲国的过去作为"耻辱的前事"。从这句话中也能够感受到以国耻之"师"为起点，在中国共产党领导下构筑了今日的中国（"后事"）的骄傲和自信。然而这一天曲院长提出这句名言，是作为警言来讲的。

此外在这席话中，曲院长对于日本国民追求"正义和公平"的研究活动不仅没有得到日本政府任何的支援，还要遭到日本右翼的攻击这样的事实表达了同情。尽管西川先生解释说，"2000年成立研究会的时候我们很担心袭击，但是到现在还什么问题都没有"，事实上，我们都或多或少地有着受到右翼势力的精神意义上的和物理意义上的攻击也要坚持的觉悟。

我也有过压抑了一切私人感情，坐上右翼的街宣车去采访的经历。口头常常挂着"一人一杀"的他们，并不是仅仅借用《制止噪声条例》就能够约束的，结果处在"放羊"的无人监管状态。对于非日本人来讲，这种现象是极为奇怪的，这种行为或许被认为不过是招摇彰示日本的民主主义和言论自由的一种手段罢了；或许他们也会对我们这样的调查行动全都是自费进行的而感到匪夷所思吧。

（四）以德报怨

曲院长接下来是这么说的：

虽然在731部队发生了3000名中国人被用于人体试验并遭残忍杀害的犯罪行为，但我们对于日本国民并没有抱有怨恨的感情。我们认为保持友好的关系很重要。

抗日战争胜利后，黑龙江省留下了3000余名的日本遗留孤儿，中国人保护并养育了他们。从这件事也能看出来，中国人民是践行"以德报怨"的热爱和平的民族。

由于日本军国主义发动的战争，3000万中国人牺牲了。然而，中国人民对于包含日本在内的世界各国人民怀有友好的态度。

作为"特移扱"被送到细菌战部队，如同被作为残酷的人体实验的小白鼠被屠戮的抗日英雄们的遗族们来说，日军的残暴行为时至今日仍然不能被遗忘。对他们而言，国土遭到侵略，并承受了惨痛损失，其子子孙孙也不能忘记这份仇恨。作为日本人，越是知道当时日军的所为，就越是对没有更多的日本人栽倒在复仇的血刃下感到不可思议。

一股强烈的、欲将之忘却的力量在作为加害一侧的

日本贯穿始终。我认为，日本在学校里向下一代传承如此真实历史的努力显著缺失。中国人的"怨"来源何处，为何他们所报为"德"，年青的一代完全没能理解。"以德报怨"，是抗战胜利后蒋介石对全军下达的命令，是告诫将士不要对承认战败、缴械投降的日军报以复仇血刃的话语。作为南京大屠杀的证言人，活到了90多岁高龄的东史郎在演讲中，经常说着同以下内容类似的一番话，称赞着中国人的"德"。

战败后不久，在宁波缴械投降的我，奉命将弹药运往上海。在上海接收兵器的中国军队的将校对我们是这样说的。他说："成为日军战俘的我在南京下关经历了日军的屠杀。我蜷缩在相继被枪杀的战友的尸体堆里装死，趁着夜里爬出来，活到了今天。想起那时，心里愤怒难耐，现在就想杀了你们。但是看在政府以德报怨的命令上，留你们一命。"至今我还忘不了被他这样训斥，然后被救了一命的事……中国人民以君子的肚量，对我们做了宽大处理。我们不能姑息卑怯下去……正是千方百计地要藏住注定要藏不住的事实的胆小和卑怯，阻碍着和平与友好。

不是中国军侵略了日本，是日军去侵略了中国。忘记了这个原点，所有的观点就都是歪扭的。这个原点，正是我们思考战争问题的根本。

　　东史郎在这个时候对我说，他感受到，作为人，日本人输给了中国。分析2008年胡锦涛主席访日时的发言就能明白，中国有君子肚量。某种意义上，中国之所以没有批判战时日本侵略军的残虐行为和日本对此不充分的反省，可以看作是撇开负着即使自抗战胜利经过了70多年仍然不能痊愈的伤痕的人们的反日感情暂且不谈，更加重视现在与未来经济上的提携关系带来的繁荣的现实路线的结果；或许也可以看作，他们将十几年的战争放在长达几千年的中日关系的历史中来看，战争不过是一瞬间的事罢了。

　　想想中国文化带给日本的裨益，即使刨除了"汉字""陶瓷器""饮食文化""中药"里的哪一个，都不得不认为，中国是日本文化的母体。更进一步地说，持有压倒性的人口和财力的现代中国的存在感是强大的，那些区区出于不知从哪来的优越感而屡屡口出暴言的日本的政治家云云，在中国的眼里或许不过是在手掌心上聒噪的小虫罢了。

　　中国出现了相当数量的富裕阶层人士，从日本的标准看来住在大宅邸的中国朋友，仅仅我的朋友里，就有两个人。虽然因为中国的土地不是私有的，所以他们从政府手中租了70年的地，只有这一点与日本不同。在中国贯彻多年的独生子女政策下，宝贝般经呵护成长的年轻人也很多。我听说，这样的年轻人来到日本的大学，遭到差别对待和欺凌性攻击而伤心的例子也很多。

　　没有选择加拿大或是澳大利亚，而是选择了日本，一定有着他们自身在某种程度上对于日本的期待和憧憬。

这样的年轻人被迫以这种形式志半而返，是国际级别的损失，也不得不说是很大的不幸。

10年来，中国的变化是显著的。即便说城市和农村的两极分化还很大，我甚至认为他们的生活水平与日本相比并不相差多少。特别是上海、沈阳、广州、南京等大都市的活力和热烈气息令我佩服。年青的一代自打降生以来就将本国的繁荣映在眼帘中，越优秀的年轻人就越是自豪到了近乎危险的程度。

（五）向德国学习

近年来，我接手了好几项德国电视台的工作。北京奥运会前夕，众多的海外媒体从失去了魅力的新闻发信地的日本撤离，实行了"China Shift（转战中国）"。德国电视台也不例外，我所任全职工作的德国电视台东京支局规模缩减，其特派员被废止，转归入北京支局管理下。北京支局改为两名特派员的体制，员工、器械规模一并扩大，成为远东地区总担当局。成了我的上司的北京支局局长有一天对我说了这样的话："中国政府的官员们关系近了都会说同样的话。说德国人真伟大，一直以来对纳粹德国的残暴行为赎着罪。相比之下日本做得不好。既没有道歉，也没有反省、赔偿。"

黑龙江省社会科学院曲院长的话以向日本民主党政权的留言作结。说有一半是玩笑话，但眼神很认真，也是让

我铭记在心的话。

　　中国是唯一一个没有要求日本赔款的国家。我去以色列的时候，听说以色列许多车辆是德国无偿提供的。假使中国人像以色列人一样向日本要求提供汽车，这件事就大了。我希望日本的文化人能对这件事持有正确看法。希望日本国民能对此间发生的历史事实进行深刻的思考。

　　德国没有像日本一样在战争中使用生物武器，在战后却对战争进行了深刻的反省，并用赔偿等各种行动表示。

　　比如说，德国在首都柏林的中央建立了以棺材为原型的巨大的混凝土纪念碑。这是为了让德国国民不忘记在战争中犯下的残暴罪行。诸位进行的"医学学者对战争的反省活动"的意义重大，我期待它今后能够愈加发展。

　　日本是否也应该学习德国，对战争做出反省呢？当然接下来这句话希望大家当是半分玩笑话，日本的民主党政权应该以鸠山首相作为团长，到德国访问，学习表达战争反省的意志，观摩为反对战争在战后保存的遗址和建立的种种建筑物。然后，学习德国，建立反省战争行为的建筑物，实行赔偿，深化认识。我相信这不仅不会损伤日本作为一个国家的面子，反而能使日本作为一个国家的形象向好的方向转变。

德国在战后对欧洲受害国支付了相当于250亿美金的赔款。此外，还支付了50亿美金作为对战俘的补偿。不用说，那时美金的价值是现在美金价值的好几倍。

即使不赔偿，作为交换，日本应该致力于发展日本与远东亚洲地区的经济合作，做出具体的、能够被发现的形式的贡献，通过对地区经济发展助力，表示反省战争的意志。

（六）做出赔偿的发达国家德国

德国作为做出赔偿的发达国家，战后就从法律开始入手进行整顿，努力做好战后复兴工作的同时，对被害者进行了补偿与赔偿。纳粹的迫害是基于种族歧视，在人种上以犹太人为主，对斯拉夫族以及罗马少数民族，都强制关押到被称为种族灭绝的集中营中进行大屠杀。其中，有600万犹太人因被关进纳粹集中营等原因被屠杀，导致上千万斯拉夫族人（苏联人）死亡。

战争期间，纳粹德国将社会民主党员和共产党员等视为是政治的敌对分子进行迫害，仅仅是逃跑人员及逃兵役者就有5万件处死案例发生。在医院里，有近10万患者被受纳粹主义毒害的医务人员认定为"没有价值的人群"，而处以安乐死；更有约40万的德国国民被强制不孕，进行节育手术。20世纪80年代，为反对保守政权的右翼而组织

的绿党主张，对"被遗忘的死亡者"进行赔偿（注45），并主张对非犹太人但在欧洲各地被强制劳动进行补偿。此外，该党还提出了针对被强制劳动的犹太人，由部分企业进行个别补偿的主张。

法律和制度上虽然有困难，当时基于战胜国决定的赔偿法（1947年）、联邦补偿法（1956年），以及联邦返偿法等法律对纳粹受害牺牲者及其家族进行赔偿。至1998年，德国国家及州政府共赔偿1034亿6800万马克（按照1马克=60日元换算，约6兆2081亿日元），11家民间企业合计赔偿1亿1750万马克（约72亿日元）（注46）。预计到2030年，德国国家和州政府赔偿总额将会达到1274亿2900万马克（约7兆6457亿日元）。

被纳粹德国占领的各国民众被奴役，为了强制其劳动，都被送往德国境内。他们的国籍以苏联、波兰、法国为主，包括战俘190万人在内，约有1000万人被迫劳动。关于这些被迫劳动者，德国政府认为"责任在于企业"，而企业坚持自己是按"当时的政权指示"行事的，由于这种僵持，没能够实现对被害者进行个别补偿。

然而到了1998年10月，格哈德·施罗德政权诞生，事情开始有新的进展。瑞士银行的冻结账户被解冻，对于纳粹受害者而言，拿到和解金的同时，当年被剥夺没收的金银、美术品得到了世界范围的支持。以住在美国的犹太人为主，向纳粹时期强迫劳动的德国企业诉求补偿的集团诉讼就多达50起。

本身也是律师的施罗德总理作为"现实的对应"，决心促进企业设立基金，并任命原财政部长兰布斯多夫为政府代理人。为此，宝马公司、贝尔公司、戴姆勒公司等德国12家顶尖级企业均"为了曾经的强制劳动者和纳粹支配的其他的牺牲者进行了人道主义援助，以推动未来的进程"，设立了"记忆、责任、未来"的补偿基金，至此，参加这项活动的德国企业达6300家，德国政府和企业各出一半基金，提出了筹集100亿马克（按2001年汇率换算，约5600亿日元）的目标。该项基金，以强制劳动及银行方面被没收财产的被害者为对象，范围涉及150万人，至2030年，每人支付5000马克到15000马克不等的赔偿金（约28万至84万日元）。

德国的企业，是以被强制劳动的受害者在将来不能从法律的角度进行诉讼为保证作为绝对的前提，并以此作为要强制劳动诉讼全部结束。德国企业意图就是将强制劳动受害者从所有的损害赔偿请求中解放出来。在实现联邦德国与民主德国统一，全球化的国际社会中，这也是想试图实现终结"过去的清算"的施罗德一代人的意志表现。当然，在补偿对象中不能提供证明者等具体的补偿对象等条件中，对补充对象加以了若干限制，不能说一点问题都没有（注47）。但是即便如此，和德国的情况相比较，日本的状况是云泥之别。如果我们公开日本强制带走了中国人和朝鲜人作为劳动者的未支付酬金等情况的话，在理论上可能进行。但现状是日本是"补偿后进国"。

基金协议签署当日，德国联邦约翰内斯·劳总统所进行的《祈求强制劳动者的宽恕》的演说，如实地反映了相关人员关于这一问题的认识。他说，"国家和企业，表明了曾经进行的不正确的做法中衍生的共同责任和道义的责任"，强制劳动的牺牲者是"和金钱相比，将我们身上施加过的不正当行为看作不正当的行为"，生存者强调的是"尽可能快些"和"接受人道的赔偿"的重要性，"在德国国民的名义下请求赦免"，并发誓"不会忘记"他们的苦痛（注48）。

2001年3月，德国7家主要公司，为了保证负担起基金100亿马克的不足部分，调整了支付的条件，施罗德总理向美国司法当局请求不受理因纳粹强制劳动被害者以及其遗属的集体诉讼。其中，最后的两件诉讼于2001年5月进行了不受理处理，从6月15日开始，波兰、捷克和美国等，成为各国窗口的团体开始分两次支付第一次补偿金。由于被害者的居住地遍布乌克兰、白俄罗斯和俄罗斯等地，故此，其他地区的赔偿金则由"国际移居机关"（IMO）为窗口进行发放。开启了赔偿的盖子后，因高龄化的原因，德国政府预计将会有120万申请者，在东欧比预想的幅度要超出很多，预想变成了150万人以上。为此，德国政府不得不将第二次的支付额度减少。

2001年后，德国两位81岁和89岁的高龄纳粹战犯，各自接受了监禁12年和终身监禁的判决。对两名被告的调查经过数次中断，历时30年。担任国外战犯起诉的"纳粹犯罪追查

中心"，在此之后，也对约20名战犯进行了追查。盖世太保（秘密警察）作为监狱的看守，从细微的事物开始到用残虐的方法将囚犯杀死，这些坐在轮椅上的老人如果是通常犯罪的话，在其时效成立时的57年后，被判处了有罪。对于被残忍虐杀的被害者，以及其家属来说，虽然是已经很迟的判决，但是面对加害者在家人的照顾下长寿地活着的事实，对于他们来说，是很难让他们接受的现实。德国现在仍然坚持对过去的清算绝不疏忽，这样作为国家的态度，我觉得对年青的一代比起任何事情都有着教育意义。

日本的政治家、国家的精英们是不承认日本的战争和数不清的残虐行为的。"皇国日本"是孩子们从年幼开始接受的教育，被送上战场，对于把生命贡献给国家和天皇进行杀戮的尖兵的事实，一直没有反省。加入了记述教育敕语全文的教科书通过了文部省的检定。我们质疑不受理战后补偿裁判的裁判官的见识。这样的裁判官所接受的日本历史教育的内容也让人感到怀疑。在经济不景气中残喘的现实来临之前，像德国一样花费很长的一段时间慢慢进行补偿，以此获得国际社会的信赖和尊重的选择不是没有可能。这也许就是何为国家利益的不同解读吧。

在克林顿政权下担任着战后补偿问题的美国财政部艾森施塔特副部长，任内曾就纳粹德国的强制劳动被害者为议题，同德国、法国、澳大利亚和瑞士等国的被害者团体以及以色列、东欧各国进行了不懈的交涉努力，并实现了大规模的补偿。在其退休前夕，接受《纽约时报》杂志的

采访，指出"对日本未能实现和纳粹德国同样对强制劳动进行补偿的事情，很担心"，"1951年旧金山和平条约封闭了很多解决的方法"。与此同时，他也通过"日本政府和日本企业最终没有给出任何回复"来暗示曾经同日本进行交涉的情况（注49）。

（七）日本企业的强制劳动中相继提出的诉讼

对于纳粹德国的奴隶劳动犹太裔市民相继提出的诉讼中，1999年7月，美国加利福尼亚州议会围绕着战后补偿问题，出现了可以预测到其后的国际性方向的两个动向。

美国加利福尼亚州议会重视二次世界大战中的"战争犯罪"，制定了将使用战俘进行强制劳动的民间企业的责任纳入问责的新法律"SR1245号法案"。据此，对于在战争中使用了强制劳动者的纳粹政府和同盟国（包括日本）的民间企业进行损害赔偿请求裁判，可以在加利福尼亚州提出诉讼。在民事诉讼法中新追加了"赔偿·第二次世界大战中奴隶的强制劳动"条款，规定，即使是出现强制劳动的牺牲者的强制劳动的组织解散，依旧可以向其继承者请求赔偿，当时到2010年末，如果不提出诉讼的话则时效不成立。

加利福尼亚州议会在同年8月通过了"AJR27决议"。根据这个决议，要求日本政府对于战争中的残虐的战争犯罪需要"不是暧昧的谢罪"和"对死亡者迅速进行适当的赔偿"。进而向美国联邦议会提出了"对战争犯罪的牺牲者

采取支援的立法措施的要求"。其后，没有其他的州政府采取同样的决议。

根据这个新法，同年8月，在福冈县大牟田的三井三池矿山被强制劳动的原美国士兵列斯特·坦尼，率先将三井矿山作为被告提出了诉讼。牺牲者的定义是："在纳粹的体制和同盟国，以及支持者占领和统治下的地区企业等，且从1929年至1945年间，没有领取到被强制劳动的工资的人。"一时间，日本企业成了矛头所指，《朝日新闻》的洛杉矶特派员等非常吃惊（注50）。

从"巴丹死亡行军"中死里逃生，并乘坐被称为"地狱船"送到日本的列斯特·坦尼，忍受了在大牟田三井三池矿山中度过的残酷的长达三年半的时间，并从远处看到了长崎原子弹爆炸后天空的蘑菇云。在日本期间，列斯特·坦尼受到日本人的虐待，致使头骨震裂，鼻梁骨两次骨折，锁骨也被折断，能够忍受着精神上肉体上的折磨，完全是因为想和未婚妻再次见面的决心在支撑着他。

经历了多次奇迹般的死里逃生，最终迎来了战争结束和被释放后，他才知道，未婚妻对在菲律宾战场上三年音讯全无的列斯特还活着不抱任何希望，在数月前和别的男性结婚了。像这样扰乱了别人的人生，不光是肉体的折磨，在精神上也遭受打击，这三年的时间里被日本人当作奴隶一样，是无法像被水冲走一样可以忘记的。列斯特的这些经历在其著作（注51）中均有详细的记述。1999年12月，为参加"战争犯罪和战后补偿的国际市民论坛"来日的列斯特·坦尼，

就有想要对日本企业提出诉讼的心情，他是这样描述的：

> 包括三井、三菱、新日铁在内的世界上非常有
> 名的日本企业，让俘虏进行强制劳动，并且反复地进
> 行一连串的残酷行为（欺负、暴行、拷问和侮辱）。
> 日军在太平洋地区以及亚洲和包括巴丹和菲律宾进行
> 了残虐的行为，和在战争中所犯下的恶行是无法被原
> 谅和容忍的。但是在这里，并不是要向日本这个国家
> 追究其责任，而是想强调作为追求收益的私人企业的
> 行为责任是绝对不可以原谅的。那些行为就是强制劳
> 动，对劳动者进行非人道的对待。强制劳动者是野蛮
> 的、虐待狂的行为，使劳动者常年经受着肉体、精神
> 上的苦痛折磨，至今为止都无法面对，但是却是必须
> 认真考虑的问题（注52）。

列斯特·坦尼主张中的"不可原谅的哪怕是犯下了罪
行却不能率直地承认的日本企业""如果想要恢复在世界
的地位的话"，那么应该解决以下的三个悬案。

第一，真诚的态度，用让人清楚明白，真实的话语，
且让人不会产生任何误会地谢罪。第二，接受强制劳动者的
要求，对为了个人的收益的企业进行的不正当劳动给予赔
偿。第三，对战俘，或者非战斗人员在被拘留、承受残虐行
为的强制劳动者担负起赔偿责任。

进而，列斯特·坦尼为了战后日本复兴，对于已经是

经济大国的日本的大型企业和国民，进行了以下声明：

> 日本人对于战争发生的"巴丹死亡行军"、在亚洲和太平洋地区的残虐行为并没有正确的认识，完全不知道日本的企业是如何像对待奴隶一样残忍地虐待战争俘虏，不知道他们是如何侵害战争俘虏和非战争人员的人权。其结果，纳粹的战争犯罪和强制劳动中得到利益的德国的私有企业所犯下的罪是同样的残暴，这些暴行被埋藏了55年。如果日本想恢复在世界各国的名誉，还希望在自由世界中维持良好的关系，那么对于这个问题，就应该持有诚实、信赖、敬意的精神，必须认真对待此事。日本作为想挽回自己的坏名声的国家，应该奖励站出来谢罪，进行赎罪的在战争和无偿的强制劳动中提升利益的私有企业。现在，全世界都在关注，日本要不要自己承认在第二次世界大战中的战争犯罪。日本的财界只是战争犯罪和人权侵害，也是应该采取适当对应的时候了。牺牲者一年一年逐渐进入老龄化，希望对不正当的提升利益的加害者能够采取当机立断的行动。

获得经营学、保险学和经理学等学位，不但拥有在实业界中的经验，而且还在大学担任教授的列斯特·坦尼，时刻关注着日军和日本企业在战争中所犯下的战争犯罪、人权侵害等事实。之所以50年来没有采取任何行动，是因为一直

进行冷静的判断。加利福尼亚州的新法变成日本进行逃脱的借口，被看作不受《旧金山条约》的拘束，于是他立即下决心提了诉讼。他们夫妻二人为出席在东京举办的国际市民论坛而提前来到日本，访问了让他勾起痛苦回忆的土地——大牟田。从事市民运动的有志者们和《朝日新闻》大牟田支局员，以及在战争结束时还是孩子的三池矿山退休者迎接了他们，但是令他们回忆起当年的东西已经不存在了，甚至连当时的战俘营遗址都没有找到。

政府要员也好，企业的管理班子也好，现在都是战后时代的人。当然不是向直接动手的犯罪者追究其刑事责任。人们仅仅要求"对于人道的负债和国家共同接受，实现赎罪"，相对于德国企业，日本企业也不得不迈出一步的时期已经来临。据我们了解，高龄年迈的原盟军战俘，每年都要来日本访问。被强制带走的中国人和朝鲜人以及他们的遗属也利用各种各样的机会来到日本。对于他们至少开放一个让其聚会的场所，希望能给他们做一个导游。如果有相关资料和情报也希望能够对他们公开。

（八）战后补偿问题和花冈事件
诉讼和解的成立

2000年11月9日，花冈事件诉讼实现了和解，这对于追求战争责任的战后的日本人来说，像是在这一非常沉重话题上，看到了一条光明之路。但实际上却演变成给今后的

战后补偿铸上了枷锁的结果。第二次世界大战末期，从中国强行带到日本并作为劳动力的4万多人被送到日本全国135个工作所。其中被送到鹿岛建设花冈矿山的986名劳工中，半年内就被虐待致死270名。劳工们在虐待和被侮辱的极限中，于1945年6月30日，赌上性命发起了暴动，但是却被残酷地镇压，在之后的拷问中又有130多人被杀害。一直到战争结束，共有418名中国劳工失去了生命。

　　战后的乙丙级战犯在横滨的法庭上，法庭判决了鹿岛花冈事务所的3名职员绞刑，1名为无期徒刑，2名警官为20年有期徒刑。鹿岛建设成为日本唯一一个被判决的战犯企业。1997年，东京地方法院驳回了1995年在东京地方法院提起起诉的幸存者原告11名人员对鹿岛建设关于损害赔偿请求的诉讼。在经过上诉后的1年10个月，东京高等法院进行了庭外和解。经过多方面综合考虑，"被告（鹿岛建设）支付给中国红十字会5亿日元，作为'花冈和平友好基金'，并站在日中友好的观点上，以供慰藉受害者的亡灵以及受难者和其遗属的自立、看护以及其孩子的教育等的资金"等使用。

　　1999年成立的德国新补偿法中，其对象被限定在立法的时候（2月16日）生存者和其继承人。与之相比较，"花冈和平友好基金"以全体受害者和他们的遗属为对象，以期"全面解决"。为此，人们高度评价鹿岛的这一做法。另一方面，在"和解事项"中，鹿岛公司却一直坚持"鹿岛是没有法律责任的"这一说法，并在"和解交涉"过程中，一直

采取否认对劳工的虐待。从这一点看，鹿岛公司一直没有表现出反省和谢罪的意图，招致原告方的激烈反驳。

如果我们将战后赔偿诉讼看作是一场残酷战斗的话，那么，可以肯定的是，此次判决只是走向胜利的第一步。此次诉讼中，每位受害人本应得到约50万日元的赔偿，但由于半数以上的受害者身份无法确认，故此，其所得部分变成了基金。从赔偿金额看，我们与欧美的同类判决比较，金额实在是太少了。法院的"和解文书"对于部分少数的原告被害者来说，都是难以理解的"日文"。从另一方面看，此次判决的"和解文书"中的赔偿金额也会影响到其后的法院判决，因此，不能过高评价此次判决的意义。

2001年7月，东京地方法院作出判决，对于强制劳役的被害者刘连仁损害赔偿金额为2000万日元。有关这一判决并没有使用在此前的判决中经常使用的方式，即法院经常拿出来的民法上规定的，经过了20年就失去了请求赔偿的权限，即不适用的"除斥期间"问题，故此应给予积极的评价。在东京地方法院看来，考虑到从残酷的奴隶劳动中逃走了的刘连仁，13年间甚至不知道战争已经结束一直在北海道的山中潜藏的事实，故此"判决文书"是以怠慢了被害者救济为处置手段，认为被告方面是存在着"行政不作为"责任。并以此使得人们确信在今后，日本政府和日本企业，也不会从世界的潮流中逃脱出去的现实。在判决的十天后，和人们预想的一样，日本以不服判决为由提出了上诉。

即便如此，作为这种践踏人道主义精神的事件的事

实，不得不传达给年青的一代。现在我们需要考虑的是通过战中战后，作为巨型企业和贪图盈利的所有企业必须思考，如何才能担负起对历史的责任了。

顺便提及的是，列斯特·坦尼在20年前将日本留学生邀请到自己的家中寄宿，到现在还像父子一样地交往着。列斯特·坦尼去大牟田的时候也是在日本的儿子开车与他一同前往。坦尼氏的儿子从事计算机相关的工作，频繁地往来于日本和美国之间。他的儿子完全理解父亲过去的战争经历、战俘经历，深爱着他的父亲，但也爱日本人，喜欢日本膳食。我想，这正是因为父亲没有教给他偏见历史的一个好证明。像这样的战后出生的年轻人，对于军国主义统治下的日本全然不了解。由此，我们想到他们和日本战后出生的年轻人进行生意上的往来，又不得不担心。

自从加利福尼亚州的新法成立以来，以列斯特·坦尼的案件为代表，不仅仅是美军战俘，韩国裔的美国人、意大利军战俘、中国人强制劳役的被害者们也相继对日本企业提出诉讼。和加利福尼亚州议会的决议案有着很深渊源的麦克·本田（Mike Honda）州议会议员（当时），作为日裔二代在战争中曾经被强制拘留送到了日裔侨民收容所。麦克·本田就日裔强制收容所问题，向美国政府发起了谢罪要求并向现在活着的曾经被收容的6万余人，以每人2万美元（2000万日元）赔偿的运动，最终在1988年得以实现。1999年12月，为参加"战争犯罪和战后补偿的国际市民论坛"而来到日本的麦克·本田议员，做了以下的谈话。

我要求卸下生存者和遗族因不正义而背负着沉重的包袱。能卸下那些重负的只有日本政府。因为只有卸下那些沉重的包袱，他们才能开始自由的生存。

我是向日本战争中所犯下的残虐行为的牺牲者们，我们日裔社区没有理由要求从美国政府那里得到谢罪和赔偿以上的任何东西。为了给那样的理论画上休止符必须做到以下两点。

第一，牺牲者是没有任何罪过的，应该用明确的文献承认因对他们的非人道行为而引发了他们的苦痛。

第二，日本政府要认识到损害赔偿只是象征性地补偿了牺牲者所承受的不可预计的痛苦的行为。

（注53）

麦克·本田在2000年美国民主党举行的美国国会众议院议员选举中当选。当选后，他开始以联邦众议院为舞台继续进行着与此前同样的工作。2001年3月，麦克·本田和共和党的罗拉·巴卡议员组织了跨党派支援原美国战俘老兵对日本企业提出损害赔偿请求诉讼，并提出了《针对美国战俘老兵的2001年正义法案》。这个法案如果成立，将会使得相关诉讼在全美国变得更加容易。

2000年12月，战争中被强制带去日本从事残酷奴隶劳动的14名中国人，将5家日本企业作为被告，向河北省高等人民法院提起诉讼。他们要求日本企业在新闻报纸上公

开谢罪，并赔偿每人100万元人民币（约1400万日元）的损害赔偿。这是日本强行劳役的中国人受害者第一次在中国的法院提出的诉讼，可以看出这对国内外的战后补偿诉讼将会起到很大的影响。

（九）在美国议会通过的《日本帝国政府情报公开法》

1999年11月，美国国会参议院提出了《日本帝国军情报公开法》（*Japanese Imperial Army Disclosure Act*）的法案。此项法案因提案者戴安·范斯坦因议员的名字，也称之为范斯坦因法案。该法案的目的在于"组织总统直属的跨机构工作联络会，将美国政府机关保有的旧日军相关资料进行调查，并将这些资料公开，以便公众利用"（注54）。

该法案参考了1998年10月成立的《纳粹战争犯罪情报公开法》（*Nazis Crimes Disclosure Act*）的要点，可以说是一对孪生兄弟法。到了2000年10月，法案中的"帝国军"改为"帝国政府"，法案名称也变更为《日本帝国政府情报公开法》（*Japanese Imperial Government Disclosure Act*），并以《2001年情报关联预算法案》的追加法案，在参议院本会议上得到了超党派全会一致通过表决。对根据《纳粹战争犯罪情报公开法》而设置的跨机构工作部会进行了统合，更名为"纳粹战争罪行和日本帝国政府档案跨

机构工作组（IWG）"。开放的文件期间为1931年9月18日（九一八事变爆发）到1948年12月31日的这一段时期。这样，远东军事法庭（1948年11月12日宣告甲级战犯刑罚）的免责，731部队和毒气部队相关人的问题就进入了人们的研究视野（注55）。

如提案者范斯坦因议员所声明（1999年11月23日）的那样，以731部队战争犯罪所象征原日军的"违反人道主义的战争犯罪"和"纳粹德国的战争犯罪"应放在同等级别论及，世界的舆论比起任何事情更想关注的是，将其作为占领政策的一个环节对其赦免，进行宽大处理的美国，现在并不否认本国政府曾经在政策上的失误，而是敢于向民众公布这样的事实。

该法案的背景在于，拥有多民族社会的美国，不仅有饱受日本军国主义侵略的华裔美国人，也有遭受到纳粹浩劫而死亡的犹太人。这些华裔、日裔、朝裔等亚洲人在美国是一个庞大的社会势力。这些庞大的社会势力也将在战争中作为日军战俘的原美军士兵卷入其中。这些人的追求"正义和尊严的恢复"似的宣战公告，无疑使人们感受到了健全而强大的民主主义在美国的发达。范斯坦因议员在声明中强调：

本日，我提出的法案是多数的加利福尼亚州民众所强烈要求的。这些人都相信的，大家认为曾发生过的残虐行为和关于毒气以及细菌战实验的情报，有从

档案中删除的意图。

要实现和平的安定的环太平洋共同体的发展，我为此活动了20年以上。特别是想作为试着抚平加利福尼亚的华裔美国人社会中现在还残留的伤害，我提出了此法案。

第二次世界大战和对于日本的化学和生物武器的实验计划虽然在50年前就结束了，但是对日本战时活动的记录档案却机密地隐藏在合众国政府的档案库中，这才是我们有必要修订本法案的理由。更可恶的事情是，研究人员手中的资料和记录都在不断地破损。

作为这些实验的实验体，对中国人民以及其他亚洲人民，和在战俘收容所中的美国退役军人们来说，让真相浮出水面则需要更多的时间。

在远东国际军事法庭上显示的情报表明，以所谓奉天事件（即九一八事变）给日本人坐实侵占满洲的1931年开始，中国人民、盟军战俘以及恐惧日本的人民中都有被日本帝国军当作生物武器化学武器的实验体。

这些实验中最为恶劣的要数日本陆军军医石井四郎将军了。他在20世纪30年代前期，大规模以731部队训练的名义准备了细菌培养设施、实验厂、人体实验体关押所，以及完成实验后人体实验体的焚烧炉等。

战犯裁判上，多数学者们在根据越来越明确的证据中，几乎没有质疑日本做的这些化学武器、生物武器企图用在战争上的事实。宁波市和常德市的有使用

过顶级菌的报告也是证据之一。

这些活动的一部分被东京裁判所公布，还有一些其他的也在这种后来的情报公开法中公布。但是，还有一部分资料在50年前就被隐藏在联合国档案里。本法案的必要性就体现在此。我们为了使在这世界上发生过的事情有一个完整的记录的资格。

加州州立大学北岭分校历史学名誉教授哈里斯教授在今年10月7日给我写的信上这样写道："虽然有情报公开法，但美国的几个档案室还是对研究者关闭的……就连机密文档也在渐渐被损毁。"

哈里斯教授在信中也注意到，并指出了关于化学战、细菌战的文档破损为例的3个地方：犹他州达古威试验场，马里兰州德特里克堡，国防部。

我们提出本法案的目的，是救赎在人体试验中牺牲的人们，和用还真理以自由的胸怀来面对21世纪和平的亚洲，也为了建立在太平洋地区开诚布公地对话和讨论的环境。

亚洲各国能够共同建立和平的环境的话，有必要把过去的事情坦白，做公平的处理。反省和不回避我们过去犯下的过错，构筑共建美好未来的正确世界观。（注56）

从这份声明中我们知道，提案方至少相信了以下几个事实。首先是在美国众议院退役军人问题委员会补偿、年

金、保险委员会召开的，在过去二次的听证会中，也没有明确地提出包括美军在内的盟军战俘被作为细菌战的实验体问题。其次，我们可以断定"中国民间人士""盟军战俘"，以及"日本的民间人士"进行了生物武器、化学武器的实验体研究问题。"日本民间人士"的意思到底是指在中国东北的长春和农安等进行鼠疫菌散布试验中死亡的日本居民而言，还是指现在连日本人都不知道的情况下的实验数据报告书，是否都交给了美国人不能确定。不管如何，从法案的形成过程中看，明显让人感觉可能有这一方面的具体资料存在。

在3年的限时立法的形式成立的这一法案下，"纳粹战争罪行和日本帝国政府档案跨机构工作组（IWG）""在合众国内的日本帝国政府的记录全部进行探索、确认，并进行解密"。这些机构将利用3年的时间（后延至2007年3月末，完成职责，译者注），"彻底查明所有相关资料的所在，并进行确认、编目和分类，以此在合众国将帝国政府分类记录的全部提供给公众进行利用"。

1998年10月，美国国会通过了《纳粹战争罪情报公开法》。2000年6月底，完成了近6亿页的初步调查，并对9000万页进行了详查。其中有150万页解密（注57）。最终公开的资料将达到500万到600万页。不过，在2000年5月的"纳粹战争罪行和日本帝国政府档案跨机构工作组"公开的战略情报局（OSS）相关记录的40万页中，包含了同盟国"日本帝国政府"的资料。今后，随着"日本帝国政府情报"的文

件解密，从庞大的资料中，如何查阅，将需要日本研究人员和记者合作。

人的一生短暂，物理性的阅读能力也有限度。在美国推进的数字化作业和系统化过程中，虽然需要预算和人手，但还是可以完成。当我们2001年去伦敦英国国家档案馆（Public Record Office）时，切身感受到的就是，用电脑检索，以前需要好几天的工作被大大地缩短了。美国的资料公开将成为起爆剂，届时相关的档案公开后，"日本帝国政府"将会是将机密暴露于天下的"裸体的大王"。

（十）日本战后补偿相关法的立法运动

从20世纪70年代开始，到2000年9月前，有66起有关战争和战后赔偿的审判在日本法院进行（注58）。在每个人的审判斗争中，关于韩国、朝鲜人的援助方法的法体系的不完备，尤其是关于韩国人乙级丙级战犯诉讼、慰安妇诉讼等问题，需要采取立法措施。关于"慰安妇"问题解决的法案，日本民主党、共产党和社民党虽然在2000年一共5次向国会提交了法案，但都成为废案。

与美国的《日本帝国政府情报公开法》相对应，2000年11月，日本众议院提出了《国立国会图书馆法部分法律修正方案》。该部法案提出了在国会图书馆设立永久和平调查局，"公开此次大战及此前一定时期的惨祸实际情况，以加深我国国民对此情况的理解，并传递给下一代的

同时，以期构筑亚洲地区的人民和我国国民的信赖关系，有助于提高我国在国际社会中的荣誉地位，保持及永久和平的实现"作为目的（注59）。调查的对象包括亚洲太平洋战争的实际情况、伴随日本军队的行动而发生的从军慰安妇、强制劳役、细菌、毒气战等的受害实际情况。为此，"国会图书馆馆长以一定的强制力，可以向持有相关资料的相关政府机关和地方自治体提出要求"（注60）。

在不存在国家级的《信息公开法》的日本的现有情况下，有很多关于战争犯罪的资料见不得光。甚至在美国，花费了60年设立了许多限制后，才得以公开日本帝国政府时期的文献资料。高龄的受害者在全部离世之前，要求"迫害的事实"记录和证据的认知，以求得到补偿。即使如此，多达60余件的战后赔偿审判，我们从几乎无偿进行辩护的律师身上看到了希望。

（十一）细菌战网站

现在的网络和电子邮件等新的通信手段，使我们不管在地球的哪里都能够深入细菌战部队的秘密。即使是美国国立档案馆和英国国家档案馆的资料，我们也可以在日本自家书房中进行检索。70年前，随着设施的破坏，试图从历史的黑暗中消失的日军细菌战部队的资料，就我们所知道的情况，可以从以下两个网站中获取必要的资料。

其中之一就是华裔美国人和日本帝国军的研究家、

盟军战俘团体等热心投稿的美国网站：www.aiipowmia.com/731study.html。这里有用英语书写的论文、相关新闻报道和主张等。另一个就是原英军战俘，曾在奉天盟军战俘营度过3年地狱生活而活下来的亚瑟·克里斯蒂先生的儿子，莫里斯·A·克里斯蒂的网站——http://www.btinternet.com/~m.a.christie/index.html。该网站可以下载其父亲克里斯蒂在英国的电视采访，以及所有的机关和政界的权威者等方面的事实的调查资料。当然，亚瑟·克里斯蒂当时的回忆录也作为读物被详细记录。

（十二）"团块的世代"的过失

战争中出生的这一代人被称之为"团块的世代"。这些人在大学承担了学生运动，毕业之后在经济高度成长的社会中烟消云散。当我们今天面对年轻人时，说起"战争的悲惨""和平运动""战争责任"等的时候，竟然找不出相互沟通的语言。而对于将日军的残暴掠夺行为作为历史进行学习时，却被扣上了"自残史观点"来批判，这倒对年轻人有着奇怪的说服力。而在现在演讲会和集会中，很少能看到20岁左右、高中生和大学生年龄层的年轻人出席。在大学的文化节中，也很少看到有政治运动和和平运动迹象的活动。

在泡沫经济的跳跃中，拒绝政治和运动的一代对于自己的孩子也不会教授"战斗""批判""拒绝""主张"之类的东西，甚至连遇到裁员、倒闭、失业的困境，连斗争

也不知道。日本这个国家和日本人的这样一个集团今后会如何，应该有危机感。

最近，笔者有幸接触了抚顺战犯管理所中认罪，并以证言日军的暴行为终身职业的中国归还者联络会（简称"中归联"，译者注）的老人们，以及无偿负责编辑和发行季刊杂志《中归联》的一群年轻人。从年龄上看，大多是"中归联"会员的"孙子"辈。他们以"抚顺奇迹继承会"承继了协会。二十几岁的年轻人自然是网络的一代，立即设立了《中归联》的网站和主页http://www.tyuukiren.org，并和"中归联"的老人一起，访问了抚顺，和中国有关人员也结下了深厚的友谊，令人刮目相看。他们没有政治野心，他们只是被从军国主义的歧视意识下残暴至极的日军士兵，通过认罪其人性复苏后的戏剧性的发展所吸引，甚至梦想拍一部《抚顺的奇迹》的电影。为记录遍布全国的高龄会员的证言，他们在打工之余，扛着摄像机去全国各地进行了采访。季刊《中归联》第26号所登载的回忆第一代"中归联"会长藤田茂陆军中将的本多胜一在投稿中写道：

写这篇文章，忽然想起了让我写这篇稿件的应该是比69岁的我还要小40岁左右的年轻人。也就是相当于我和当时藤田之间的年龄差。按照藤田的年龄，这些年轻人应该是曾孙辈分的人了。对于藤田而言，我们不仅有服过兵役的体验，而且也是日中战争教科书里面成为"历史"一章的一代。总觉得

那个时候的藤田翁就是自己的感觉。虽然日本的状况很糟，有能够继承我们志向的年轻人，总觉得对未来还有希望（注61）。

本多的感慨与笔者相同。跟我们的孩子说不了"战争的话"，如果我们不在的话，这个国家就会失去战争的记忆。现在无论是媒体记者，还是有志于大学的学者以及教育孩子们的教师都属于对战争没有感觉的一代，也许感受不到"危机感"。更为严重的是，因为没有继承这种"危机感"，所以也引发了我们越发强烈的"危机感"。

2001年9月11日，美国世界贸易中心大楼被喷气式客机撞击轰然倒塌，我们坐在房间里，连日目睹了"战争的悲惨"。曾经的日本也被那样的战火所包围，甚至联想起了日本人发起的对他国战争的事。而今天，日本还没有从这场沉痛的教训中走出来，不是想办法如何制止战火，而是制定新法，试图向战火中如何派遣自卫队，到底这意味着什么呢。如果有人说，这不是"战火中"，而是"后方支援"，那么实际上是让日本重新变成了"战争之国"。那这到底是将此妖魔化了呢，还是太过迟钝了呢。在日本，经历过战争的老年人在不断因年老而逝去，在这种现实中战争的记忆正在失去。失去了战争记忆的社会，一定还会重犯愚蠢的错误。由此，我们对连这种"危机感"都感觉不到的社会前途感到悲观。

不从战争经历者中接受战争的记忆，是我们这一代

人对担负未来的日本年轻人犯下的无法挽回的过错。对于经历过战争的那一代人和他们下一代的我们应该耻于将不断的战后赔偿诉讼，作为经济道义上的"负的遗产"留给不了解战争的下一代。进而，如果父母们不讲授继承这个遗产的意义，那么背负这个包袱的将是下一代日本人。

我们能够遇到"抚顺奇迹继承会"的年轻人，对我们来说就是一群救星。在美国，反战的高中生被勒令退学，就连大学主张反战的人也会被镇压。如果我们没有拒绝战争的意志，战争就永远不会消失。我们需要谨记，战争不可能用来制止战争。

注释

注1.《1940年新京鼠疫谋略》（以下简称"解学诗：《新京鼠疫谋略》"），载于松村高夫、解学诗、郭红茂、李力、江天泉等《战争与疫病》，书之友出版社，1997年。

注2. 中央档案馆、中国第二历史档案馆、吉林省社会科学院编，江田泉等译：《证言：细菌作战》，同文馆，1992年，第242～243页。

注3. 解学诗：《新京鼠疫谋略》，第100～106页。

注4. 同上，第100页。

注5. 遭到病理解剖的死者中还包括一名日本少女，由此可以想象，细菌战部队的医生们在执行任务时是多么冷酷。

注6. *Unit 731*, Hodder & Staughton, 1989, Chapter10 Murray Sanders.

注7. 林伟戴编：《写真记录：气球炸弹》，荒木书店，1985年，第106～119页。

注8. 1997年9月的电话采访。

注9.《对美细菌特攻队计划：731部队鼠疫作战》，载于《神户新闻》1995年1月4日。

注10. 据1997年10月在东京采访录音。

注11. 吉见义明、伊香俊哉：《日军的细菌战》（以下简称"吉见《日军的细菌战》"），载于《季刊·战争责任研究》第2号，第10页。

注12. "井本日记"第14卷，引自吉见：《日军的细菌战》，第14页。

注13. "井本日记"第18卷，引自吉见：《日军的细菌战》，第17页。

注14. 西岛鹤雄证词。1997年8月31日于大阪的采访。

注15. 钱贵法证词。1997年5月2日于宁波的采访。

注16. 黄可泰为宁波市医学科学研究所原所长。《恶魔入侵甬城（宁波）》，日军细菌战历史史实明确会《通信》第5号，1997年9月18日（以下简称"黄可泰：《明确会》第5号"）。

注17. 钱贵法证词，引自日军细菌战历史史实明确会：《被判决的细菌战》第2集。

注18. 黄可泰：《明确会》第5号。

注19. 胡贤忠陈述书，引自日军细菌战历史史实明确会：《被判决的细菌战》第2集。

注20. 原意为侵华日军细菌战宁波鼠疫区遗址。

注21. 原意为勿忘国耻，立志强国。

注22. 周恩来说过的"前事不忘，后事之师"。

注23. 黄可泰：《明确会》第5号、第6号。

注24. 李力、江田宪治译：《浙江·江西细菌战》，载于《战争和疫病》，书之友出版社，1997年，第176页。

注25. 同上，第177页。

注26. 水谷尚子：《"荣"1644部队的组织和活动》（以下简称"水谷组织"），载于《季刊·战争责任研究》第15号，1997年。

注27. 糟川良谷：《遭受鼠疫和火灾的村庄——浙江省义乌的细菌战（第一次）》，《月刊731展》第12号，1993年10月4日。

注28. 同注26.

注29. 水谷组织，第71页。

注30. 王丽君陈述书，日军细菌战历史史实明确会：《被判决的细菌战》第2集。

注31. 上田信：《细菌战和村落》，《被判决的细菌战》第3集，第196页。

注32. 同上，第197页。

注33. 同上，第198页。

注34. 王选在1997年7月7月静冈"七七卢沟桥事变60周年集会"上的演讲稿。

注35. 王选陈述书，日军细菌战历史史实明确会：《被判决的细菌战》第2集。

注36. 吉见义明：《历史学者的鉴定书——从日本档案记录看731部队和细菌战》，731细菌战宣传委员会、ABC企划委员会《被判决的细菌战资料集》第3集，第18～23页（以下简称"吉见：《被判决的细菌战资料集》第3集"）。

注37. 731部队细菌战被害国家赔偿请求诉讼辩护团团长土屋公献律师谈话，2001年4月。

注38. 吉见：《被判决的细菌战资料集》第3集，第13页。

注39. 同上。

注40. 尾山宏：《战争犯罪和日本的责任——充满矛盾的判决的积极面和消极面》，《周刊金曜日》第286号，1999年10月8日号。

注41. *Los. Angeles. Times.* 1999年1月3日。

注42. 同上。

注43. *Los. Angeles Times*，*San Jose Mercury News*，*Associated Press（AP）*，*AFP*，*Knight Ridder. News* 等数次刊载了这些问题。

注44. 君特·沙德霍夫：《战后补偿的考量》，东方出版社，1991年。

注45. 矢野久：《德国"记忆、责任、未来"基金成立及其历史意义》，载于《季刊·战争责任研究》，第30号。

注46. 同上。

注47. 同上。

注48. 同上。

注49.《战后补偿实现！FAX速报》，第323号，2001年1月22日。

注50.《战时劳动的原美国兵向日本企业提起诉讼》，《朝日新闻》1999年8月22日。

注51. *My Hitch In Hell：The Bataan Death March*（《我在地狱的军旅时代——巴丹死亡行军》），1995年，Brassey's, Inc.

注52. "战争犯罪和战后补偿的国际市民论坛"，1999年12月10日至12日分组讨论会C《强制劳役和虐待战俘》发言资料集。

注53.《抗战史实通讯》（Aliance for Preseving the Truth of Sino-Japanese War News Letter），1999年12月。

注54. 荒井信一：《美国议会真相追究法案》（以下简称"荒井：《美国议会真相追究法案》"），《季刊·战争责任研究》第28号，2000年。

注55. 同上。

注56. 荒井：《美国议会真相追究法案》，1999年关于《日

本帝国军情报公开法》的提案者美国参议院议员范斯坦因的声明,依据荒井翻译稿,并进行了补译。

注57. 荒井信一:《关于日本战争相关记录的情报公开》(以下简称"《关于日本战争相关记录的情报公开》"),《季刊·战争责任研究》第30号,2000年。

注58. 战后补偿问题律师联络协议会、战后补偿网络共同举办的《战后补偿裁判的现状和今后的课题,2001》所附《战争和战后补偿裁判一览表》。

注59. 同上。

注60.《关于日本战争相关记录的情报公开》。

注61. 本多胜一:《藤田茂翁的回忆》,载于《季刊·中归连》第16号,2001年。

原版后记

　　我第一次接触生物战（BW）、化学战（CW）这样的题目是在1984年。同年，英国电视台（TV South）受到世界瞩目的森村诚一《恶魔的饱食》的灵感的触发，拍摄了名叫《731部队——天皇是否知道？》（*Unit 731——Did Emperor Know?*）这样一个电视节目，并组成了日本采访团队。我被聘为日本采访团队的调查人和编导。在近三年的时间里，为在ITV播映的这个电视纪录片，我与该节目组年轻的英国电视企划和调查人员一起努力寻找证人，搜集证言以探求真相。和现在相比，当时的相关人员都不愿意开口，甚至因他们有着社会地位和名誉，连同他们这些原军官队员、医学者和科学者见面都很难。以至于在经过近一年的调查后，在英国摄影组来日之前才通过我个人的努力，使几位相关日本当事人同意接受直接的电视采访。

　　很早之前就在媒体中进行证言的石桥直方等下级队员，以及仅有的几名军官队员另当别论，在电视摄像机前对牺牲的生命进行人体实验，以及活体解剖的事实进行证言的医学者是否能够出现，完全没有把握。直到今天我还清楚地记得，当北里大学名誉教授笹原四郎博士打来电话，同意"流行性出血热的采访"时，我的工作伙伴们甚至买来了玫瑰花送给了我。当我们来到这位曾任国立大学校长、九十几岁还每天忙于接诊的老人家里时，手持麦克风就进行采访工作，的确有些过意不去。

但是，让自己的这种行为正当化，并受到鼓舞的唯一依据就是他们尽管以"细菌战的研究开发"为目的，利用残酷的方法夺走了丝毫没有抵抗能力的他人的生命的战争犯罪，却在其后没有受到任何追究，以至于安然地度过富裕的生活本身就是不公平的。我也由此选择了追究"日本帝国军人的细菌战"的责任。我因在BBC电视宗教节目中，参与了以神和原子弹爆炸为主题的 *Darkness of God*（《神的黑暗》）的纪录片工作，而对"原子弹爆炸"问题的研究推迟了4年。对我来说，对"ABC武器"的一切都非常的关心。非人道的残酷、对人性的黑暗极端表现的"战争"，在某种意义上说已经成了我的生活和工作。

　　关于细菌战，在1984年当时，以森村诚一和下里正树的系列纪实作品为代表，通过常石敬一教授、《每日新闻》的记者朝野富三、报道记者高杉晋吾等人的努力，已经有许多解开历史谜团的优秀作品问世。我一直在步这些人的后尘，从英国电视节目《731部队——天皇是否知道？》接近尾声前后，就接受《731部队——生物武器与美国》（*Unit 731——The Japanese Army's Secret of Secrets*）作者之邀，作为补充采访，成功地先后对石井四郎的长女石井春海、为开发谋略武器而"废寝忘食工作"的陆军登户研究所的技术将军新妻清一，以及战后成为麦克阿瑟心腹而暗中活跃的情报部参谋二部（G-2）的合作对象、有末机关机关长有末精三进行采访。

　　1995年，我又受聘为战后50周年特别节目而策划的日本

电视台纪录片《731细菌战部队还活着》的采访工作人员，担任了采访美国原奉天盟军战俘营老兵和日本部分的采访工作。另外，我又于1997年，参加了英国BBC广播公司制作的《战争的科学》（*Science At War*）系列中的细菌战采访小组。在制作《人类的敌人》（*Enemy in Mankind*）的节目中，也采访了许多曾隶属于731部队的队员和相关人员。BBC的采访团队还毅然去了731部队旧址的黑龙江省和细菌战的受灾地宁波（浙江省）等地进行采访。因中方对BBC有些不信任而变得有些"神经质"时，我和口译兼协调的在日中国人王选为申请采访签证和与当地的交涉，费尽了周折。但是一想起证言者在其后就会有人去世，我还是认为能够记录历史，实在是一个非常珍贵的机会。

1998年，美国电视公司在历史频道，策划了《731部队——噩梦在满洲》（*Unit 731——Nightmare in Manchuria*）节目，请我在日本和哈尔滨进行采访。就这样，我第一次踏入了位于哈尔滨郊外平房的731部队遗址。

2000年，我又参加了伦敦民营电视台4频道的节目组制作的太平洋战争4部作品系列《太平洋的地狱》（*Hell In The Pacific*），担任日本助理制片人，其间也找到了很多珍贵的证言者并对其进行了采访。采访的这些证言人中有原731部队的少年兵筱塚良雄和原南京华中派遣军防疫给水部队、别名"荣"1644部队的少年兵松本博。我对这两位先后进行了4次采访。在赴南京采访南京大屠杀问题时，我还特意去了原日军"荣"1644部队的所在地，也就是松本博证言中所提到的中国人在被注射细菌后，为采集活人血而被全身扒光，赤裸地关进

监狱的建筑物。

美国、英国和日本的电视台，均对60多年前的细菌战部队产生了浓烈的兴趣，并花费了大量经费和时间制作这样的节目，这完全说明了这些问题在今天仍然具有现实意义。自己活着的时候没看到，或者不用语言表述也会相信的战场场面，每次看到电视中播出的画面，我们就暗自疑问人类是否又开始了新的战争。好像是对我的这种危机感有了回应，美国电视台又与我联系，企划制作大量破坏性武器为题的八集电视系列节目。

1999年春天，我随贝里琉岛慰灵团进行了采访。二战期间，日军在该岛驻扎的陆海军1万余人的守备队，在同美军的岛屿争夺战中，日军仅有50余名幸存者，该岛成为近乎全军覆灭的死亡岛。在这场战争中失去了丈夫或父亲的家属们，被夺去了最爱的人却没有显示出愤怒的情绪，这也让我觉得非常不可思议。在战前的日本，"玉碎"这个被美化了的词语的真正意思，应该是被日军士兵们理解成不可"投降"或者"降服"而暗示自杀的命令。日军在战场上明明是在追求"生路"，却要接受死的制裁。由此使得战场的士兵，一想起被冠以"非国民"的臭名而接受制裁的家属，也就无法追求"生存"了。

被我称为《恶魔的饱食》后拉开21世纪序幕之后的这16年中，中国、日本和美国，或者是地球上其他地方，能够体会到731问题的现实意义的事件一件接一件地发生了。其决定性的事件有"9·11"连续恐怖事件、炭疽菌事件等。阿富汗的空袭事件，令人想起了那些无辜的人们的悲惨。将操纵的飞机当成

人体炸弹的疯狂，和日军的"特攻精神"完全一样。那是相信"圣战"，将帝国军人的名誉挂在胸前，赌命去偷袭珍珠港，就是精锐的飞行员的所作所为。

处于美军空中绝对优势的空袭中的塔利班阿富汗军，同在南洋群岛以及缅甸的前线中，无处可逃又不允许投降，只好徘徊于洞穴中的日军的身影重叠。在空袭中被误炸而死伤惨重的阿富汗的无辜平民，其生活的地方变成了战场。这与当年在塞班岛以及冲绳的居民的情形完全相似。那样的情形在60年后的今天再次重现，对于我来说是无法用语言来描述的精神打击。就像地雷场里埋设的哑弹一样，愚蠢的恐怖攻击至今为止还在持续着。世界贸易中心大楼倒塌现场和空袭下的现场就像地狱一般，我们无法想象。广岛和长崎的原子弹爆炸、东京大空袭等同样的火焰地狱也发生在日本。日军也同样使中国以及亚洲各地变成了地狱。其中，日军还使用了毒气武器和细菌武器。花费了庞大的资金破坏了阿富汗的生命、城市以及社会，然后又要花费大量资金进行复兴，想起来日本也是曾经的阿富汗。

总是感慨要"从一片瓦砾中站立起来"的一代在濒临灭绝的今天，战后他们是与我们一起共同成长的，但总感觉发出声音后又即将崩溃。如何才能站稳脚跟，一直到今天我们尚看不清方向。我们现在能够做到的就是对埋藏在深深的巨大的黑暗中的事实真相进行调查。再对不断去世的经历者证言进行记录，并将此作为文字展示给世人，才令人放心。当然，想要把战时和战后所有的事实都呈现给世人却只能说那只是冰山一角，其背后尚有许多黑暗。由于《日本帝国政府情报公开法》

的成立，我们需要更进一步的调查。那并不是被销毁的"日本帝国"的历史，而是现在仍然还在被持续地称为"战争"的"人类的本性"的黑暗之处。我们期待着能够发现"医学和战争""科学和恐怖主义"关系的物证的出现。

本书可以说是1989年英国出版的《731部队——生物武器与美国》（*Unit 731——Japanese Army's Secret of Secrets*）续篇。花费了许多时间完成了日文翻译，但仍然有许多情况尚没有看到真相，由此我也希望这本书的出版能实现这一愿望。虽然不是本意，但是其结果变成了自己写的这本书先行出版，觉得感慨颇深。

在写这本书的过程中，很多启示以及很多灵感都是源于原著*Unit 731*。感谢制作电视纪录片当时的同事David Wallace，以及他的牛津大学同窗在1984年以有乐町的外国特派员协会为基础，追查731部队的《星期日观察员报》的彼得·麦吉尔（Peter Mcgill）记者。我接受彼得之请，曾经担任了原关东军参谋、昭和天皇的堂兄弟竹田宫（战争中化名为宫田）采访的搭档和翻译的工作。武田恒德（竹田宫的战后名字）在距离自己家不远处的高轮王子饭店大堂与我们相见。在同武田的谈话中，我们问及在武田担任关东军参谋时，与731部队的关系时就已经花费了很长时间。当我们问及核心问题时，我看到已经当了两年新闻记者的彼得膝盖在颤抖，我本身也开始紧张，甚至突然间感到非常口渴。可能是我们两个人都欠缺作为专业人士的毅力，因摄影带不足，所以没有留下证明这次采访的证据。在武田的谈话中，没有任何揭露性地回顾话题，也许是武田不喜欢

将帝国陆军的印象与自己联系在一起。

本书对细菌、病毒等所有病原体进行统称时，使用了生物武器、生物战（BW）这样的词语，通常如果不是明显的错误，都会使用细菌战、细菌武器这样的表述。另外对于本书中所出现的人物，均省略了尊敬的称呼。

在本书的写作过程中，需要感谢的诸位中有一直给予我鼓励的《孩子与教科书网21》作者裱义文，以及长时间给予我各种各样教导的神奈川大学常石敬一教授、庆应义塾大学松村高夫教授、立教大学粟屋宪太郎教授、中央大学吉见义明教授、《每日新闻》的朝野富三以及日军细菌战历史史实明确会的森正孝先生等。同时，我还要深深地感谢能够提供珍贵的体验和痛苦的回忆的证言人和各位相关人士。

从最初接受我的意见的负责印刷的上圆直二氏、想起"年轻女性的'马鲁他'"就像无法治愈的伤口一样往事的石桥直方氏、原宪兵三尾丰氏都已经过世了。我和羡慕石井的目黑正彦多次一起饮茶吃饭。在此，我向已经亡故的诸位友人，向留下了许多记忆和证言的各位深表谢意，同时也从心底为他们祈福。我也向通过这些工作所相遇的中国、美国、加拿大的朋友们表示感谢，同时也衷心地希望我们之间的友情在今后可以更加深厚。

另外，从专业的角度给予我许多帮助、传授给我智慧的日本预防卫生研究所迁移运动的领头人芝田进午先生、本庄重男先生、山口研一郎医生，从已经去世的芝田先生那里学到了很多关于科学和军事政治以及"人间生活"的相关知识。同时我

也感谢山边悠纪子、上海出生的留学生张浩川君，以及王选先生，在汉语、中国概况以及中国人的知识上令我眼界大开，并且无论何时都会回答我的问题。同时我也要感谢一起追究731部队真相的同僚近藤昭二、西野瑠美子，共同通信社太田昌克以及TBS金平茂纪等人，谢谢诸位为我提供了许多资料和信息。为731部队细菌战被害国家赔偿请求诉讼而战斗的律师团的土屋公献律师、一濑敬一郎律师，借此机会也向你们表示敬意和感谢。

在本书写作过程中，极力推荐我撰写此书，并就该书的构成、切入点等问题给予了很多提案的教育史料出版会桥田常俊社长，从17年前就一边坚持肾脏透析，一边坚强地和病魔进行顽强斗争，但终于耗尽了生命，在本书的再次校正途中往生了。责任编辑坂户谕先生，真的是非常感谢您。正因为对桥田社长的出版哲学有着深深理解，也是其朋友的草根出版会梅津胜惠社长的承继才使得本书有幸得以出版。谢谢梅津社长和负责编辑的梶原先生。

最后，向因为我作为电视媒体人这样不规律的工作及著作活动，而不得不承受各种各样的不公平待遇的我的丈夫和孩子们表示感谢。

西里扶甬子
2002年3月

中文版后记

我第一次访问中国的时候是1997年5月。当时，抗战期间中国细菌战的受害者向日本法院提起诉讼，要求日本政府对此进行谢罪和赔偿。我是随着为中国受害者辩护的律师团进行最后的调查而随团来华的。此前，我在英国的电视台曾经做过日本731部队题材的电视纪录片，故此我对该题材非常感兴趣。当然，此前的采访对象只限于在日本的原731部队队员、协助细菌战研究的医生、科学家以及怀疑被用作人体试验品的原英美盟军战俘老兵。

当然，要想进入曾经是日军细菌战的主要实施地的中国乡村，尚需要签证，而且该项调查工作也并不是仅凭个人能力所能够实现的。由于关于731部队的文件在日美两国都是极力隐藏，加上要实现日中两国间的自由往来尚需要时间，所以对于当时的我而言，要想进行采访，中国确实是一个既遥远又近邻的国家。

从心底上讲，在澳大利亚居住时结交了一位香港朋友之前，我对与中国和日本的关系并没有深刻的思考。一次，应邀到墨尔本的香港朋友家去访问，那天正好是星期日，其家中聚集了几位年轻人正在围着桌子打麻将。休息时，主人又拿出了豆浆来招待客人。直到这个时候我才发现，像麻将和豆浆等这些已经深入日本人日常生活的物品和食品，其实原本出自中国。进而我发现，就连支撑日语和日本文化的汉字也并不是日本所独有的东西。进而我想到了即使是在世界上引以为自豪的日本工艺艺术品的陶瓷器也是源于中国的技术。这些只是在传入日本后，日本的陶艺家

进行了各种各样的发展而已。

屈指算来，从1997年第一次访问中国至今20多年的时间中，如果包括1997年回归前的香港在内的话，我访问中国大概有30次以上。这期间我将这20余年收集的有关731部队的采访和调查资料进行了整理，于2002年出版了《生物战部队731》。其后，我利用在德国电视东京支局自由工作的10余年里，不仅将731部队，而且还将战争纳入了我媒体工作的视野，并重点将视野放在了15年日中战争、以及以英美盟军为对手以东南亚为舞台所展开的太平洋战争中，日本帝国军人对于敌国人、占领地的一般市民所犯下的比纳粹德国有过之而无不及的残酷的非人道的罪行上。之所以这样，我一直认为，了解这些全貌，向不知道战争的一代人传授战争的残酷性，并增强其使命感，这对于今后世界的反战运动将非常重要。

1995年，通过日本电视台的采访，我开始关注由原日军捕获的战俘所组成的美军士兵最大的团体ADBC（巴丹、克雷吉多美军防卫战友会）。其关注焦点在于期望揭开英美盟军战俘在沈阳盟军战俘营囚禁期间，是否被以细菌武器的开发和实战为使命的731部队进行了人体试验这样的谜底。另外，在日军士兵的"生不当俘虏"的精神教育下，在沈阳的盟军战俘究竟受到了何种虐待也是我一直关心的话题。正因为如此，2002年，我受邀参加了在日本组织的日本战俘（POW）研究会。其间，我了解到了中国的中央和地方共同出资在沈阳修建沈阳二战盟军战俘营遗址陈列馆的项目。为此，2003年，我与曾被关押在沈阳盟军战俘营的3名战俘老兵，以及曾经在沈阳盟军战俘营战俘主要劳役场所的"满洲

工作机械株式会社"，担任战俘劳务管理的日裔美国人甲斐义男的长子（出生在沈阳）甲斐肯夫妇见面。当时，因我在上一年出版的专著的原因，受到北京大学徐勇教授的邀请就该书给学生做演讲。其间，因黑龙江省社会科学院的研究者们从黑龙江省档案馆公开的"特移扱"原日本宪兵队档案发现了731部队细菌战受害者的家属，故此，我也将采访受害者家属编入了访问日程。因日程调整的原因，我也将赴沈阳访编入到了旅行计划里。三天两夜的中国之旅，我决定和原盟军战俘一起行动，完成其战后对原战俘营的首次访问。在沈阳访问期间，令人难以忘怀的就是9月18日，在"九·一八"历史博物馆广场前与中国民众一起度过的时光。9月18日，也是沈阳市民以"前事不忘，后事之师"这样的口号，在日中15年战争爆发日举行聚会，回顾历史展望未来举行宣誓的日子。因这次访问，我与沈阳结下了不解之缘，在沈阳二战盟军战俘营遗址陈列馆工程完工前的2007年和2008年间，我成为了唯一一位连续两年参加迎接美军战俘老兵回访的日本人。在此期间，我还接受"九·一八"历史博物馆研究室主任高建的盛情安排，几次参观了建设中的沈阳二战盟军战俘营遗址陈列馆。其后，在该陈列馆竣工后我只要有机会都来沈阳参观陈列馆。其间，我还在沈阳第一次见到了又从沈阳盟军战俘营送到日本岐阜县神冈的美军战俘老兵。另外，在沈阳大学杨竞先生的安排下，我还访问了曾经收容盟军高级将校的吉林省辽源（当时称为西安）的战俘营遗址和2014年竣工后的辽源市侵华日军高级战俘营旧址展览馆。可以说，我是日本国内最详细了解沈阳二战盟军战俘营的人。也许是有这样的因缘，我又担当了沈阳二战盟军战俘

营纪实电影在日本采访的联系人，以至于这本书能够在中国翻译成汉语出版。担任本书翻译的辽宁大学日本研究所王铁军先生也是在此次纪实电影拍摄项目中结识的。在纪实电影采访中王先生担任了所有场面的口译工作，在此深深表示感谢。

日本战俘研究会中对于沈阳之外的中国其他地区的日军管理的盟军战俘营也非常了解。我们现在只是对上海和香港的盟军战俘营进行了一次调查，也对海南岛的原盟军战俘营进行了一次访问。我与中国深深的缘分没想到会以这样的形式延长到了沈阳，我的这本书能够通过沈阳出版社出版中文版，对此真是感慨万千。在中文版中，我添加了在本书的日文版出版后收集到的关于战俘营遗址陈列馆中的调查和采访报告，以及发表在一些杂志上的关于731部队"特移扱"中受害者家属的报告等内容。

实际上，动笔开始撰写中文版后记是在结束细菌战的最大受害地浙江省的访问后，搭机前来沈阳参加沈阳出版社组织的中国版编辑会期间。

虽然6年前多次访问浙江省，但访问浙江省的金华和丽水还是第一次。浙江省金华作为战争期间日军的据点，该地还有许多日军占领时期残留的建筑物。战争期间在该地阵亡并埋葬在该地的日军士兵的墓碑，以及日本人建立的纪念塔已经深埋在草丛之中，由此可见当地人对日本人的情感。衢州是一个房脊和窗户的格式都饱含亚洲几何美学的美丽城市。在战争中，这里文化气息浓郁的街道被日军飞机轰炸、被鼠疫污染和烧毁。每当看到这里就感到了战争的残酷。由此，每当我们看到身心备受伤痛的细菌战被害者和家属将我们作为朋友来迎接的时候，除了由衷的感谢

外，还有一种羞愧的心情油然而生。细菌战被害者和因鼠疫而失去亲人的记忆者们渐渐老去。其痛苦、悲伤和愤怒也逐渐被人忘却。与之相对照，作为加害者的日军细菌战和毒气部队队员因战后受惠于美国的政治判断，反而其重大的反人道战争罪行没有被审判。进而战后在美国统治下，日本政府将广岛和长崎核爆受害者的健康调查，比基尼核试验受害渔船的实际情况等也作为司法交易的条件之一，成为了美国的合作者。

180名细菌战被害者虽然向日本政府提出了谢罪和赔偿诉讼，但在长达10年的岁月中，一边被日本的法院认定了细菌战的实际发生情况，一边却又被日本最高法院作出了不予受理的裁决。同其他的战后补偿判决一样，被告的日本政府不理会事实关系，反而以法律的形式来逃避责任。

没有接受审判并且平安地在战后生活的原731部队成员就是没有反省的日本的象征。这样，如果历史教育本身，其教育者和家长是修正主义的，那么，受其教育的孩子们也就无可救药地陷入了历史修正主义的沼泽。

现在在日本的国会中有不少敌视中国、讨厌韩国的国会议员。我认为日本政治家对国际社会的日本立场和国际社会的认识评价都缺乏敏感性。这样的人占据日本政治的主流正是日本未来值得忧虑之处。正因为如此，如果我的这本书能够对这种事态加以反击，将是我的无上荣幸。

西里扶甬子

2016年11月

U0500984